2016上海总部经济及商务布局发展报告

2016 ANNUAL REPORT ON SHANGHAI HEADQUARTERS ECONOMY DEVELOPMENT AND COMMERCIAL LAYOUT

上海市商务委员会　编著
Shanghai Municipal Commission of Commerce

上海科学技术文献出版社
Shanghai Scientific and Technological Literature Press

图书在版编目（CIP）数据

2016上海总部经济及商务布局发展报告／上海市商务委员会编著. — 上海：上海科学技术文献出版社，2017

ISBN 978-7-5439-7596-5

Ⅰ. ①2… Ⅱ. ①上… Ⅲ. ①企业经济—经济发展—研究报告—上海—2016 Ⅳ. ①F279.275.1

中国版本图书馆CIP数据核字（2017）第287265号

责任编辑：祝静怡 忻静芬

2016上海总部经济及商务布局发展报告

上海市商务委员会　编著

出版发行：上海科学技术文献出版社

地　　址：上海市长乐路746号

邮政编码：200040

经　　销：全 国 新 华 书 店 经 销

印　　刷：上海市北印刷（集团）有限公司印刷

开　　本：787×1092　1/16

印　　张：13

字　　数：240 000

印　　数：1000

版　　次：2017年10月第1版　2017年10月第1次印刷

书　　号：ISBN 978-7-5439-7596-5

定　　价：48.00元

http://www.sstlp.com

编审委员会

前　言

总部经济是城市产业高端化组织形态。2015年是上海全面深化贯彻落实国资国企改革战略部署的关键一年。上海以国资国企改革战略、"一带一路"倡议和中国(上海)自由贸易试验区战略为契机，以"科创中心"为引擎，总部结构和数量不断丰富，总部经济级别不断向高端化突进。新环境下，上海总部经济得到了长足进步，并极大地带动了上海经济的发展，同时引领了上海经济的转型升级。

截至2015年底，上海跨国公司地区总部达535家，外商投资性公司达312家，外资研发中心396家，跨国公司总部机构总数达到了1 243家，上海成为中国大陆投资性公司和跨国公司地区总部最集中的城市，具备了其他省市不可比拟的优势，也显示了上海对外开放、对跨国公司的吸引力在不断加强，昭示了上海作为国际性都市在全球经济地位的提升。上海总部经济的发展集聚了高端资源，提升了区域产业的知识密集性和关联带动性，对上海经济的发展起到了极大的影响和辐射作用，推动了整个区域的产业结构的优化和调整。

展望未来，上海如何适应新的发展环境，进一步优化总部企业的结构，提升总部经济的能级是尤为值得探讨的问题，这也是上海总部经济发展的关键要素。

继2010、2011、2012、2013、2014、2015年之后，上海市商务委员会第七次组织调研和撰写了《2016上海总部经济及商务布局发展报告》。为了继续深入推进此项工作，上海市商务委员会继续委托上海财经大学500强企业研究中心及中国企业创新研究基地对2015年上海的总部经济发展进行全面分析。报告在调研和分析上海总部经济的基础上，对上海各区的总部经济发展情况进行了阐释，以期为有关部门和管理人员以及研究机构、大学和企业提供参考。

报告的撰写得到了上海市商务委员会各部门、各区商务委员会、各相关部门和相关企业的大力支持，上海财经大学500强研究中心和中国企业创新研究基地的工作人员付出了艰辛的劳动，在此表示衷心的感谢！由于数据的搜集与整理工作繁重，其中难免有不足与疏漏之处，敬请社会各界提出宝贵意见和建议，以便我们不断改进和提高。

编　者

2017年8月

Preface

The headquarters economy is the high-end organization of urban industry. 2015 is a key year for Shanghai to comprehensively deepen and implement the strategic plan for the reform of state-owned enterprises. Shanghai takes the reform strategy of state-owned enterprises, the "Belt and Road" initiative and "Pilot Free Trade Zone" strategy as its opportunities, and "Kechuang Center" as its engine, so the structure and quantity of the headquarters are constantly enriched, and the economic level is advancing to high-end. In this new environment, Shanghai headquarters economy has made great progress, and greatly promoted the development of Shanghai's economy, and led the transformation and upgrading of Shanghai's economy.

By the end of 2015, there have been 522 regional headquarters of multinational corporations, 306 foreign investment companies, 390 foreign R&D centers and 1218 multinational headquarters in total located in Shanghai, so Shanghai has been the most concentrated city where Chinese investment companies and headquarters of multinational companies are located, and equipped with incomparable advantages over other areas. Meanwhile, it also shows the openness of Shanghai and stronger attraction to multinational companies, and increasing global economic status as an international city. The economic development of Shanghai headquarters has gathered the high-end resources to promote knowledge-intensive and related driving force of the regional industries, played a great impact and radiation effect on the development of Shanghai's economy, and enhanced the optimization and adjustment of industrial structure in the whole area.

Look forward to the future, how Shanghai adapts to the new development environment, further optimizes the headquarters enterprise's structure, and promotes the headquarters economy level is the question which is worth discussing, and the key element which the Shanghai headquarters economy development needs.

Shanghai Commerce Committee begins to investigate and compose the *2016 Annual Report on Shanghai Headquarters Economic Development and Commercial Layout* for the seventh time following the 2010, 2011, 2012, 2013, 2014 and 2015. In order to further promote this work, Shanghai Commerce Committee continue to entrust the top 500 enterprises research center of Shanghai University of Finance and Economics(500 ERC of SUFE) and China Enterprise Innovation Research Base to conduct a comprehensive analysis of Shanghai headquarters economy development in 2015. On the basis of investigating and analyzing the headquarters economy, the headquarters economy development of the districts and counties of Shanghai are explained in order to provide reference for relevant departments and management personnel and research institutions, universities and enterprises.

We gain extremely helpful assistance from the departments of Shanghai Commerce Committee, districts or counties commerce committee, related sectors and enterprises, and all researchers of 500 ERC of SUFE and China Enterprise Innovation Research Base in the process of writing this 2016 version report, and hence we give our sincerely thanks to them. Nevertheless, we can not avoid some errors and mistakes in this report since it is a hard work to collect and analyze such enormous data, thus we expect social valuable recommends and opinions to improve our job.

Editor

August, 2017

目　录

Contents

第一章　2015 上海总部经济发展状况

第一节　上海跨国公司地区总部发展总体情况

一、　上海跨国公司地区总部发展的现状

总部经济是经济全球化和区域经济一体化发展的产物，不仅促进企业的加速发展，更促进了所在城市的发展。因此，吸引更多企业总部进入，已经成为我国许多城市重要发展目标。2015 年，上海在全面开放的市场环境中进一步崛起，上海作为我国内地跨国公司地区总部最为集中的城市地位不断巩固。在经济进入新常态背景之下，吸引跨国公司地区总部进驻，是上海扩大开放和提高利用外资质量、水平的重要举措，数据显示上海利用外资继续保持较快的增长速度，上海总部经济的能级不断提升。

数据统计，截至 2015 年底，上海跨国公司地区总部达 535 家，外商投资性公司达 312 家，外资研发中心 396 家，跨国公司总部机构总数达到了 1 243 家，落户上海的跨国公司地区总部功能不断拓展，大部分地区总部已经成为集管理决策、采购销售、研发、物流分拨、资金运作、共享服务等多种职能为一身的“综合性总部”，能级不断提升。亚太区总部达 95 家，亚洲区总部达 10 家，北亚区总部达 5 家，经济社会贡献不断加大。根据外商投资企业联合 2016 年报数据，截至 2015 年，跨国公司地区总部投资总额累计达 457 亿美元，户均超过 8 800 万美元；2015 年地区总部营业收入达 5 926 亿元人民币，户均超过 11 亿元人民币；纳税总额达 417 亿元人民币，户均超过 8 000 万元人民币；吸纳就业达 17.73 万人，户均达 343 人。在 2016 年全市第三产业税收百强榜中，跨国公司地区总部占据了 12 席。在数量增加的同时，落户的跨国公

司地区总部能级提升，总部经济溢出效应明显。2015 年新设跨国公司地区总部 45 家，其中富世华、卡摩速等 15 家跨国公司在上海设立了亚太区总部，并新增投资性公司 18 家，这说明上海作为跨国公司桥头堡的作用愈加明显（表 1.1）。

表 1.1 2006—2015 年上海跨国公司总部机构数 单位：家

年 份	跨国公司地区总部	外商投资性公司	外商研发中心	跨国公司总部机构总数
2006	154	150	244	593
2007	184	165	244	593
2008	224	178	274	676
2009	257	190	304	751
2010	305	213	319	837
2011	353	240	334	927
2012	403	265	351	1 019
2013	445	283	366	1 094
2014	484	295	379	1 158
2015	535	312	396	1 243

从数量增长来看，自 2002 年 9 月上海市政府开始认定跨国公司地区总部以来，落户上海的跨国公司地区总部已突破 500 家。地区总部从零到 100 家以及从 100 家到 200 家分别耗时 3 年，之后上海总部经济增速稳定，每两年即能完成 100 家的递增。上海新增的跨国公司地区总部及总部型机构有 13 家企业被认定为亚太区总部，包括富世华、卡摩速、李尔等知名跨国公司都将亚太区总部放在了上海。跨国公司中有全球最大的企业 ERP 系统供应商思爱普、全球最大的汽车顶饰供应商安通林、全球生产户外动力设备的龙头企业富世华等行业知名跨国公司。33 家跨国公司地区总部中，按能级分，安通林、富世华、日立产机、奎克、爱彼思、欧拓、卡摩速、康士伯 8 家为亚太总部，25 家为中国区总部；按类型分，9 家为投资性公司、24 家属管理性公司；按区域分，浦东 15 家、黄浦 4 家、静安 3 家、闵行 3 家、长宁 2 家、普陀 2 家，徐汇、杨浦、嘉定、青浦各 1 家。上海作为我国内地跨国公司地区总部最为集中的城市地位不断巩固。根据外商投资企业联合年报数据，2015 年，跨国公司地区总部以全市外资企业 1.26%的企业数量吸纳了全市 5.83%的就业人数，户均吸纳就业人数约为全市外资企业的 4.64 倍；贡献了约 417.37 亿元的纳税额，户均纳税额约为全市外资企业的 8.37 倍；在 2015 年全市第三产业税收百强榜中，跨国公司地区总部占据 15 席。

二、 上海跨国公司地区总部发展的主要特点

（一）跨国公司地区总部规模不断扩大，投资总额和注册规模增长

由于上海拥有雄厚的经济实力、扎实的产业链基础、良好的区位、便捷的交通等，在政策、法治等层面都更与世界接轨，是中国改革开放的排头兵。因此，在吸引跨国公司总部特别是职能机构方面具有不可比拟的优势。截至 2015 年底，累计落户上海的跨国公司地区总部已达 535 家，41 家地区总部成为亚太区总部，占上海跨国公司地区总部的 7.6％。投资总额和注册规模也迅速增长，地区总部投资总额累计达 457 亿美元，地区总部营业收入 5 926 亿元人民币，纳税总额 417 亿元人民币，吸纳就业 17.73 万人，其中，以地区总部项目为主的租赁和商务服务业、研发为主的科技服务业实到外资分别达 24.10 亿美元、2.11 亿美元，同比分别增长 145％、107.4％；合同外资同比分别增长 93.9％、735％，显示外资进入总部、研发行业趋势明显。越来越多的跨国企业将亚太级以上或者全球总部设在上海，如汉高、恩智浦、美博通、威能等 10 家公司在上海设立亚太区总部，西门子上海分公司、欧艾斯、科尼等 3 家公司为总部型机构。

（二）产业体系更加完整，服务业为代表的第三产业比重稳步上升

不断优化的区位优势和充足的资本驱动使得各行各业的优秀跨国企业加入到上海总部经济的建设中来。截至 2015 年底，对上海的跨国企业总部经济所属的行业进行分类统计，发现目前落户在上海的地区总部公司仍以制造业为主，但服务业所占比重有所上升，为上海的经济发展创造了新的增长点。虹桥交通便利，能够辐射长三角地区，吸引了化工、机电和汽车等制造业的聚集；张江高科技园区形成了新兴制造产业的集聚，吸引了生物医药、IT 和电子产品的跨国公司地区总部落户；而以金融服务、企业咨询和法律会计咨询服务为代表的生产性服务机构的相继落户，说明上海已经成为跨国公司全球创新链、价值链的重要城市，承担着地区总部、设计、营销、结算、投资中心等职能，是跨国公司在全球布局供应链最核心的环节。全球最大的企业 ERP 系统供应商思爱普在内的 132 家服务企业落户上海，占到跨国公司总部数量的 25.3％。

（三）跨国公司地区总部集聚效应明显

投资规模和行业的同步集聚带来的经济成果并非是总部企业数量的简单相

加，而是从更高增次、更广泛领域上激发了产业链的集聚和人才资源的集聚。目前上海已形成了汽车、化工等传统制造业的产业链条，产业链涵盖采购生产销售服务各个环节，总部集团之间具有良性的合作和竞争关系，跨国公司总部初步形成产业集群。例如以上海的汽车行业为例，从零部件、汽车轮胎、内饰、尾气排放到整车生产以及其他在汽车制造过程中提供原材料和技术支持的产业，一条由总部经济所代表形成的清晰且具备相当发展实力的汽车产业链条已经形成，为汽车产业未来蓬勃发展提供坚实的产业基础。在服务业和金融业政策松绑的环境下，服务业的跨国公司的地区总部相继进入上海，高效、专业的金融、咨询和法律服务为上海的经济发展增添新的活力，提高了第三产业的结构水平，提升了上海的区域竞争力。在沪地区总部和研发中心不仅集聚了资本还产生了人才聚集效应。研发人员高学历比重较高，硕士以上学历人数占比达46.4%，其中外籍人员的硕士以上学历人数占比高达72.8%。从统计结果上可以看出，高学历高素质人才比重高，越来越多的外籍高学历人才愿意通过总部企业平台为跨国公司在华业务贡献聪明才智，在推动上海产业转型升级中发挥了重要作用，已经成为上海嵌入全球创新网络的重要接口。

（四）跨国公司总部的转型升级

在落户上海的跨国公司数量快速增长的同时，跨国公司总部能级提升。落户上海的跨国公司地区总部不断拓展功能，越来越多的跨国公司将全部或部分总部职能放在上海，使在沪地区总部成为集多种营运职能为一身的“综合性总部”。经上海市商务委调研分析，95%以上的在沪跨国公司地区总部具有两种以上的功能，82%的地区总部具有投资决策功能，61%的地区总部具有资金管理功能，54%的地区总部具有研发功能，35%的地区总部具有采购销售功能。此外，在上海“加快建设具有全球影响力的科技创新中心”的背景下，上海约有30家外资研发机构是其总部在全球布局的最高层级研发机构，包括通用电气上海研发中心、杜邦上海研发中心、巴斯夫亚太创新园等位于浦东的项目均位列其中。此外，诺华制药、陶氏化学等研发中心的投资规模都超过1亿美元。上海外商投资企业及外资研发机构一年的专利授权量已超过2万件，且以创新类的发明创造和实用新型为主，产权超过3成归属本地。落户上海的外资研发中心吸引了4万多名中方研发人员，一定程度上抑制了高端人才流向海外，吸引了高层次海归人才，这也成为上海获取和利用全球创新要素、建设全球科创中心的重要力量。

（五）总部经济发展各区各有亮点

分区域来看，虹桥交通便利，在吸引制造业方面较强，能够辐射长三角；浦东陆家嘴在金融业相对有优势；而张江在新兴制造产业，如生物医药、IT 等行业发展较好；其他一些老牌的工业区，未来在文化、创意等方面也许会焕发新的活力。2015 年，上海共新增跨国公司地区总部 33 家，其中，浦东吸引的总部数量接近全市的半壁江山，总部经济也成为浦东转型升级、参与配置国际国内资源的经济地标。目前，浦东已汇聚了 400 多家各类总部：经认定的跨国公司地区总部 265 家，其中亚太区总部 24 家，均占全市总量的一半左右。跨国公司地区总部及其在浦东子公司合计年营业收入已超过 9 600 亿元，纳税额超过 530 亿元，对浦东新区销售额、税收、进出口贸易额的贡献超过所有外资企业总量的 1/3。虹桥商务区作为上海区域板块中新的增长极，近年来也成为吸引“总部经济”新焦点。数据显示，有 30 余家开发商总部和上市公司区域总部落户核心区，其中就包括不少外资企业。比如，世界顶尖的仓储设备供应商德国永恒力集团在众多备选方案中，最终选择将地区总部落户上海虹桥商务区，看中的便是虹桥商务区独特的交通枢纽优势。

第二节　上海国内公司总部发展总体情况

一、 上海国内公司总部发展总体解读

2015 年，上海市抢抓“一带一路”、上海自贸试验区和“科创中心”等国家重大战略机遇，再接再厉，在上海自贸试验区扩区、金融开放创新、“证照分离”改革试点几方面迈出新步伐。上海市在保持国民经济和社会发展稳步前进的同时，“总部经济”增速稳定，既保持常态，又有新亮点。

至 2015 年年末，经工商登记新设立各类市场主体 29.67 万户，比上年增长 8.0%，其中，内资企业（不含私营企业）6 009 户，减少 6.2%；外商投资企业 8 824 户，增长 15.7%；私营企业 23.95 万户，增长 13.6%；个体工商户 4.17 万户，减少 14.1%。由此可见，国内市场主体虽然增长率不及外资企业，但在新设立的市场主体中仍占主要地位，昭示着内资企业总部资源逐渐成为总部经济的另一重要力量，国内公司总部经济在上海的“多赢”效益日渐凸显。

(一)国内企业总部和跨国公司总部发展的比较

2015 年受全球经济增长疲软以及世界贸易增长乏力等因素的影响,全球外国直接投资(FDI)流入量大幅下滑,与此形成鲜明对照的是,2015 年全年上海市外商直接投资合同项目 6 007 项,年增长率为 27.9%;合同金额从 2014 年的 316.09 亿美元增至 589.43 亿元,同比增长约为 86%,外商直接投资实际到位金额为 184.59 亿美元,占到了全国的 14.6%。外企对上海投资的热情不但不减,反而与日俱增,2011 年至 2015 年上海外商直接投资合同项目和合同金额的平均年增长分别达到 9%和 31%。其中,越来越多的跨国公司选择上海作为全球战略和协同体系的核心,并不断拓展贸易、研发等功能。在上海投资的国家和地区达 165 个,跨国公司地区总部达到 535 家,投资性公司 312 家。年内新增跨国公司地区总部 45 家,其中汉高、恩智浦、亚什兰等 15 家企业设立了亚太区总部;同时,在"加快建设具有全球影响力的科技创新中心"的背景下,上海积极鼓励外资研发中心参与上海科技创新中心建设,全年共引进费森尤斯医药、中芯国际集成电路等外资研发中心 15 家,累计达 396 家。上海已成为中国内地跨国公司地区总部落户最多的城市。

与跨国公司总部相比,上海的国内公司总部不论是在数量上还是在规模上都明显滞后,与北京和广州两地相比国内公司总部吸引力也存在明显的差距。以《2015 胡润品牌榜》全国 200 强的企业总部为例,北京和广州分别以 57 家和 38 家位列全国前两位,上海则以 27 家位居其后,比 2014 年减少一家。2015 中国民营企业 500 强榜单,上海市共有 14 家公司上榜,全国排名第八,占 3%,分别是中国华信能源有限公司、上海复星高科技(集团)有限公司、东方希望集团等公司,相对于"十二五"时期的其他年份有较大程度的下滑。说明上海市在提高外向型经济能力时既要充分发挥外资跨国公司这一抓手的重要作用,还要将民营龙头企业为代表的国内公司总部经济作为今后培育的重点,采取有针对性的举措,加大对内资总部经济发展的支持力度。

表 1.2 2012—2015 年上海跨国公司总部和中国企业 500 强总部机构数对比 单位:家

年份	跨国公司总部机构数				中国企业 500 强总部机构数
	跨国公司地区总部	投资性公司	研发中心	机构总数	
2013	445	283	366	1 094	42
2014	484	295	379	1 158	43
2015	535	312	396	1 243	14

资料来源:上海市商务委员会

（二）在沪国内公司发展总体情况

得益于国资国企改革、“一带一路”和上海自贸试验区扩区的推行，上海市的制度创新和功能创新成效明显，为内资总部经济推进包括外汇业务、服务贸易项下开放国际业务带来了便利。因此，加快了国内企业总部落地的速度。截至 2015 年底，在上海市生产总值中，公有制经济增加值 12 045.56 亿元，比上年增长 7.2%；非公有制经济增加值 12 919.43 亿元，增长 6.7%。非公有制经济增加值占上海市生产总值的比重为 51.8%，比上年提高 0.1 个百分点。上海自贸试验区扩区以来，各级政府不断转变政府职能，推动体制机制创新，营造国际化、市场化、法治化营商环境，上海市的外商投资便利化度向上海自贸试验区看齐，借势“一带一路”，沿线国家和区域之间的贸易投资和产业合作成效初显，尤其是中国民营企业“走出去”势头迅猛。

根据 2016 上海民营企业百强榜单的统计显示，这些企业总体经营业绩良好。主要表现为：经营规模扩张势头明显，经济效益较好，其中营业收入达到 8131 亿元，增长 20.29%；净利润达到 495 亿元，增长 35.71%；纳税总额达到 303.79 亿元，增长 14.78%；净资产利润率也达到 12.31%的较好水平。从数据可以看出，上海民营百强企业的主要经济指标增长率明显超过上海百强企业，显示出民营大企业在经济增速下行压力下，依然具有很强的经营活力。数据还显示，2015 上海民企百强去年实现净利润 495.21 亿元，同比增加 35.71%，净利润增长率超过 100%的有 16 家企业(图 1.1)。这说明，尽管国内外经济环境严峻，但上海百强民企的发展质量仍在不断改善，尤其是在研发投入、海外市场拓展、并购重组等关乎企业未来发展后劲的一些指标方面表现突出，表明在沪国内公司发展不仅在纳税、吸纳社会就业等方面经济贡献突出，而且从长远来说对上海经济运行环境的优化和经济资源合理配置也起着至关重要的作用。

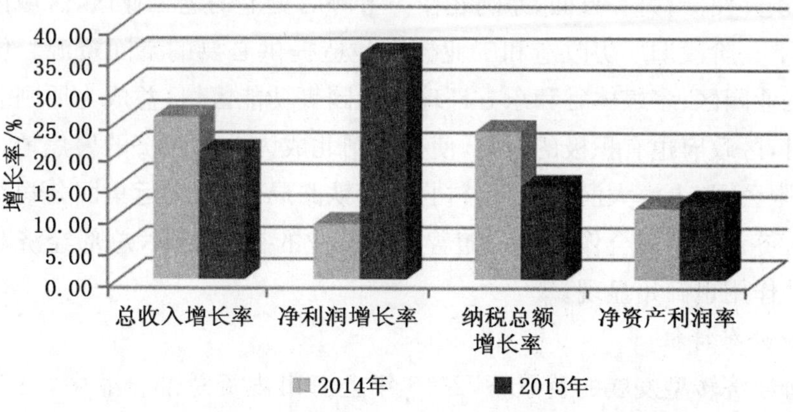

图 1.1　2014 年和 2015 年上海民营 100 强企业发展情况对比

从图1.1可以看出，2015年上海市民营百强企业虽然在总收入增长率和纳税总额增长率两个方面都有小幅度的回落，但是净利润增长率和净资产利润率都有不同程度的上扬，尤其是净利润增长率高达35.71%，说明上海市百强企业盈利能力和发展潜力巨大。同时，经营规模呈现持续扩张态势，百强企业2015年营业收入总额达到5.10万亿元，增长4.97%；净利润达到3 245亿元，增长12.35%；资产总额达到20.01万亿元，增长15.96%；净资产达到3.50万亿元，同比增长15.74%，上海企业100强的入围门槛也提高到38.80亿元营业收入。上海有9家企业跻身世界500强，有5家企业排名继续提升。

1. 落户区域

从落户区域看，上海市国内公司总部地域分布较为集中，浦东新区特别是上海自贸试验区是主要区域。总部经济已成为浦东新区转型升级、参与配置国际国内资源的经济地标。2015年2月在浦东新区汇聚的国内央企和民营龙头企业总部就已有143家。据最新统计，浦东新区目前已汇聚了400多家各类总部，其中国内大企业总部、区域性总部达到170家。内资总部经济地域性扎堆主要有两个方面的原因：一方面，上海自贸试验区扩区后，浦东新区在服务业扩大、金融创新、先进制造业、科技创新中心建设等方面，都将把总部经济作为重要的生力军，民营龙头企业总部是浦东新区今后的培育重点；另一方面，浦东新区已经成为总部经济的集聚区，相应的配套服务较为完备，央企总部正在大批量进入世博地区。内资总部经济和跨国公司总部都对浦东新区销售额、税收、进出口贸易有重大贡献，同时对资金、人才、市场、高端物流和高端服务业的发展具有重要意义。

近年来，原闸北区着力推进以生产性服务业为重点的现代服务业发展，集聚了一批总部经济。原闸北区在硬件条件上具有得天独厚的优势：一方面，地处上海的几何中心，交通条件便捷；另一方面，原闸北作为上海历史上的老工业区，区域内有大量工业厂房，为下一阶段旧厂房改造和工业楼宇建造提供必要的空间资源。位于中部地区的市北工业园区、多媒体谷和东方环球企业园等功能区，日益成为原闸北发展的新亮点。同时，区政府也有积极的意愿，使得原闸北成为总部经济的聚焦地，飞利浦(中国)投资有限公司、上海大润发有限公司、上海铁路局、上海交运集团公司等单位分别与原闸北区签订了项目合作协议。随着总部企业的初步集聚，总部经济对闸北区域经济的推动作用也开始显现。

2. 产业分布特征

在上海经济转型发展的背景下，2015年上海市内资总部企业中，第三产业占比较大。以上海市2015年的民营百强企业为例，服务业企业经营状况继续保持较快增长，增长明显高于制造业。营业收入增长 6.67%，净利润增长 17.67%，资产总额增长 16.53%，净资产增长 17.54%，纳税总额增长 9.53%，五项经济指标增长率都超过了上海百强的平均水平。服务业企业平均净利润和资产总额、净资产等指标也都明显高于制造业的平均水平。服务业企业已经成为拉动百强企业增长的主要动力。同时，截至 2015 年 5 月底，沪市上市公司第三产业总资产比重为 88%，远高于第一、第二产业占比，对稳定经济运行发挥了积极作用。

"贸易型总部"成为正处于"创新驱动发展、经济转型升级"阶段的上海经济的新名词，功能涵盖国内批发零售、国际货物贸易、物流仓储、国际服务贸易以及平台交易业务四大类别，主要集中在第三产业。仅在 2015 年，上海首批认定的 94 家"贸易型总部"企业的营业收入与交易额就高达 4.3 万亿元，占上海市对内对外贸易总量的三分之一强，其中有 11 家企业销售规模超过 1 000 亿元，在上海第三产业税收排名前 100 位企业中占据 20 席，23 家为中国商品销售总额排名前 50 位企业。体现了"贸易型总部"在统筹国际国内两个市场中的主体地位。

3. 经济贡献

2015 年内资总部在上海市经济社会发展中的作用越来越突出。在 2015 年全市第三产业税收百强榜中，跨国公司地区总部仅占据了 15 席。国有控股企业和市属国有企业的生产总值在上海市经济总量中分别占比 36.8%和 22.2%。民营企业税收增长较快，盈利能力基本稳定。上海 100 强企业的纳税总额为 3916 亿元，同比增长 6.90%。纳税总额超过 10 亿元的有 34 家，其中超过 100 亿元的有 7 家。在纳税贡献保持提升的同时，盈利能力基本稳定，上海企业 100 强的净资产盈利率为 9.27%。

4. 功能定位

上海市在发展国内企业总部经济时秉承"服务全国、面向世界的国际城市"的功能定位，助力总部企业利用"中国动力"，整合"国际资源"，成为全球产业链中的重要环节。使本土化向全球化加速迈进，与上海建设全球性城市相协同，建设具有全球影响力的科技创新中心相协同，建设"四个中心"核心功能区、打造国际化营商环境相协同，与转型发展、产业结构调整相协同，打造最全功能总部企业。经过"十二五"期间的有力有序推进，上海市已基本形成国际贸易中心核心功能。贸易型总部作为在全国范围内具有重大行业影响力的标杆和龙头企业，是上海国际贸易中心建设的主力军。提高贸易集聚度和辐射力，促进长江流域贸易投资一体化发展，推动贸易型总部服务全国、走向世界。

5. 总部级别

从数量扩张到能级提升。近年来，不仅是增速，在沪地区总部也不断提升"能级”，越来越多的央企已将全部或部分总部职能放在上海。使在沪地区总部成为集多种营运职能为一身的“综合性总部”。如在上海设立国际运营部、前瞻性研发中心、投资决策和资金管理中心以及采购销售中心等。总部经济的丰富度不断提升，一批创新型总部、服务业总部成为新亮点。如万宝盛华集团将大中华地区总部从香港迁至浦东新区，成为首家落户上海自贸试验区的全球人力资源企业的区域总部。

二、 上海国内公司总部发展的特点和成效

（一）以“一带一路”为契机，国际化水平明显提高

“一带一路”的实施为我国企业“走出去”提供了难得的历史机遇期。尤其是以总部经济模式推动企业在全球展开经济布局，建立海外生产基地和研发中心、地区总部等分支机构，吸收国外先进生产技术和管理经验，参与国际经济秩序重构与管理，对培养本土跨国公司、推动我国企业向国际价值链的中高端延伸，提升国际竞争力和影响力来说意义非凡。与“一带一路”沿线国家和地区的投资贸易往来，已成为上海开放型经济发展的新亮点和新动力。

2015 年，上海与“一带一路”沿线国家和地区的贸易额达到 726 亿美元，对“一带一路”沿线国家和地区的投资大幅增长 24.8 倍，“一带一路”沿线国家和地区对上海的投资也增加了 45.2%。过去几年内，上海通过签署合作备忘录、举办论坛等形式建立多渠道经贸合作关系，构建投资贸易网络；积极以“上交会”等展会、论坛为载体，深化国际创新交流合作；创建“一带一路”国别商品中心，推动贸易往来。

（二）以“自贸试验区”为载体，总部经济丰富度更上一个台阶

上海自贸试验区挂牌以来，总部经济蓬勃发展，境外投资成倍增长，三年来累计投资境外项目 1 450 个，中方投资总额 490.37 亿美元。区内企业境外投资占全市比重逐年提升，其中来自全国外省的投资占比达到 25%，“走出去”桥头堡作用进一步凸显。2015 年，上海关区进口额和出口额分别占到了全国的 18.9%和 22%。上海自贸试验区以 1/50 的面积，创造了全市 1/4 的生产总值，加快了地区经济转型升级的步伐(表 1.3)。

上海自贸试验区带来的不只是经济总量的增长，还有活力的增强。统计显示，2015 年上海自贸试验区新设企业数 1.8 万家，同比增长 20%，一年新设企业数量相当于浦东开发开放 25 年来新设企业总数的 1/10。其中，有税收记录的新设企业占比在 7 成左右。上海自贸试验区通过启动跨境电子商务示范园区、实施金融开放创新试点、创新服务，使得在沪总部经济不断丰富。一批企业通过上海自贸试验区实现了对高新技术和价值链高

端的境外企业的投资并购，投资领域包括移动互联网、生物医药、医疗器械、信息技术、物联网、高端制造等战略性新兴产业领域。区内企业开展股权投资基金对外投资取得显著进展，区内私募资本积极联手产业资本走出去，体现出专业化、市场化和集约化等特点。

表 1.3　2015 年中国(上海)自由贸易试验区主要经济指标及其增长速度

指　　标	绝对值	相比上年增长率/%
税收总额/亿元	1 022.20	6.8
商品销售额/亿元	26 866.48	6.0
服务业营业收入/亿元	3 599.06	4.0
保税区域航运物流服务收入/亿元	1 200.00	持平
工业总产值/亿元	3 901.03	−3.3
外商直接投资合同金额/亿美元	396.26	—
对外直接投资中方投资额/亿美元	229.10	6.2 倍

(三) 以“科创中心”为引擎，“总部”效应凸显

2015，上海进入“科创之年”，围绕建设“科创中心”的国家战略，上海市总部企业不断发挥产业链聚合、开放式创新、研发人才集聚等溢出效应。上海市在积极发挥跨国企业总部作用，推动上海科创中心建设的同时，激活科创主体连接性，加大鼓励、支持本土企业创新的政策和氛围，如根据《关于加快建设具有全球影响力的科技创新中心的意见》以及公安部支持上海科技创新中心建设的有关出入境政策措施的相关要求，制定“上海科技创新职业清单”，为外籍行业高级专业人才提供出入境便利。在“科创中心”的引领下，总部经济成效显著。例如，民营企业长顺电梯电缆公司追求创新精神及工匠精神，成功打破了国外产品对电梯电缆的垄断，在浦东新区土生土长发展成为行业领头羊，全国市场占有率达到 25%。

(四) “政策红利”凸显，总部产业集群特色分明

世界航运巨头中国远洋海运集团和连续蝉联上海民营企业第一名的华信集团，这些国内总部企业的发展集中体现了浦东总部经济与上海建设全球影响力的科创中心和上海建设自由贸易试验区和“四个中心”“一带一路”相协同的鲜明特点，“政策红利”凸显。同时，总部产业集群特色分明。对信息、商务、研发环境有类似要求的总部企业通常集聚发展，形成了一批总部经济相对集聚的区域，包括徐家汇、静安区、浦东新区等总部经济集聚区。其中，陆家嘴是专门的金融总部区、徐家汇是上海起步较早

的总部楼宇区、静安区以南京西路跨国公司总部而蜚声国内，浦东新区则是以民营企业上海总部的集聚为特色。从总部职能来看，市中心主要集中了管理型和投资型总部，而周边各区则集聚了较多的制造类总部和研发中心。

（五）总部经济不断向高端化突进，总部级别有所提升

总部经济是中心城市产业高端化组织形态。近年来，在沪内资总部以国资国企改革战略为契机，以上海自贸试验区为载体，以“一带一路”和“科创中心”为引擎，越来越多的国内企业将研发总部、销售总部设在漕河泾、金桥、张江等产业园区。一批前瞻型的企业把上海总部升格成国际运营中心、新兴市场总部、洲际总部、全球性研发中心等，“能级”大大提升。在沪央企总部功能逐步强化，宝钢、交行等 6 家由国资委监管的总部在沪的央企资产普遍增长。上汽集团领衔交通银行、浦发银行、华信能源、太平洋保险公司、宝钢集团、绿地集团和中国远洋海运集团 8 家沪企入选 2016 年全球财富 500 强企业，其中，华信能源作为上海上榜企业中的唯一民营企业，成为排名提升最快的企业，从 2015 年的 324 位上升至 229 位。

三、 上海国内公司总部发展中存在的问题和挑战

（一）金融总部缺乏主导权和事权

目前所有金融监管机构总部大多数在北京，上海设立的很多金融机构总部也都在北京，独立法人在上海的银行只有四五家，资产仅占全国银行业的 8%，保险公司总公司设立在上海的资产占全国 10%，证券公司占全国 13%，在沪机构本身只是一个执行机构，是一个分支机构。对海外金融政策引进的权限，尤其是组织机构、管理体制、薪酬制度、薪酬考核、事权等主导权不在上海。

（二）总部迁移的“退出”和“进入”体制不畅

企业总部迁移面临着“退出”和“进入”两大障碍：第一，企业迁移总部面临着如何协调企业与原地方政府之间的关系：企业“迁移总部”对地方经济社会将发生一定的影响（税收、政府官员政绩考核、就业）。第二，企业总部进入也面临着一些障碍。首先，面临着“迁移总部”的成本问题，如安家费、商务开发成本等费用的增加将导致企业利润空间缩减，让有迁移意向的企业望而却步。其次，文化的冲突与融合是企业迁移必然会遇到的一个重要问题。现行的管理体制机制以及地方保护主义，阻碍了企业的自由迁移流动。但同时，仍有一批企业从上海迁出，如阿里巴巴、杉杉集团和中

欧集团相继回迁，说明上海在发展总部经济过程中面临着较大的竞争压力，要继往开来，不断创新服务，从顶层设计和宏观规划上下足功夫。

（三）差异化错位发展不够

上海各区县之间内资总部经济的差异化错位发展不够，总部经济发展存在产业定位和功能定位趋同：特别是在部分相对集聚区内，因企业规模不大，缺乏差异性、互补性，产业关联不强，对研发、销售等功能型内资总部经济的需求支撑不足。企业的自由迁移流动机制的不畅也加剧了各地总部经济的同质化竞争。发展总部经济的产业定位应该从区域本身的产业基础和产业环境来进行合理定位，比如浦东区的商务环境较好，原闸北区工业历史悠久，国内大企业集团总部要结合区域的比较优势从总部的研发中心、营运中心、采购中心等不同功能入手进行合理的定位。

（四）市级层面缺乏统筹协调，地区之间合作有待加强

企业总部是上海市各区县招商引资重中之重，从一些内资企业总部的发展需求看，土地二次开发问题、人才引进问题、经营授权问题、金融支持问题、政府管理问题等都需要市级层面统筹协调。发展内资总部经济的内部竞争日趋激烈，市级层面对其布局缺乏引导协调和规范性文件，各区在财政返还等方面的无序竞争不可避免。这影响到总部企业的正常流动，又导致少部分总部企业在各区之间寻租。从更大的范围看，上海作为长三角的中心城市，无论是在总部经济发展错位竞争方面，还是总部经济与生产基地价值链整合方面，与其他城市和地区的合作都有待加强。

（五）企业总部之间互动性不足

不仅区县之间缺乏统筹协调，企业总部之间也缺乏必要的互动，资源和信息的共享不足。一方面，外资企业总部和上海本土企业总部之间的合作不够紧密，对产业的技术溢出作用十分有限。另一方面，虽然上海市企业总部的集聚程度相对较高，但入驻的企业总是倾向于关注区域内的金融、证券、保险业、房地产业、广告业、市场调查、会计、法律事务以及信息服务业的发育状况，企业总部之间的交流互动不足。企业家的交流，可使得企业间在营销、金融、信息、人才、技术、服务等方面，优势互补，互通有无，取长补短，互相影响，从而带动企业自身的发展。鼓励企业总部间开展多种形式的合作，促进资源整合，发挥组合优势，深化分工合作，在更大范围、更广领域和更高层次上实现资源优化配置。

（六）缺乏宏观指导和空间规划

目前，政府为吸引总部入驻，扶持政策的不断加码，总部资源的争夺日益激烈，竞相提出发展总部经济的战略，先后开始规划建设，然后纷纷出台相应的优惠政策吸引总部入驻，这种对总部资源的争夺是市场经济条件下不同利益主体之间的正常竞争，限制在一定程度内是有益的，但是从政府全局来看，对总部经济发展缺乏统一的空间规划，将导致过分竞争，不利于形成合力，甚至容易造成一定的浪费。因此，政府对总部经济发展的空间规划还有待加强，要从整体上进行统一规划，处理好总部集群布局与分散布局。

第二章　上海总部经济总体竞争力状况分析

第一节　上海总部经济发展的影响因素分析

一、市场环境因素

（一）高度开放对接国际市场

国际市场本身是一个综合性概念，我们将从如下的几个角度观察上海对接的国际市场，并对近期的开放发展进行简要的分析。

一是外贸显著好于全国，服务贸易保持快速增长。2015 年，上海进出口商品总额略降 2.1%，降幅小于全国 6.4 个百分点。另外，上海服务贸易总额 1 567 亿美元，同比增长 12.2%，约占全国服务贸易总额的 21.9%。二是外资合同快速增长，2015 年，上海新增外资合同金额 589.43 亿美元，同比增长 86.48%。新设外资项目数 6 007 个，同比增长 27.89%，占全国总量的 22.6%；受注册资本“实缴制”改“认缴制”等因素影响，实际利用外资 184.59 亿美元，小幅增加 1.61%，占全国实际利用外资总量的 14.6%。三是地区总部项目稳步增加，以管理性总部居多。2015 年，新增跨国公司地区总部 51 家、投资性公司 17 家、研发中心 17 家。四是对外投资大幅增加，“走出去”实现跨越式增长。全年实现备案对外直接投资项目 923 个，备案对外直接投资中方额 376.5 亿美元，同比增长 286%。五是社会消费基本平稳，电子商务成为亮点。2015 年，上海社会消费品零售总额 10 131.50 亿元，增长约 8.9%。电子商务全年实现交易额 16 452 亿元，同比增长 21.4%。六是市场体系建设不断完善。与国际贸易中心建设相关的电子商务、商业网点规划、融资租赁、打击假冒伪劣商品等市场运行领域的法律法规和政策措施不断完善，市场准入程度不断放宽。

作为国内国际化水平最高的城市，上海在每个国际化业务上始终保持着国内领先优势，其庞大的外资吸引和使用能力在国内屈指可数，可见其本身就已经被外界视为在中国从事国际事务的最佳区位。

（二）高速发展辐射国内市场

总部经济的实质在于，企业把总部布局在发达的中心城市，将生产加工基地布局在欠发达地区，由此使企业能够以较低的成本取得中心城市的战略资源和欠发达地区的常规资源，实现两个不同区域优势资源在同一个企业的集中配置，不但能够使企业资源配置综合成本降低，而且使得总部所在的中心城市密集的人才、信息、技术资源得到最充分的效能释放，同时使得加工基地所在的欠发达地区密集的制造资源得到最大限度的发挥。所以说总部经济是实现企业、总部所在区域、生产加工基地所在区域的多方共赢的经济形态。

上海总部经济得以迅速成长起来，和长三角雄厚的工业基础和广阔的产业发展空间是分不开的。上海总部经济承载力是长三角城市群承载总部经济能力的具体体现。中国城市竞争力研究会发布的《2015中国城市竞争力排行榜》，上海综合竞争力依然排名第一，另外有4个长三角城市如杭州、苏州等综合竞争力排前20位，这里还聚集着近百个工业产值超过100亿元的产业园区和数千家巨型企业。2015年福布斯《中国大陆最佳商业城市》调查显示，长江三角洲城市在前10名的城市中占据了3个席位，依次是杭州、南京、无锡。2014—2015年《中国总部经济发展报告》对35个城市总部经济综合发展能力排名，上海、南京、杭州综合实力排名都在前10名，长三角地区发展总部经济本身就具有先天优势。长三角为上海的发展提供了广阔的腹地，上海总部经济建设所产生的辐射和扩散效应也将带动长三角城市群的下一次飞跃。

二、基础设施因素

基础设施因素是决定地区总部管理和协调功能能否顺利、高效完成的一个基本要素。观察其他城市如纽约、香港、新加坡等，公司总部在这些城市聚集很大程度上得益于城市自身具有的区位条件。有些城市是天然的港口，为总部物流提供了便利，而有些城市是发展过程中逐渐发展了城市的交通运输网络体系，有利于公司总部与公司内其他分部、子公司、加工基地之间的各种联系，这也是总部区位选择的重要因素之一。

（一）区域性重要交通枢纽

经过十几年的快速发展，上海市已基本形成“枢纽型、功能性、网络化”的综合交通体系架构，且大交通管理体制和机制也在不断完善。

对外交通方面，国际航运中心航空港、海港枢纽基本建成。高速铁路快速发展，形成“三枢纽、两通道、五线路”的对外铁路客运系统。对外干线公路通道基本建成，目前已形成22条国省道对外衔接通道。2015年，上海市对外旅客到发量5.85亿人次，其中铁路旅客到发量为1.6亿人次，在专业运输中所承担的客运比例从2010年的46％增长至2015年的50％。

（二）四通八达的城市交通网络

城市交通方面，居民出行稳定增长，总体上看，2015年居民日均出行总量为5 500万人次。以轨道交通为主干的公共交通网络基本形成后，至2015年底，中环线全线贯通，轨道交通11号线迪士尼段、12号线西段、13号线部分区段建成通车，至此，轨道交通已建成16条线路，线网总里程617.53公里。同时，轨道交通带来的公共交通客流也在不断增加，2015年全市公共交通日均客运量为1 804万乘次，其中轨道交通为774万乘次。发达的城市交通网络既方便了员工的出行，更有助于总部在地区的集聚。

在硬件交通体系不断完善的大背景下，交通法制、体制、机制也在不断跟进。交通信息化建设取得显著成效，建成市级交通综合信息平台。通过实施非经营性客车额度拍卖政策，2015年上海市注册小客车保有量达219万辆，小客车保有量过快增长的势头得到了有效扼制。交通环境污染治理不断加强，率先实施机动车更高排放标准和持续淘汰高污染车辆。交通安全管理水平不断提高，全年道路交通事故万车死亡率下降至3人。

（三）高档酒店、楼宇发展态势良好

从上海2015年的酒店业的营业状况一览表（表2.1）中可以看出，上海的星级酒店供给呈“倒金字塔”型，服务质量越好，服务评价越高的四星级饭店和五星级酒店的供给数量十分充足，其总数占到上海酒店数量的50％以上，而且，五星级饭店无论是在客房数还是床位数上，都是所有星级酒店中供给最多的，这也充分说明上海的酒店业发展有着明确的目标客户群体，定位于为国际国内高端事务提供优质服务，这正好符合总部经济对地区在国际活动举办方面的要求。

表 2.1 上海 2015 年高档酒店的营业状况

指　　标	合计	五星级	四星级	三星级	二星级	一星级
饭店数/个	247	68	66	82	30	1
客房数/万间	6.12	2.79	1.86	1.20	0.26	0.01
床位数/万张	9.23	3.89	2.88	2.01	0.43	0.01
客房平均出租率/%	65.5	65.4	68.3	60.2	69.4	54.9
营业收入/亿元	198.15	125.90	53.07	16.73	2.47	0.03

资料来源：作者对《中国旅游统计年鉴》和《中国区域经济统计年鉴》中的数据进行整理得来

不仅如此，上海的酒店文化还与品牌的建设相互叠加，以上海希尔顿酒店为例，2004 年至 2013 年，已连续 10 年作为享誉全球的网球大师杯赛——世界男子网球专业巡回总决赛的官方合作酒店。2014 年的 10 月 4 日至 12 日，上海旗忠网球中心又迎来一项规模更大的上海劳力士大师赛，而上海希尔顿酒店再次升级成为其荣誉赞助商，接待此项在亚洲举办的男子网坛顶级赛事。可见，上海酒店已经具备了独自以及合作举办重大国际赛事的能力，其国际化水平世界一流。

除了高档酒店，上海的楼宇经济也发展十分迅猛。数据显示，2015 年上海写字楼新增供应量达 105 万平方米，为史上最高，同期写字楼净吸纳量也达到史无前例的 106 万平方米。这其中，以 P2P 互联网金融公司为代表的大量非银金融企业，带来超出预计的写字楼需求量。这从市场内外资需求之比也可得到印证：2015 年，上海写字楼的内资需求首次超过外资需求，二者比例为 58∶42，这个数字在 2014 年仅为 37∶63。

2015 年上海写字楼市场的另一大变化是，次中心区域（如原闸北、虹口、普陀等）的写字楼需求量增长明显，首次超过传统核心区域，二者比例为 52∶48。这可能由以下几个因素导致的：包括核心高租金和低空置率，科技类、制造类企业的旺盛需求和轨道交通因素。其中，12 号、13 号线的开通影响至关重要。此前，上海轨道交通线路呈"东西强、南北弱"的格局，从核心区域出发，东西线上的虹桥、花木等地区都已成熟饱和，南北线上的发展相对迟滞。随着 12 号、13 号线开通，南北线上的次中心区域，与核心区域连通性大大增强，继而带动这些区域内的写字楼活跃度提升。此外，从 2015 年的情况看，上海核心区域的写字楼空置率保持在 5%以下，平均租金增幅达 6.1%；浦东新区的空置率仅为 1%，租金增幅达 10.3%。这些数字表明，上海仍有极强的写字楼需求，写字楼的市场供给还会进一步提升。

（四）城市基础设施投资

城市基础设施投资既决定了城市基础设施方面的供给能力，也体现了一个城市整体的发展结构和发展方向，而且，这部分投资是真正用于改善城市居民生产生活条件的，因而其对企业总部选择来说，有很重要的参考价值。从上海市 2014 年和 2015 年的城市基础设施投资和增长速度上看，上海基础设施投资依然保持着非常强劲的增长势头，2015 年全年完成城市基础设施建设投资 1 425.08 亿元，比 2014 年的 1 057.25 亿元增长了 34.8%。其中，交通运输投资 854.89 亿元，较上年增加了 79.7%，说明上海市在解决城市市内交通问题上下定了决心。同时，邮电通信相比于上一年小幅提升，为城市生产生活的信息传递保驾护航。最值得注意的是公用事业投资较上年增加了 103.4%，可见政府将更多的投资用于百姓看得见摸得着的领域（表 2.2）。

表 2.2　2014 和 2015 年城市基础设施投资及其增长速度

指　标	2014 年		2015 年	
	绝对值/亿元	相比上年增长率/%	绝对值/亿元	相比上年增长率/%
城市基础设施投资	1 057.25	1.3	1 425.08	34.8
电力建设	134.22	21.6	129.36	−3.6
交通运输	422.48	−7.9	759.23	79.7
邮电通信	87.93	−4.1	95.67	8.8
公用事业	32.80	−31	66.73	103.4
市政建设	379.81	13.4	374.10	−1.5

资料来源：2014 与 2015 年《上海市国民经济与社会发展统计公报》

三、人力资本因素

无论是国内企业总部还是国际企业的总部与分支机构，需要处理和协调的事务是极具多样性和复杂性的问题，涉及市场、销售、财务、人力资源等各个方面，因此，它们对中高级管理人员的需求量非常大。况且，地区总部的入驻也通常意味着研发部门会一同入驻，因此，该地区的研发承载能力也是企业总部考虑的重要因素。当然，这一承载能力，既取决于当地的资本存量，也取决于地方和周边高校不断培养的人才流量，这对上海地区的人力资本积累有很强的促进作用。

（一）科技人力资源储备充足

科技人力资源包括专业技术人员、科技活动人员、科学家与工程师、R&D 人员等。近年来，上海市的科技人力资源总量增长迅速，2015 年从事科技活动人员数为 44.81 万人（图 2.1），其中，参与研究与试验发展 R&D 的人数为 24.27 万人。与 5 年前相比，科技活动人员数年均增长率约为 6.0%，参与研究与试验发展 R&D 的人数年均增长也有 6.4%。虽然万人口的 R&D 人数稍微比北京的少（总量上并不少，而是常住人口基数较大），但万人口科技活动人员总量来看，上海的（185.52 人）已经超越北京（161.59），位列全国第一。可见上海的科技人力资源存量丰富，对于设立地区研发中心或研发总部的公司来说，是有很强的竞争力的。

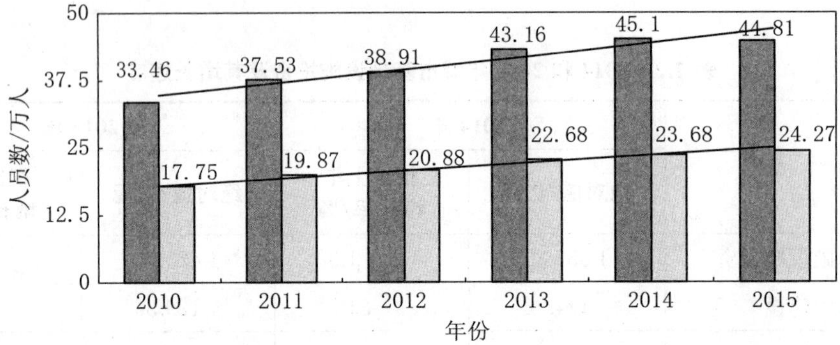

图 2.1 2010—2015 年上海从事科技活动人员和 R&D 人员数量变动图

资料来源：2011—2016 年《上海统计年鉴》

（二）上海地区各类学校发展状况

城市总部经济竞争力的组成部分，既依赖于高级管理人员和高产出的技术研发团队，也要依赖于源源不断的高质量的优质劳动供给。前者的获取侧重于政策吸引，吸引其他地区经验丰富技能娴熟的管理人员和研发团队的入驻，而后者则依赖于地区教育体制的培养，依赖于区域拥有的高素质的人力资源和科研教育资源，能使得公司总部以较低的成本进行知识密集性价值活动的创造。因此，地区教育体制的好坏则直接决定了优质劳动力的供给水平。

至 2014—2015 学年末，全市共有普通高等学校 67 所，普通中等学校 875 所，普通小学 764 所，特殊教育学校 29 所。普通小学毕业生数有所增加，普通高等学校和普通中等学校的毕业生数均有所减少（表 2.3）。全市共有 48 家机构培养研究生，全年招收研究生 4.60 万人，在校研究生 13.83 万人，毕业研究生 3.79 万人。高中阶段新生入学率达 97.1%。

另外，除了公立学校之外，上海的民办学校在整体的教育体系中占据一席之地。

全市共有民办普通高校 20 所，在校学生 10.01 万人；民办普通中学 117 所，在校学生 7.39 万人；民办小学 173 所，在校学生 13.94 万人。全市共有校外教育机构 22 所。

表 2.3　2014—2015 学年各级各类学校学生情况及其增长速度

类　　别	在校学生数/万人	相比上学年增长率/%	毕业学生数/万人	相比上学年增长率/%
普通高等学校	51.16	1.0	12.87	−2.8
普通中等学校	67.38	−3.3	18.25	−5.0
普通中学	57.05	−2.3	14.55	1.6
高　　中	15.82	0.5	5.12	0.5
初　　中	41.23	−3.4	9.43	2.2
中等专业学校	7.24	−6.4	2.49	−29.7
职业学校	2.31	−14.9	0.96	−7.7
技工学校	0.78	−2.0	0.25	−17.2
普通小学	79.87	−0.5	13.79	5.1
特殊教育学校	0.45	−3.2	0.08	−8.2

资料来源：2015 年上海市国民经济与社会发展统计公报

（三）研发投入指标分析

上海不仅有丰富的人力资源，其研发领域的资金投入在全国都是领先的，从 2015 年的统计数据来看，全年用于研究与试验发展（R&D）经费支出 925 亿元，相当于上海市生产总值的比例为 3.7%（图 2.2）。

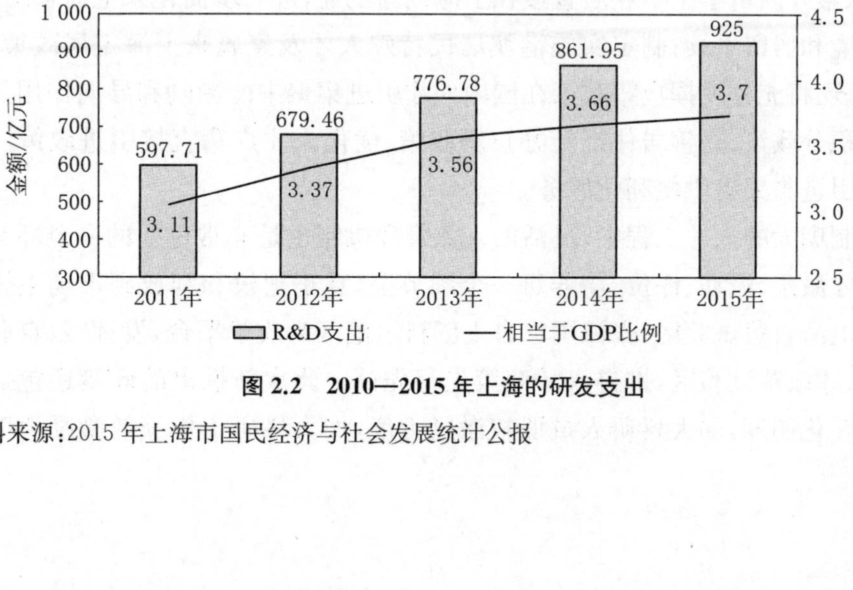

图 2.2　2010—2015 年上海的研发支出

资料来源：2015 年上海市国民经济与社会发展统计公报

在研发投入不断上升的大背景下，上海地区的专利申请数量也在不断上升。上海市 2015 年全年受理专利申请 100 006 件，比上年增长 22.5%，其中受理发明专利申请 46 976 件，增长 20%。全年专利授权量为 60 623 件，增长 20.1%，其中发明专利授权量为 17 601 件，增长 51.5%。至年末，全市有效发明专利达 69 982 件。

再从企业创新能力来看，全市科技小巨人企业和小巨人培育企业共 1 427 家，高新技术企业 6 071 家，技术先进型服务企业 253 家，年内全市认定和复审高新技术企业 2 089 家，这些企业是上海企业创新发展的中坚力量。再看研发成果的转化能力，年内认定高新技术成果转化项目 603 项，其中电子信息、生物医药、新材料等重点领域项目占 83.4%。至年末，共认定高新技术成果转化项目 10 500 项。全年经认定登记的各类技术交易合同 2.25 万件，比上年下降 10.8%，合同金额 707.99 亿元，增长 6.0%。技术交易合同的总量出现了下降，但是总体的合同金额却有所增加，这一反一正也恰恰说明了研发产出在技术交易环节越来越注重其质量的提升。

（四）人才政策为人才留沪保驾护航

为更好地吸引人才、集聚人才、留住人才，为建设具有全球影响力的科技创新中心提供坚实的人才支撑和智力保障。2015 年 7 月，上海市委市政府发布《关于深化人才工作体制机制改革促进人才创新创业的实施意见》。当然，这只是上海人才留沪等措施的一个方面。

首先，《实施意见》对于上海市急需紧缺的海外高层次人才，尤其是外国专家，加强了引进力度。同时，《意见》还对海外人才引进的政策的内容作了进一步的要求：降低永久居留证申办条件，简化申办程序；完善永久居留证申办途径，探索从居留向永久居留转化衔接的机制；充分发挥 R 字签证（人才签证）政策作用，扩大 R 字签证申请范围；探索外国留学生毕业后直接在上海创新创业；进一步简化来上海创新创业外国人的入境和居留手续；制定实施港澳居民特殊人才及家属来上海定居政策。不仅如此，上海还将充分发挥户籍政策在国内人才引进集聚中的激励和导向作用，包括完善居住证积分政策、完善居住证转办户籍政策、优化人才户籍直接引进政策，同时为各类人才引进集聚提供便利化服务。

在机制庞大的人才工程中，灵活的人才管理机制也是非常重要的一个环节，上海将聚焦人才激励、流动、评价、培养每一个细节上，真正把权和利放到市场主体手中。上海将以上海自贸试验区、张江国家自主创新示范区为改革平台，发挥“双自联动”优势，创建人才改革试验区，推进人才政策先行先试。此次新推出的政策还包括：改革科研成果转化制度，加大科研人员股权激励力度，加大科研工作绩效激励力度，完善科研人才双向流动制度，优化博士后培养机构运作机制，改革人才评价制度，构建创新性人才培养模式，加大科技创新人才培养力度。

人才竞争归根结底是综合发展环境的竞争。为此，上海将充分发挥政府扶持作用、引导作用，破解人才在创新创业中的公共性、基础性难题，大力营造有利于大众创业、万众创新的综合环境。《实施意见》中也对这部分内容作了更明确的规定，要大力发展众创空间；拓宽人才创新创业投融资渠道；加强人才创新创业服务体系建设，包括实行“科技创新券”；优化人才生活保障，在住房、医疗、教育等方面为其积极创造条件；完善创新创业法治保障，依法维护科研人员创新创业合法权益；营造创新创业社会氛围。

这类政策的最终受益者是人才，而人才留下来后，才能安安心心谋发展。规模庞大的人才队伍和科技人员储备，再配合积极稳妥的人才政策，总部经济的发展才能水到渠成。

四、 政府部门重视与政策扶持

（一）政府在总部经济发展中的作用

总部经济不是企业扎堆，大量企业总部集中并不一定能形成总部经济，反而可能出现企业拥挤而带来负的外部效应。地方总部经济的发展与当地的生产要素、需求条件、硬件设施、市场环境、政府支持等因素有很大关系。在企业发展的每个阶段上，企业总部自身会表现出不同的特征，政府需要根据其发展的阶段和发展的需要，调整政府在企业发展中起到的作用，这对政府的服务职能提出了很高的要求。上海市政府及各级行政单位，并不是一开始就了解各个企业的发展特点和需要，也是在不断摸索的过程中逐渐积累起充足服务经验的。

在总部经济初步形成时期，政府首先要出台相关政策给予支持和鼓励，并成立相应机构，以确定其地位。上海积极颁布的政策与法律措施，创造了有利的法律环境，并积极吸引跨国公司总部入驻。其次，处于幼年期的总部经济，新设总部的企业与地方企业尚未形成互动。这一阶段的政策重点应在于加大同业间交流，支持相关产业链上下游配套企业发展。第三，政府应投入大量资金进行配套公共基础设施建设，并吸引相关配套企业如交通、邮电、银行、通信等进入总部基地，为入驻企业总部服务，帮助降低运营成本。

随着当地总部经济整体实力的提升，总部经济自身的集聚效应可以独自吸引更多的外来企业设立总部，当有知名跨国企业总部入驻，此时的总部经济发展即步入成长期。在这一阶段，相关企业已能较好地适应当地的政策环境和市场环境，但缺乏相应的高端人才是这一时期所面临的最大问题。政府在这一时期的工作重点是要帮助引进人才并建设满足高端人才需求的生活配套设施。上海市政府看到了总部经济发展的新问题后，对先前的规定增发了补充规定，对与总部经济发展相关的出入境规定、外籍人员就业许可及国内优秀人才引进都做了更明确的说明，从根本上解决总部经济人才流动难的问题。

上海目前总部经济的发展现状，正是从初步形成向成熟时期转变的过程，但是，区域内资源有限，企业竞争日趋激烈即将成为总部经济发展所遇到的新问题。在这一时期，上海市政府的工作重点开始逐渐转向信息平台的建立、发展环境的维护和调整转型的引导，同时兼顾国家的经济发展趋势，充分利用“上海自由贸易试验区”“一带一路发展战略”和“建设国际科创中心”的历史新机遇，为总部经济发展争取更多的国际国内新资源，为地区总部经济的下一步飞跃创造条件。

（二）总部经济发展政策

早在2002年，上海就出台了《鼓励外国跨国公司设立地区总部的暂行规定》，鼓励境外有实力的大型跨国公司在上海设立地区总部，并对公司的规模和中国境内投资额做了相应的条件限制；2003年，上海市政府又首次将“降低综合商务成本”写入《政府工作报告》，以增强上海在吸引企业总部的区位竞争优势；2007年，上海总部经济促进中心发布了首张总部经济地图，“圈定”了16家将予以重点扶持的“总部经济”基地。主要有陆家嘴金融贸易区、淮海路总部楼宇区、徐家汇总部楼宇区、南京西路跨国公司总部、张江高科技园区、宝山区的钢铁总部基地、松江区的大业领地一企业总部花园等。其中，陆家嘴—淮海路/南京路/静安寺—徐家汇—虹桥，这条总部经济的“黄金走廊”积聚了全市70%的总部经济能量，产生的第三产业增加值，至少占全上海服务业增加值的一半以上，而浦东陆家嘴金融贸易区创造的GDP已占浦东新区当年GDP总量的1/3。

2009年，上海继续大力发展总部经济，全面落实2008年出台的《上海市鼓励跨国公司设立地区总部的规定》，该规定旨在“降低准入门槛、弱化审批程序、优化运营环境”，着力改善投资环境，努力降低商务成本、加大人才储备力度，突破现有户籍政策、土地政策，进一步提高行政效能；2012年8月上海市人民政府办公厅颁布了《关于“上海市鼓励跨国公司设立地区总部的规定”的实施意见》，进一步强调总部经济发展对上海经济结构的重要性，并进一步加快集聚跨国公司地区总部和运营中心、结算中心等功能性机构等；同年7月，上海市商务委员会、上海市科学技术委员会和上海市发展改革委联合发布《上海市关于鼓励外商投资设立研发中心的若干意见》,该意见重点加强了对于总部的研发中心,研发科技工作者的扶持力度,对于引进先进科研机构、科研团队及个人都有很强的促进作用;2015 年 2 月,上海市商务委员会等 4 部门又联合发布了关于《鼓励跨国公司设立地区总部规定实施意见》的补充规定,该规定则进一步增加了上海作为跨国公司设立地区总部首选地的吸引力,为总部企业提供更多的政策便利(表 2.4)。

表 2.4　助力总部经济发展的相关政策

时　间	发文单位	政策名称
2015 年 2 月	上海市商务委员会 上海市人力资源和社会保障局 上海市公安局出入境管理局 上海出入境检验检疫局	关于《鼓励跨国公司设立地区总部规定实施意见》的补充规定
2013 年 4 月	上海市商务委员会 上海市财政局	上海市鼓励跨国公司地区总部发展专项资金使用和管理办法
2012 年 8 月	上海市人民政府办公厅	关于《上海市鼓励跨国公司设立地区总部的规定》实施意见
2012 年 7 月	上海市商务委员会 上海市科学技术委员会 上海市发展改革委	《上海市关于鼓励外商投资设立研发中心的若干意见》
2012 年 2 月	上海市发展改革委	《上海市吸收外资和境外投资"十二五"规划》
2008 年 8 月	上海市人民政府	《上海市鼓励跨国公司设立地区总部的规定》
2002 年 7 月	上海市人民政府	《鼓励外国跨国公司设立地区总部的暂行规定》

资料来源:作者整理

五、文化因素

区域人文环境包括语言、民族、宗教、风俗、文化、价值观、道德准则、教育水平、人口素质和卫生条件等多个方面,决定了当地普遍的社会态度、思想观念和行为模式。人文环境对于企业总部的区位选择具有重要的意义,国际化的、包容的、开放的人文环境有利于吸引企业入驻,促进生产要素向本地区流动。

(一)传统商业区为代表的商务文化

新中国成立后特别是改革开放后上海商业突飞猛进、日新月异,已经发展成为上海的支柱产业，并早已发展成为国际商贸中心和国际性购物天堂。在上海商业发展的历史长河中，上海形成了自己特有的商业文化，这种商务文化正不断影响着本地区的商务精神。商业文化主要可以概括为商业物质文化、商业制度文化两个方面。

商业物质文化主要包含了商业设施和商业景观装饰两个方面。不少商业企业通过各种途径对原有设施进行了更新改造，以新的建筑风格呈现在人们面前，这其中包括新世界、虹桥友谊商城、东海商都等现代建筑的高楼耸立，也有豫园商城仿清建筑的拔地而起。其设计造型、艺术观赏、文化品位有的具有欧美风格、有的具有中国古建筑风格。而商业景观的装饰则侧重于门面设计、霓虹灯、橱窗、广告牌及商店装修，构成商业文化的一道风景线，著名的港汇广场则是一派欧洲风貌，典雅、古朴。这些物质文化能够让外来投资者耳目一新，也能给他们带来由衷的亲切感。

商业制度文化主要包括以下各要素：商业纪律、商业法规、商业经营人员行为准则以及习俗、伦理、道德和其他外在的制度措施。它承担着商业经营活动的控制功能，其中法律法规、政策、纪律等为硬约束，习俗、道德、伦理等为软约束。上海的商业制度无论在硬约束还是软约束上，都具有明显的优越性。虽然硬约束可以在短期内学习获得，但软约束则需要通过长时间不断的商业积累，上海作为国际商务活动的热土，其商业环境早已培养了一批又一批具有先进的商业评价标准、商业价值观念、商业精神状态和商业思维方式的商务工作者，他们在上海发展总部经济的道路上将发挥出非常大的作用。

（二）兼容并蓄的海派文化

融会中西的海派文化是上海吸引跨国公司的潜在因素。上海是中国最早向世界开放的城市，因特殊的历史原因和政治环境，使得东、西方文化在这里融合，形成独特的海派文化，成为上海吸引跨国公司区域总部进驻不可忽视的因素。

兼容并蓄的海派文化吸引了各类具有多元文化背景的高端人才，从而使总部经济的发展具有强大的人力资源保障。上海近代以来的非上海籍外来人口始终占城市居民的绝大多数。据历年统计，最高的年份是 1885 年和 1950 年，各占 85%，最低的年份是 1935 年和 1946 年，各占 79%，这一特点使上海城市文化的异质程度较高，往往是主随客“变”，而不是客随主“变”，形成了上海独有的海派文化，在上海这片国际化的土地上不断成熟。文化的独特性往往能吸引来自各地高素质人才，文化的互补性能产生智慧的交融，从而形成上海独特的城市活力。上海将越来越多地吸引着来自世界各地的企业总部与人才，因为他们在上海可以找到各自的合作伙伴与所需求的物质资源。

第二节 上海发展总部经济的竞争力评估

一、评价指标的选取与含义

为了能真实体现上海近些年的总部经济发展优势与不足,本报告在赵弘(2016)总部经济发展能力这一评价指标体系的基础之上,对部分指标进行了适当的修订和调整。该指标体系由5个一级指标,15个二级指标和53个三级指标构成,详见表2.5。

表2.5 上海总部经济发展竞争力评价指标体系

一级指标	二级指标	编号	三级指标	指标说明
基础条件	经济实力	1	地区生产总值	区域经济发展综合实力
		2	人均地区生产总值	区域经济发展水平
		3	财政收入	政府对区域经济的调控能力
		4	固定资产投资总额	经济发展的资金保障能力
		5	第三产业占GDP的比重	经济发展的结构水平
	总部资源	6	国内大型企业总部数	总部存量资源条件
		7	入选世界500强企业数	总部存量资源条件
	基础设施	8	机场飞机起降架次	区域对外交通条件
		9	人均城市道路面积	区域内交通条件
		10	居民人均生活用水量	城市生活设施水平
		11	居民人均生活用电量	城市生活设施水平
		12	居民人均生活用气量	城市生活设施水平
		13	每万人拥有排水管道长度	城市生活设施水平
		14	每万人拥有公共厕所	城市生活设施水平
		15	轨道交通客运总量	城市生活设施水平
	社会基础	16	每十万人拥有中、小学教师数	城市基础教育服务水平
		17	每十万人拥有医生数	城市医疗水平
		18	每百万人拥有影剧院数	城市娱乐设施水平
		19	每百人拥有图书馆藏书量	城市文化教育服务水平
		20	城镇人均住房面积	城市住房条件

续表

一级指标	二级指标	编号	三级指标	指标说明
基础条件	人口与就业	21	城镇就业率	城市就业情况
		22	第三产业从业人员比重	城市就业结构
		23	城镇家庭人均消费支出	城市居民消费水平
	环境质量	24	人均绿地面积	城市绿化水平
		25	污水处理率	城市污水处理程度
		26	生活垃圾无害化处理率	城市固体废弃物治理程度
		27	空气质量达到及好于二级的天数	城市空气质量
		28	绿化覆盖率	城市绿化水平
		29	环境投资占 GDP 比重	城市环境治理总体水平
商务设施	商务基本设施	30	办公楼竣工房屋面积	商务办公楼供给水平
		31	商业营业用房竣工房屋面积	商业基础设施条件
		32	星级饭店数量	商务会议等设施条件
	信息基础设施	33	固定电话用户数	信息化水平
		34	年末移动电话用户数	信息化水平
		35	互联网用户数(固定和移动)	信息化水平
研发能力	人才资源	36	研发人员	技术创新的人力资本投入
		37	每万人拥有高等学校在校学生数	研发人才的可供给能力
	研发投入	38	研发经费	研发投入强度
		39	研发经费占地区总产值比重	研发投入总量
	科技成果	40	专利申请授权数量	创新产出水平
		41	技术合同金额	技术创新活跃程度
服务环境	金融服务	42	年末金融机构贷款余额	金融服务能力
		43	年末金融机构存款余额	金融服务能力
	商业服务	44	商务服务从业人员	金融服务能力
		45	文化传媒业从业人员	文化娱乐服务能力
开放程度	区域服务	46	客运总量	人员联系活跃程度
		47	货运总量	货物流通与市场活跃程度
		48	人均邮电业务收入	信息交流密度
		49	信息服务业营业收入	信息交流程度

续表

一级指标	二级指标	编号	三级指标	指标说明
开放程度	国际开放	50	进口依存度	进口贸易依赖程度
		51	出口依存度	出口贸易依赖程度
		52	当年实际利用外资额	区域吸引国际投资能力
		53	入境旅游收入	城市的国际知名度

其中,五个一级指标分别是“基础条件”“商业设施”“研发能力”“服务环境”“开放程度”。因为是对地区(上海)总部经济发展竞争力进行评估,所以,当前城市和区域的经济、文化、创新能力、基础设施和开放水平等各领域发展状况是评价其现阶段总部经济发展状况和未来总部经济发展潜力最好的指标。

紧接着十五个二级指标是一级指标的细分领域,在接下来的层次分析过程中,计算机会根据每个细分指标的重要性,在“一级指标”的基础上,对二级指标赋予相应的权重,便可以观察出该指标在整套指标体系中的相对重要性。另外,本报告对“服务环境”一级指标的细分指标进行了细微的调整,删去了原先的“公共服务”①指标,并将原先的“专业服务”指标划分成“金融服务”和“商业服务”,这两个指标更能反映出服务的专业性。

三级指标是评价总部经济竞争力的具体指标。由于该指标包含的内容非常具体,而且关于总部经济的理论研究正在不断深化,统计指标也在不断地完善和规范。因此,该级指标调整的内容相对较多。

其中,二级指标“基础设施”项下增加了“每万人拥有排水管道长度”“每万人拥有公共厕所”“轨道交通客运总量”三项。总部经济城市作为总部集聚的地区,其基础设施承载力为各大总部高水平的运营效率提供了有效的保障。因此,基础设施在总部经济竞争力评价中需要增加更多的权重;二级指标“人口与就业”项下的“城镇化率”被删除,该指标的测算主要是通过该体系其他指标的测算得来的,而其他指标已经被纳入该指标体系之中。因此,在加入“城镇化率”会出现信息重复;二级指标“环境质量”中,新增了“绿化覆盖率”和“环境投资占 GDP 比重”,由于近些年我国环境问题日益突出,而且在城市表现得越来越明显,这对城市的生产生

① 原先该指标的三级细分指标采用的是“宜居城市竞争力指数”“宜商城是竞争力指数”和“和谐城市竞争力指数”,本报告认为这些指数本身就是通过大量的二三级指标计算分析获得,而且这些二三级指标基本已经涵盖在本报告指标体系的其他细分领域中,因此,再包含这一指标会出现信息的重复和冗余,影响指数评估的准确性。

活造成了严重的影响。因此，加入“绿化覆盖率”能一定程度上反映城市当下的绿化水平，而“环境投资占 GDP 比重”则更体现了地方对环境的重视程度和治理水平；最后，二级指标“区域开放”中加入了“信息服务业营业收入”，该指标可以用来评价该城市内部与外界信息交流的能力，同时，原先的“进出口依存度”扩展为“进口依存度”和“出口依存度”可以更细分地反映出城市对外经济往来的内容。

二、 对应指标的数据来源及描述性统计

本报告的绝大多数指标的数据都是来自 2011—2016 年的《上海市统计年鉴》①。另外，“国内大型企业总部数”和“入选世界 500 强企业数”来自“Fortune 中文网”的每年的全球和中国 500 强排名②；“机场飞机起降架次”来自中国民航局的官方网站③；“每百人拥有图书馆藏书量”“第三产业从业人员比重”“污水处理率”和“生活垃圾无害化处理率”则来自 2011—2016 年《中国城市统计年鉴》中对应指标；“星级饭店数量”则采用《中国旅游统计年鉴》和《中国区域经济统计年鉴》中的数据进行加总而来。

对应上一小节的指标介绍，本小节对该指标体系的数据结构进行必要说明，并对三级指标进行描述性统计，从简单的数据处理结构中分析数据的特征。

首先，本报告的数据是 2010 年到 2015 年的时间序列数据，除了少数 2015 年的数据缺失外，其他数据的都是完备的，不存在遗漏；其次，标准差的大小可以用来判断指标的波动程度的大小，但只是相对于该变量的均值而言，不同指标间的标准差并没有可比性；另外，若标准差的值大于均值，则很可能存在极端异常值的影响，该指标体系中只有“入选世界 500 强企业数”的标准差大于均值，说明存在极端值的影响，这可能是因为上海地区的 500 强总部在国际上的竞争力并不是很强，其世界 500 强地位的波动程度较大，其他的指标则表现出很好的稳定性（表 2.6）。

---

① 上海统计年鉴的官方网站：http://www.stats-sh.gov.cn/.

② Fortune 中文网的网站：http://www.fortunechina.com/.

③ 中国民航局官网：http://www.caac.gov.cn/index.html.

表 2.6　三级指标的描述性统计

序号	三级指标	均　值	中　值	最大值	最小值	标准差
1	地区生产总值/亿元	21 175.45	20 999.94	25 123.45	17 165.98	2 922.51
2	人均地区生产总值/元	89 360.83	88 183.00	103 795.00	76 074.00	10 137.55
3	财政收入/亿元	4 091.36	3 926.75	5 519.50	2 873.58	968.55
4	固定资产投资总额/亿元	5 616.84	5 482.73	6 352.70	5 067.09	502.64
5	第三产业占 GDP 的比重/%	0.62	0.62	0.68	0.57	0.04
6	国内大型企业总部数/个	4.00	4.00	8.00	0.00	2.90
7	入选世界 500 强企业数/个	0.33	0.00	1.00	0.00	0.52
8	机场飞机起降架次/次	616 335.83	605 884.00	705 774.00	551 111.00	56 512.79
9	人均城市道路面积/平方米	15.08	14.98	18.88	11.30	3.89
10	居民人均生活用水量/吨	222.50	223.00	224.00	220.00	1.64
11	居民人均生活用电量/千瓦时	766.86	757.21	848.97	716.87	47.27
12	居民人均生活用气量/立方米	248.54	262.17	288.70	185.26	39.20
13	每万人拥有排水管道长度/千米	12.73	13.16	14.77	8.13	2.46
14	每万人拥有公共厕所/个	4.29	4.32	4.44	4.06	0.13
15	轨道交通客运总量/万人次	244 373.00	239 100.50	306 798.00	188 407.00	44 711.89
16	每 10 万人拥有中、小学教师数/人	498.83	476.00	575.00	434.00	60.28
17	每 10 万人拥有医生数/人	236.67	235.00	260.00	220.00	16.33
18	每 100 万人拥有影剧院数/个	242.17	237.50	267.00	222.00	15.66
19	每 100 人拥有图书馆藏书量*/万册	497.95	504.75	511.76	482.09	13.20
20	城镇人均住房面积/平方米	17.40	17.40	18.10	16.70	0.51
21	城镇就业率/%	95.82	95.80	95.90	95.80	0.04
22	第三产业从业人员比重*/%	57.23	58.71	64.02	50.57	5.27
23	城镇家庭人均消费支出/元	28 362.67	27 204.00	36 946.00	23 200.00	4 901.15
24	人均绿地面积/平方米	11.28	13.05	13.38	7.30	2.97
25	污水处理率*/%	85.40	84.42	89.80	81.00	3.42
26	生活垃圾无害化处理率*/%	90.58	91.40	95.00	84.90	4.27
27	空气质量达到及好于二级的天数/天	81.97	84.55	93.70	66.00	12.28
28	绿化覆盖率/%	38.33	38.35	38.50	38.20	0.12
29	环境投资占 GDP 比重/%	2.88	2.87	2.97	2.81	0.07

续表

序号	三级指标	均　值	中　值	最大值	最小值	标准差
30	办公楼竣工房屋面积/万平方米	182.03	175.17	219.23	150.69	25.95
31	商业营业用房竣工房屋面积/万平方米	225.69	220.08	306.45	176.41	49.73
32	星级饭店数量/个	267.33	274.00	291.00	240.00	19.70
33	固定电话用户数/万户	878.66	886.07	935.91	797.29	53.55
34	年末移动电话用户数/万户	2 957.30	3 104.48	3 292.74	2 361.55	383.20
35	互联网用户数(固定和移动)/万户	2 726.46	2 828.90	3 264.60	1 900.00	541.26
36	研发人员/万人	40.50	41.04	45.10	33.46	4.64
37	每万人拥有高等学校在校学生数/人	214.17	212.50	224.00	209.00	5.85
38	研发经费/亿元	722.29	728.12	936.14	481.70	169.38
39	研发经费占地区总产值比重/%	3.38	3.49	3.73	2.81	0.36
40	专利申请授权数量/件	134 947.83	133 171.00	160 629.00	119 411.00	13 821.80
41	技术合同金额/亿元	610.19	604.70	707.99	525.45	69.65
42	年末金融机构贷款余额/亿元	42 999.06	42 670.18	53 387.21	34 154.17	7 069.65
43	年末金融机构存款余额/亿元	70 138.52	66 405.79	103 760.60	52 190.04	18 185.59
44	商务服务从业人员*/万人	233.49	226.70	286.99	207.94	31.20
45	文化传媒业从业人员/人	274 790.00	271 587.50	298 841.00	255 337.00	18 092.75
46	客运总量/万人次	15 597.67	15 240.00	18 571.00	13 456.00	2 136.14
47	货运总量/万吨	90 305.33	91 387.00	94 376.00	81 023.00	4 778.98
48	人均邮电业务收入/亿元	823.29	826.81	1 166.07	465.45	256.97
49	信息服务业营业收入/亿元	2 984.05	2 939.56	4 069.00	1 978.51	838.81
50	进口依存度/亿美元	2 323.24	2 335.53	2 563.45	1 880.85	248.54
51	出口依存度/亿美元	2 014.75	2 055.15	2 102.77	1 807.84	112.34
52	当年实际利用外资额/亿美元	153.85	159.83	184.59	111.21	30.03
53	入境旅游收入/亿美元	802.99	800.28	851.12	757.40	30.85

注:标"*"的指标是2015年的数据存在缺失,因此对应年份出现的数值是通过之前年份数值加权平均。

三、上海发展总部经济竞争力的历史趋势分析

本节对上海市 2010—2015 年内的总部经济发展竞争力进行了评估，从 6 年的竞争力评分变化中，总结上海总部经济发展的历史趋势，对总体发展趋势和分指标的发展趋势分别进行描述，并从多个层面（国家经济发展趋势、上海经济发展趋势、国家政策变动、区域政策调整等）对其产生的原因进行剖析，并对其未来可能的发展趋势进行展望与预测。

（一）总指标的趋势评估

本报告采用 APH 层次分析法对 2010—2015 年总部经济发展竞争力评分逐一进行了综合评分，从可获得的数据信息来分析，该评分一直处于上升的趋势，一定程度上可以反映出最近几年上海总部经济竞争力在逐步的增强。尤其是 2014 年和 2015 年，分数的上升斜率要明显高于前三年，说明竞争力提升的速度还在加快，上海的总部经济竞争力出现了较大的上升。

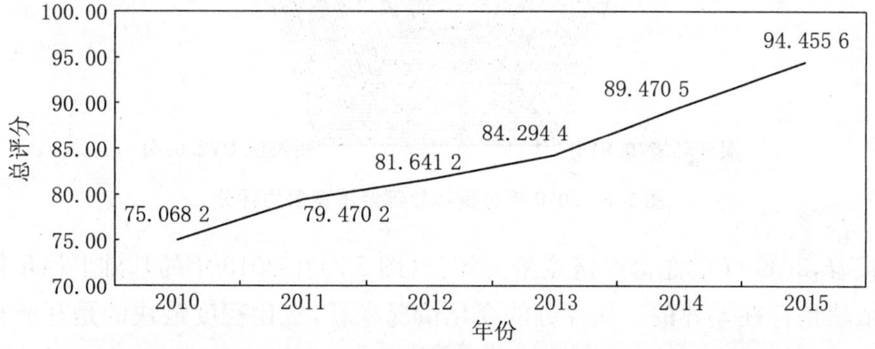

图 2.3　上海 2010—2015 年总部经济发展竞争力评分趋势图

（二）分指标的趋势评估

虽然总体评分上升能够说明总体评分的上升，但是细分指标的变化情况是否与总评分变化的方向一致，从图 2.3 中并不能看出，本小节对 2010—2015 年每一年评分进行了分解，并将分解后的评分画在雷达图内，这样能更直接地反映细分指标的分数相对变化情况①。

① 本报告使用的雷达图表示总部经济发展综合能力的各项分指标的情况。为了使评分的差异表现得更加明显，该雷达图每个方向上的分数的位于[70，100]的区间上，分指标分数越高越接近外侧。由于该雷达图的边界点组成的是正五边形，因此，各指标评分组成的五边形越规则，说明各项指标的发展能力越均衡，反之则不均衡。

从图 2.4 可以看出,2010 年的总部经济竞争力指数的水平,在当时来看,其发展水平较为均衡。其中,商务设施的评分最高,有 77.18 分,比服务环境的评分高出 6.37 分,说明两点问题:①2010 年的商务设施在外资不断进入的 21 世纪前 10 年,发展得十分迅速,其星级饭店数量、办公楼竣工房屋面积、互联网用户数和年末移动电话用户数都处在全国的领先地位,这对外部大型总部的入驻和本地大型总部的形成创造了很好的条件;②在接下来的 5 年的发展过程中,商务设施整体的发展速度是相对缓慢的(这个速度是相比于其他一些指标,如服务环境和创新能力,前期的高评分可能与最后的低评分有关),其主要原因本报告在下文会给出深入的分析。所以,如何进一步在原有基础上提升上海市商务设施水平也是下一步发展的关键。

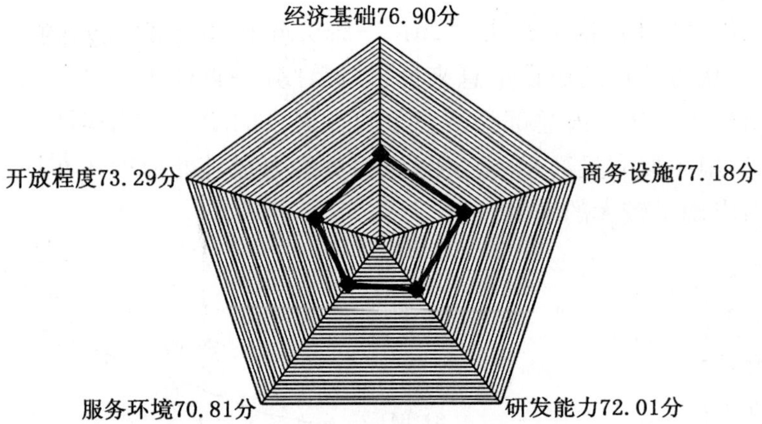

图 2.4　2010 年分指标总部经济竞争力评分

紧接着,2011 年的总部经济竞争力评分(图 2.5)在 2010 年的基础上稳步提升,但是发展依然是存在差异的。从评分的变化情况来看,变化程度最快的是开放程度,评分上升了 6.13 分,其主要原因是该年度的进出口总量分别上升了约 20%,开放势头强劲。而分数上升最为缓慢的是经济基础,仅上升了 3.56,但是这并不能说明上海经济基础的发展出现问题,可能的原因有二:①已经高速发展近 20 年的上海,经济总量十分庞大,在这个体量上的小幅度的增长,从数量上看是巨大的;②上海着力发展第三产业,做大其第三产业的比重一直是近几年发展的大趋势,其结构变化必然带来经济增速方面的阵痛。因此,经济增速较为缓慢是完全可以接受的。

2012 年的总部经济评分(图 2.6)中,增长最为明显的是商务设施,其分指标评分增加了 6.66 分,而评分增长最低的是经济基础,仅 0.08 分,这也基本上验证了之前给出的两个原因,不仅如此,2008 年全球金融危机和欧债危机的持续影响,国外需求开始显著下滑,该年度的进口总额仅增长了 1%,而出口则出现了负增长,这对国内国际化程度最高的上海来说影响是巨大的。同时。而商务设施的显著增加，本报告通过原始数据可以发现，办公楼竣工房屋面积的增加最为突出，其数量的大幅提升对外部（区外和国外）的总部入驻提供了地理上的空间。

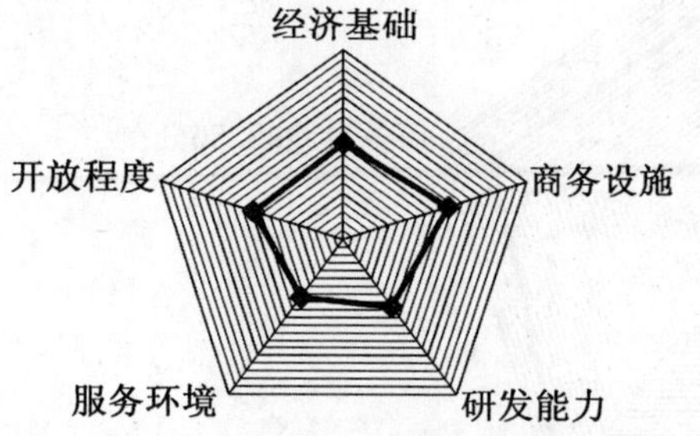

图 2.5　2011 年分指标总部经济竞争力评分

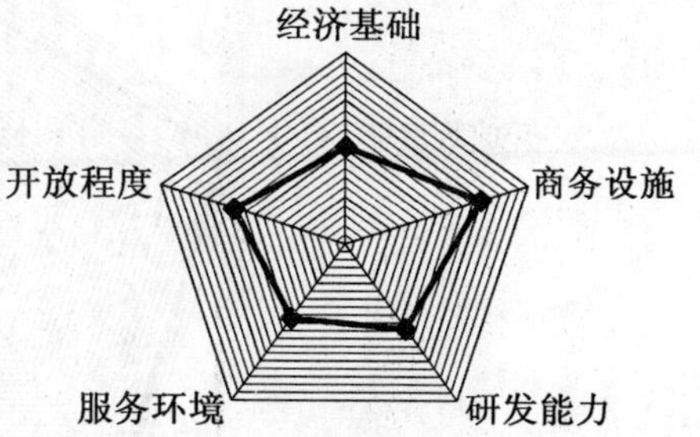

图 2.6　2012 年分指标总部经济竞争力评分

再看 2013 年和 2014 年的总部经济竞争力评分（图 2.7 和图 2.8），可以看出最显著的特点就是开放程度的快速上升。这主要还是受益于国家政策倾斜和针对性，在 2012 年我国进出口出现大幅下滑的背景下，2013 年 9 月，我国首个自由贸易试验区在上海落地，这对于国内外商品（和部分资本）的流动有很好的促进作用。开放水平出现了跳跃式的上升，从 2012 年的 84.2 分上升到 2013 年的 88.4 分和 2014 年的 95.5 分。该指标的上升，一方面，是由于国内外进出口数量出现小幅度回升（其中出口增长 2013 和 2014 年的出口增长率分别为 3.1%和 8.1%），另一方面，当年实际利用外资额和信息服务业营业收入出现大幅度增加（分别增长 8.3%和 13.4%），这既能说明上海在国际资源配置方面的能力继续得到肯定，还体现出了其在区际的信息交流上存在明显的优势，这是总部经济城市必不可少的条件。

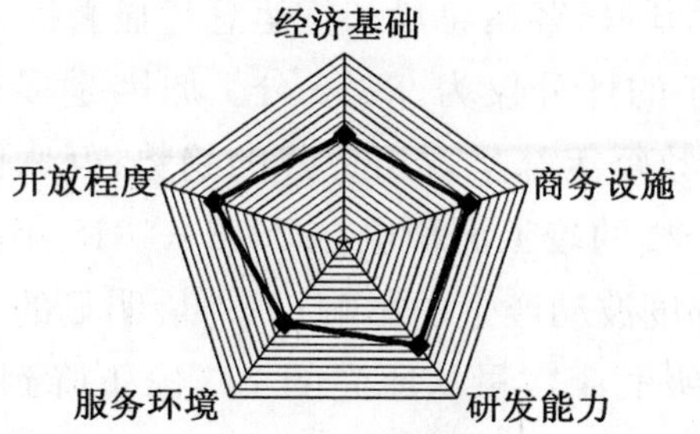

图 2.7　2013 年分指标总部经济竞争力评分

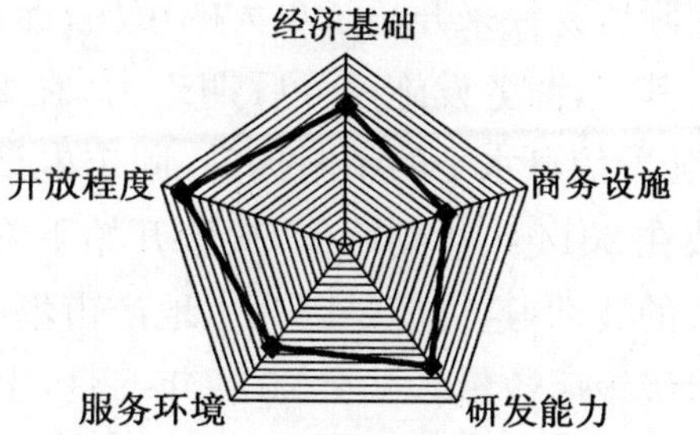

图 2.8　2014 年分指标总部经济竞争力评分

随之到了 2015 年，上海总部经济竞争力评分达到了考评期内的最高值（图 2.9），各个分指标也都达到了峰值，可见上海的总部经济竞争力和承载力在过去 5 年内出现了较大的改观，每项指标也都在 2010 年的水平上有很大的提高，当然，这 5 年既有成绩，也有不足。

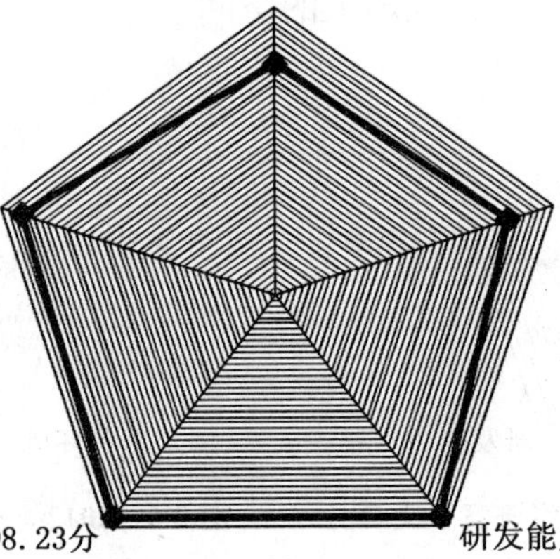

图 2.9　2015 年分指标总部经济竞争力评分

其一，服务环境和研发能力评分在 2013—2015 年上升得十分迅速，主要是因为上海的教育资源在国内处于领先水平，技术与资本的结合必然带来研发能力的提升。同时，2014—2015 年上海对于加快建设创新中心的想法开始逐步落实，2015 年 5 月，上海市政府就发布了《关于加快建设科技创新中心的 22 条意见》，为上海市建设科创中心奠定了基础。这充分说明政策指导在总部经济建设中的关键作用。

其二，开放程度出现很大的改观。上海自贸试验区的改革仍在不断推进，且很多制度创新已经在全国其他地区复制推广，说明试验的成果初见成效；同时，国家层面的“一带一路”逐步展开，中国与国外的接触与互动将会更为广泛，开放程度越来越高；另外，长三角地区稳步发展，杭州、南京、合肥等副中心经济水平的提升为上海进行区际贸易往来开拓了更大的市场，促进区际开放(客运总量和货运总量显著提升)。

其三，商务设施评分后期乏力，在 2015 年的评分仅为 93.56 分。原因是多方面的：随着信息水平的不断提升，固定电话用户数每年都呈现出下降的趋势；互联网用户数在 2014 年达到峰值，接着开始下降；办公楼的竣工面积也在 2013—2015 年出现较大的波动，这可能是因为房地产市场的大幅度波动产生的影响；另外最明显的下滑是星级饭店数量。截至 2014 年 5 月，上海星级酒店数量从原先的 273 家下降到 255 家，减少了 18 家，这其中既有市场因素也有政策因素。在此之后上海的星级酒店的数量仍有小幅的下滑。这很大程度上影响了上海总部经济中商务设施的评分。

（三）发展趋势产生的主要政策原因

从上一小节的分指标趋势评估中可以看出，上海市总部经济竞争力的发展既依赖于其夯实的经济基础，也离不开国家和地方政府的政策扶持，本节对上述提到的影响上海总部经济竞争力的政策因素进行简要的梳理。

1. 中国(上海)自由贸易试验区

中国(上海)自由贸易区的建立为国内国外跨国公司业务的开展，打开了新的窗口。不仅如此，在上海自贸试验区基础上进行的制度创新和管理模式创新，可以吸引有意向、有实力的本土优势企业、海外跨国公司或跨国公司的分支机构进驻上海自贸试验区，享受制度创新带来的制度福利。同时，随着上海自贸试验区创新成果的不断复制推广(2015 年复制推广到天津、福建和广东，2016 年复制推广到辽宁省、浙江省、河南省、湖北省、重庆市、四川省、陕西省)，上海自贸试验区经验将会促使各地之间产生更大更频繁的联动效应，对我国制度创新的和对外开放的深化有很好的促进作用。

2. “一带一路”国家战略的实施

“一带一路”作为一项重要的中长期国家发展战略，其首要的目标是解决中国产能过剩、资源获取、战略纵深开拓、国家安全强化及贸易主导这几个重要的战略问题。上海作为国家“一带一路”和长三角地区“长江经济带”的交汇点，其战略地位突出，能够覆盖广阔的市场和配置大量的市场资源，对于国际国内的跨国公司、研发中心、结算中心能产生很强的集聚效应，同时还能带来国际金融机构，为中国企业“走出去”提供“跳板”。

3. 上海全球科技创新中心建设

上海全球科创中心的建设，是上海实现“创新驱动”的重要抓手，再凭借着其国际化的开放水平，以及近两年来提出的“四新”经济发展、“大众创新，万众创业”等发展主题，上海可以为更多的创新者、创业者及其他具有市场活力的实体提供公平的竞争环境和国际化的城市平台，为可能出现的具有新业态和新模式的跨国公司总部奠定基石。

4. 上海“全球城市”建设

上海市 2016 年 8 月的《上海市城市总体规划(2016—2040)》草案已经公示，标志着全球城市的建设开始被正式提上日程，全球城市不仅仅只是全球化这一个指标所能代替的，更是商品集聚、资金流动、人才汇聚和文化融合多方面能力的综合体现，因此，上海全球城市建设必然会促进地区的经济基础、商务设施、科研能力、服务能力和对外开放水平产生质的飞跃，这同样也是上海发展总部经济的下一个着力点。

(四) 五年内发展趋势的展望与预测

1. 经济增速将继续保持稳步增长

“总部经济”“全球城市”“科创中心”任何一个身份的获得都离不开经济实力的不

断提升，经济基础(既包括宏观层面也包括微观个体)是促进一个地区发展的内生动因。因此，上海地区的政策制定者一直思考，如何在如此庞大的经济体量下，带动上海地区经济活力在现有的基础上进一步提升。当然，随着一系列政策的不断颁布和出台，这一问题将会最终找到答案，中长期的历史趋势也验证了这一点。所以，经济增速在“新常态”下依然保持充分的活力，是未来5年上海经济的主要趋势。

2. 政策相互协同，彼此共谋发展

“新常态”的经济下行压力在全国各地都有体现，中央与地方的上到国家战略，下到地方政策与办法，都在为经济的“软着陆”出谋划策。从表面上看，虽然政策之间具有排斥性，因为在资源约束下只能实现某一目标上的收益最大化。其实不然，目标本身就具有共性，目标之间会存在很大程度的相关性，政策与政策间的相互协同能更好地配合多目标的共同实现。因此，未来的政策方向将会更好的整合现有的优质政策资源(“总部经济”“全球城市”“科创中心”和上海自贸试验区)，并使政策与政策有更好的融合与匹配，进而发挥出更好的作用。

3. 研发实力成为地区总部经济竞争力提升的决定因素

现如今国家的竞争就是科技的竞争，而科技的竞争是研发能力的竞争，即人才的竞争，从上海研发能力的发展趋势上看，上海不仅科技型人才储备充足，而且伴随着科创中心政策的落地，其研发人员的增量也会不断上升，再加上知识的溢出效应和创新的集聚效应，上海地区的科研水平将进入世界前列。而世界500强以及跨国公司，其盈利最主要的来源就是技术创新，其在上海的总部往往就是研发总部，因此，上海的总部经济竞争力在现有的政策下会不断走向上升通道。

4. 开放程度的提升依赖于政策的下一步指向

作为国际化程度非常高的上海，其开放程度在国内已经处于领先水平，且上海自贸试验区也为上海的进一步开放起到了很大的作用。但是，随着上海自贸试验区改革的不断深入，改革的尖刀开始触及那些阻碍开放的本质内容(主要是开放后外部风险的管控)，阻力也越来越大，这更依赖于中央政府开放的决心与勇气，在未出台一些有实质性的开放政策或上海自贸试验区的改革措施前，再加上国际经济环境的持续低迷，开放程度的提升还有待进一步观察。

四、 上海发展总部经济竞争力的横向比较分析

本节将国内主要一线和二线城市(北京、广州、深圳和天津、重庆、杭州、南京、武汉、青岛)的总部经济竞争力与上海市总部经济竞争力进行评分(赵弘，2016)，通过对

总分和各级指标分数的分析和判断，挖掘上海总部经济在现阶段的优势与不足，并对产生这些优势和导致不足的因素进行深入剖析，为下一步上海市保持和改善总部经济竞争力指明方向。

（一）10个主要城市的总部经济发展竞争力评估

为了更加全面地了解上海总部经济竞争力在全国范围内的发展状况，本报告选取了总部经济发展较好的 9 个城市（国内一二线城市），依然采用层次分析法，对每个城市的总部经济竞争力进行评分①（图 2.10）。

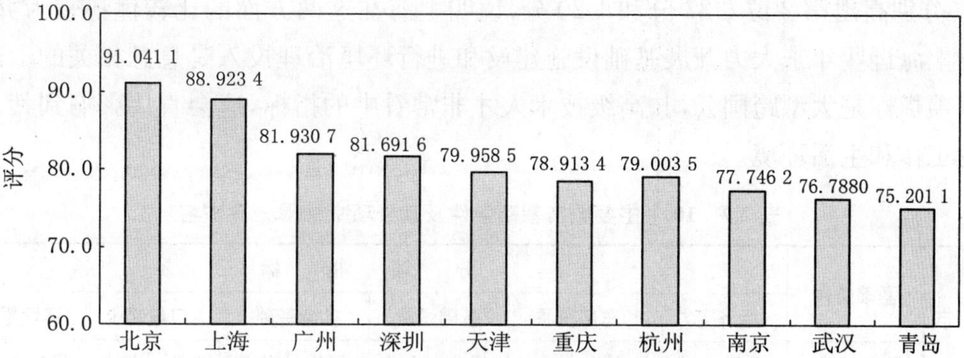

图 2.10　2015 年各城市总部经济竞争力评分

图 2.10 给出了 10 个城市的总部经济竞争力的评分结果。可以发现，北京和上海两个城市的柱状图明显高于其他城市，二者的平均分比其他 8 个城市的平均分高出 12.3%，可见，北京和上海俨然已经成为国内总部经济发展的领跑者，是"第一梯队"，而且二者的差距较小，仅仅 2.1 分，稍有外部冲击（政策变动或国际市场变动）都可能使得二者的评分发生变化。因此，如何在此基础上保持并提升上海总部经济竞争力是本节想探讨和解决的问题。要想解决这一问题，首先需对二者（以及其他 8 个城市）的分指标进行细致的梳理，寻找长处和不足，对症下药。

（二）城市间总部经济竞争力分项指标的比较分析

1. 基础条件得分与分项指标分析

总部竞争力评分体系中，基础条件所占比重约为 54%。因此，基础条件评分的高

① 本报告使用的数据主要来自各个城市 2016 年的"统计年鉴"，由于城市层面的统计年鉴在指标上存在一定的差异性，对于那些未在各个城市"统计年鉴"上出现的指标，本报告还通过"中国城市统计年鉴""中国区域统计年鉴"、民航局网站和财富中文网获得。对于极个别没有统计的指标，本报告使用 2015 年的统计值代替，2015 年也未统计的指标，视其为缺失值。

低很大程度上决定了该城市在总部经济竞争力排序中的顺序。况且，基础条件也不单单由经济实力这一单方面决定的，而是综合考虑了总部资源、基础设施、社会基础、人口与就业和环境质量等多方面因素，这些因素对于总部经济竞争力的提升往往具有“四两拨千斤”的作用，所以不可小觑。

从10个条件的基础评分来看(表2.7)，“北上广深”4个城市依然占据着前4位，说明其“一线城市”的头衔是实至名归的。无论从经济实力，还是其他各项指标来看，基本都排在前4位。上海以87.86的评分排名第2位，基本符合预期。从分项指标的评分和排名来看，上海的“基础设施”与“环境质量”分别以93.57分和90.84分排列第1位，分别高出第2位6.27分和1.20分，说明上海在这两方面的比较优势较为突出，这与上海近些年来大力开展基础设施建设和进行环境治理投入是息息相关的。而且这两项指标是大型跨国公司、高级技术人才非常看中的指标，这会直接影响到其入驻后的工作和生活环境。

表2.7 10个主要城市基础条件及其分项指标得分与排名

城市	基础条件		分项指标											
			经济实力		总部资源		基础设施		社会基础		人口与就业		环境质量	
	得分	排名	得分	排名	得分	排名	得分	排名	得分	排名	得分	排名	得分	排名
北京	90.02	1	91.68	1	100.11	1	86.45	3	85.69	2	89.35	2	89.64	2
上海	87.86	2	90.00	2	75.75	2	93.57	1	81.10	7	81.74	5	90.84	1
广州	84.59	3	87.63	4	71.59	5	87.30	2	93.75	1	84.08	3	80.25	9
深圳	84.24	4	89.75	3	73.56	3	81.39	4	79.91	9	81.14	7	84.89	4
天津	82.33	5	79.79	7	71.70	4	74.58	9	85.04	3	92.46	1	83.33	6
武汉	80.81	6	80.05	6	70.90	8	81.15	5	84.03	4	79.61	9	83.51	5
杭州	79.88	7	83.47	5	70.96	7	76.96	7	75.67	10	81.65	6	78.79	10
重庆	79.69	8	78.92	8	71.28	6	77.56	6	83.44	6	82.00	4	80.74	8
南京	78.96	9	76.05	10	70.21	9	76.71	8	80.42	8	81.05	8	83.31	7
青岛	77.83	10	76.94	9	70.00	10	73.50	10	83.96	5	72.41	10	85.21	3

上海在“社会基础”和“人口与就业”这两项指标的评分与排名并不是十分乐观，分别是81.10分和81.74分，对应的排名为第7位和第5位。这突出地反映了上海市因常住人口不断增加导致的人均资源相对稀缺，例如“社会基础”中的“每10万人拥有中、小学教师数”“每10万人拥有医生数”和“城镇人均住房面积”都在10个城市的平均水平以下。该类教育、医疗和生活资源的稀缺既有可能是人口过快上涨带来的

需求膨胀导致的，也可能是供给侧干预带来的资源配置扭曲导致的，具体原因需要深入研究，但这种社会资源的相对稀缺值得有关部门警觉。

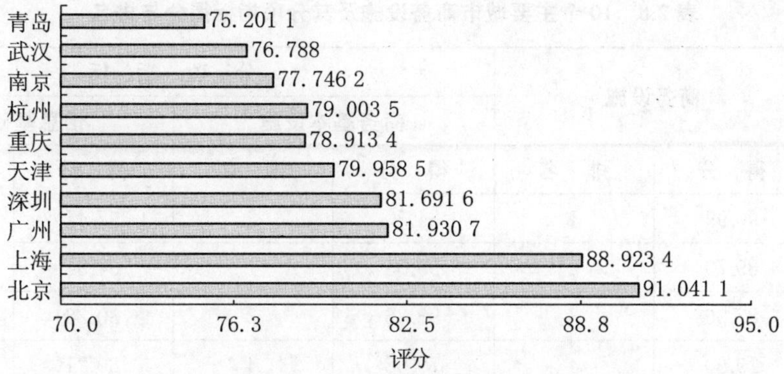

图 2.11　10 个主要城市基础条件评分

值得一提的是，虽然上海的总部资源排名第二，但评分与排名第一的北京相差不小。这主要是由于北京集中了我国绝大多数的总部资源(图 2.12)，大型公司总部(尤其是跨国公司)在拓展业务时最需要的就是与地区政府打交道，而北京则具有更加丰富的政治资源。

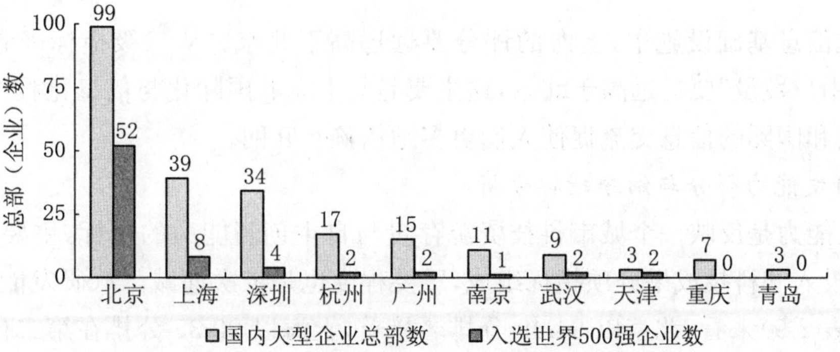

图 2.12　2015 年各城市中国 500 强和世界 500 强企业数

2. 商务设施得分与细分指标分析

商务设施这个一级指标主要是由商务基本设施和信息基础设施两个二级指标构成。从商务设施的评分和排名(表 2.8)来看，上海以 90.99 分排名首位，比排名第二的北京仅高出 1.29 分，差距很小。其中，商务基础设施北京排名最高，这主要是因为在三级指标中，“办公楼竣工房屋面积”“商业营业用房竣工房屋面积”和“星级饭店数量”等指标都明显高于上海，前两个指标的内容有助于提高城市自身的总部经济承载力，吸引更多的外部总部入驻，而第三个指标则有助于本土企业在广泛的国际交流和商务往来中，更多地接触国际前沿，把自己打造成国际一流的企业。

表 2.8　10 个主要城市商务设施及其分项指标得分与排名

城　市	商务设施		分项指标：商务基本设施		分项指标：信息基础设施	
	得　分	排　名	得　分	排　名	得　分	排　名
上　海	90.99	1	84.50	3	97.47	1
北　京	89.70	2	95.05	1	84.34	2
重　庆	87.06	3	93.86	2	80.26	4
广　州	79.90	4	79.58	4	80.21	5
天　津	77.29	5	77.09	5	77.49	6
深　圳	76.51	6	72.38	8	80.63	3
杭　州	74.75	7	76.37	6	73.12	9
青　岛	73.99	8	74.76	7	73.22	8
武　汉	71.87	9	70.38	10	73.37	7
南　京	70.88	10	70.99	9	70.76	10

而在信息基础设施中，上海的评分要远远高于北京。从三级指标来看，上海的“互联网用户数量”要远远高于北京，这主要是与上海的国际化与信息化程度有关，频繁的国内和国际的信息交流促使人们更多地依赖互联网。

3. *研发能力得分与细分指标分析*

研发能力是反映一个城市科技资源存量与自主创新能力的指标，主要由人才资源、研发投入和科技成果分项指标组成，重要程度也是依次递减。从研发能力的评分和排名（表 2.9）来看，北京以 94.49 分排名榜首，上海以 90.35 分排在第二位，而其他 8 个城市的研发能力最高分也就是天津的 82.13 分，与前两位的差别不小。从分项指标来看，北京研发能力排名第一更多的是因为研发投入与科技成果带来的优势。北京 2015 年的“研发经费”为 1 384 亿元，比上海的 936.14 高出 47.8%，研发经费占总产出的比重也比上海高出 61.1%，这些科技创新方面的投入确实存在差距，对于上海这个正在建设创新中心的城市来说，需要做的工作还很多。

当然，上海在研发能力方面的优势则主要体现在人才资源方面，其“研发人员”在所有城市中最多，比北京也多出 80%，而且“每万人拥有的高校在校生人数”也与北京的数量相当，因此，上海在研发能力方面的潜力是巨大的，只要能配套相应的研发投入,结合现有的人才资源,高质量高产出的科创中新的建设指日可待。

表 2.9　10 个主要城市研发能力及其分项指标得分与排名

城市	研发能力		分项指标					
			人才资源		研发投入		科技成果	
	得分	排名	得分	排名	得分	排名	得分	排名
北京	94.49	1	83.48	2	100.00	1	100.00	1
上海	90.35	2	93.38	1	89.73	2	87.93	2
天津	82.13	3	80.42	4	82.51	3	83.46	3
深圳	79.01	4	80.20	5	79.73	4	77.10	4
南京	76.83	5	79.56	6	74.35	8	76.59	6
杭州	76.79	6	76.71	8	79.39	5	74.28	7
重庆	76.46	7	76.17	9	76.19	6	77.04	5
广州	75.12	8	81.25	3	70.00	10	74.13	8
武汉	74.54	9	77.02	7	74.38	7	72.21	9
青岛	70.89	10	72.18	10	70.50	9	70.00	10

注:"科技成果"二级指标下的"技术合同金额"是用来反映研发成果应用于实践并创造收益的能力,但是有 5 个城市该项指标值缺失,因此 0 值处理,但这并不影响北京上海两个城市在"研发能力"方面的比较分析。

4. 服务环境得分与细分指标分析

服务环境(表 2.10)包括专业服务和商务服务两个二级分项指标,它们对城市总部经济竞争力的影响基本上是相同的。上海以 97.32 分排在第一位,比第二位的北京高出 7.32 分,但从分项指标来看,金融服务领域上海的评分低于北京。一方面可能是因为,对于所选取的"金融机构存贷款"这种存量指标,北京的总部优势能相应的转化为这种存量优势(总部对企业资金的支配会有很强的影响)。另一方面,受篇幅的限制,本报告选取的指标太过于狭隘,对于金融领域中的证券、期货、保险以及其他各种金融衍生品市场都没有考虑在内,以至于得出的结果可靠性较低。

另外,上海在商务服务中的评分较高,这主要是因为"商务服务从业人员"和"文化传媒业从业人员"都明显高于北京对应的指标,这既能说明在上海能够提供高水平高质量的商务服务与文化传媒方面的专业人士非常多,同时也反映出上海地区对于该类服务的需求十分旺盛,以至于需要这么庞大的供给来满足需求。其他城市无论在金融服务还是商务服务方面,都很难达到北京上海这两个城市现有的水平,在此不做过多的分析。

表 2.10　10 个主要城市服务环境及其分项指标得分与排名

城　市	服务环境		分项指标			
			金融服务		商务服务	
	得　分	排　名	得　分	排　名	得　分	排　名
上　海	97.32	1	94.64	2	100.00	1
北　京	90.45	2	100.00	1	80.91	2
广　州	76.03	3	78.68	4	73.38	5
深　圳	76.01	4	80.19	3	71.84	6
天　津	74.90	5	75.39	6	74.41	3
重　庆	74.12	6	74.24	7	74.01	4
杭　州	73.39	7	75.62	5	71.16	8
南　京	72.42	8	74.12	8	70.73	9
武　汉	71.84	9	72.52	9	71.17	7
青　岛	70.29	10	70.00	10	70.58	10

5. 开放程度得分与细分指标分析

开放程度这一个一级指标是由“区域开放”和“国际开放”两个部分共同构成的。其中“区域开放”是反映城市与其他地区之间(尤其是国内)的人、物以及信息等生产要素往来的程度;而“国际开放”指标则反映的是城市开放型经济发展的程度、城市国际交往能力和对国际市场的吸引力。二者对于总部城市竞争力的影响程度大致相当,在权重设定中“国际开放”略显重要。

从评分的结果(表 2.11)上看,上海以 88.82 分排名居首,说明其综合开放水平处于国内领先水平,但观察分项指标可以发现,其“区域开放”程度仅以 82.46 分排在第三位,与第一位的广州相差 9 分之多,通过细分指标可以看出,无论是“客运总量”还是“货运总量”,广州都高居榜首,说明其在珠三角地区的要素流动环节扮演着十分重要的角色,而上海在长三角地区的要素流动的参与度还需进一步提升。相比较而言上海在“区域开放”中的“人均邮电业务收入”和“信息服务业营业收入”上的规模是可观的,说明其在区域间的信息交流的参与能力还是很高的。

另外,从“国际开放”程度来看,上海以 95.17 分高居榜首,无论是“进出口贸易依存度”还是“实际使用外资”和“旅游外汇收入”都要远远高于其他城市,说明其开放型经济的发展程度和城市国际交往能力要明显优于其他城市,这种较高的国际化水平对总部经济(尤其是跨国公司总部)的发展至关重要。

表 2.11　10 个主要城市开放程度及其分项指标得分与排名

城　市	开放程度		分项指标			
			区域开放		国际开放	
	得　分	排　名	得　分	排　名	得　分	排　名
上　海	88.82	1	82.46	3	95.17	1
北　京	85.26	2	85.68	2	84.84	4
广　州	84.59	3	91.91	1	77.27	7
深　圳	81.28	4	76.31	5	86.25	3
天　津	80.68	5	73.32	7	88.04	2
重　庆	79.77	6	81.43	4	78.12	6
杭　州	74.43	7	70.28	10	78.58	5
武　汉	74.32	8	73.03	8	75.61	8
青　岛	73.90	9	74.12	6	73.68	9
南　京	71.22	10	71.72	9	70.73	10

（三）上海发展总部经济的优势与不足

首先，本报告从整体上判断上海各个分项指标的发展现状，这里引入了协调性分析指标，即将各个分项指标与总部经济发展的综合指标进行比较（综合能力指标减去某一分项指标），若计算结果大于 0，说明该分项指标在综合指标的发展能力之上，而小于 0 则说明在综合发展能力之下（绝对值在正负 3 之间是可接受范围，属于相对协调，若绝对值大于等于 5，则说明该分项指标的排名相对于综合指标的排名发展过快或过慢，属于相对不协调。）

表 2.12 中可以看出，整体上，“0”占据了大多数的位置，一方面主要城市的发展水平大体上是非常协调的，与城市自身的发展能力是相互匹配的，同时，另一方面也反映出指标体系的真实可靠性，基本上将每一个城市城市的综合指标和分项指标的关系以非常中性的方式展现出来。再看上海的分项指标评分，每一项都与自身的综合评分相协调，所以，上海的总部经济竞争力一直处在最优的发展路径上。

再看协调分析的每一个具体数值，上海的商务设施、服务环境、开放程度的评分都是略优于上海整体的总部经济竞争力，说明这三个层面是上海总部经济竞争力发展的优势所在，凭借着高度开放的市场环境，上海已经将自身的服务环境和商务水平提升到了国内最高水平，这对外资的进入和总部的发展有很好的承载作用，能为其提供国际一流的商务与金融服务。

表 2.12 分项指标评分的协调性分析

城市	经济基础	商务设施	研发能力	服务环境	开放程度
北京	0	−1	0	−1	−1
上海	0	1	0	1	1
广州	0	−1	−5	0	0
深圳	0	−2	0	0	0
天津	0	0	2	0	0
重庆	−2	3	−1	0	0
杭州	0	0	1	0	0
南京	−1	−2	3	0	−2
武汉	3	0	0	0	1
青岛	0	2	0	0	1

当然我们也要看到不足的一面:总体的经济基础和研发能力方面依然存在一定的短板,经济基础上,一方面是总体的增速放缓带来的经济下行压力较大,另一方面,则是庞大的常住人口基数使得有限的资源被逐渐的稀释,人均指标在 10 个城市中表现并不突出,这也是对上海总部经济承载力产生约束的重要的一环。当然,这并不能为上海市限制人口提供理由,国际经验显示,常住人口数量的增加对于制造业和服务业的发展以及集聚经济是十分必要的(陈钊和陆铭,2014),因此,政策的方向应该从提高人均产出和提高人均产出效率入手,解决我们的经济增速下滑的问题。另外,研发能力上,现有的科技人员和研发人员是充足的,欠缺的主要是研发投入和与科研相关的研发产出转换率上,这正好与现阶段实施的建设国家科创中心想要解决的问题相一致,在未来的 5 年内,随着各项政策的不断出台和落地,上海研发能力和科创能力将成为其发展总部经济的最核心的竞争力。

第三节 上海总部经济发展的热点区域

一、 浦东新区

总部经济在产业带动、人才集聚、技术进步和集聚辐射这 4 个方面存在很大的推动作用,是上海经济可持续发展不可或缺的重要支柱,而上海发展总部经济的重心就在浦东新区。同时,大力发展总部经济也是浦东新区创新驱动、转型发展,转变经济增长方式的重要途径，更是浦东地区二次腾飞的重要抓手。

（一）区内企业总部发展现状良好

目前浦东已成为中国大陆跨国公司地区总部最集中的区域，截至 2016 年 5 月底，浦东新区累计吸引获认定的跨国公司地区总部达 164 家，占全市总量(332 家)的 49.4%。其中，投资性总部 70 家，管理型总部 94 家。跨国公司地区总部注册资本总额超过 80 亿美元，年营业收入超过 1 000 亿元人民币。

浦东新区现已经初步形成了以跨国公司地区总部、国内大企业总部、研发机构、营销机构等为核心的总部集聚地。一部分跨国公司地区总部在中国形成的销售额已占其母公司全球销售总额的 20%～30%。这些总部有 70%的项目和 90%的投资额是投向全国各省市，在服务长三角、服务全国中发挥重要作用。不仅如此，浦东新区的跨国公司地区总部的能级也在不断提升，管理范围从最初的长三角逐步扩展至中国区、大中华区、亚洲、亚太区乃至全球。如 IBM 在浦东创建了新兴市场总部，管理区域覆盖了亚洲、非洲、东欧和拉美等 150 多个国家。另外，跨国公司地区总部的运营不断做强，在最初的投资和人员、财务、后勤服务基础上，逐步增加销售、结算、资金管理、研发、维修、服务外包等功能，部分总部还积极参与国际新型贸易结算、外币资金池等各类试点。

随着总部经济政策的不断完善，浦东新区各类企业总部的运营模式不断创新，主要已形成 5 种模式：以 IBM、百度为代表的，以服务贸易和统一营销为主的集成服务模式；以通用电气、德尔福为代表的，以高端产品研发为主的“反向创新”模式；以宜家、瑞表和英迈为代表的，以商业分销和物流分拨为主的贸易中心模式；以小松、资生堂等为代表的，以生产管理和集中销售为主导的结算中心模式；以通用汽车、巴斯夫、德尔福为代表的，融合管理、研发、培训、销售等多种功能于一体的综合营运模式。

以德尔福中国科技研发中心为例，该中心是德尔福在中国市场乃至亚太区市场研发的“神经中枢”，拥有 700 多名工程师的中国研发团队已经在浦东研发出了多项世界领先的专利技术，这些新技术被广泛地应用于全球其他的市场中。地区总部和外资研发中心的集聚有效带动了企业研发投入和创新能力提高。

为了更加高效的服务浦东地区的企业总部，浦东新区各个部门，还将不断提高其服务办事效率，为总部经济发展扫清障碍，按照“行政效率最高、透明度最高、收费最少”的“三最”要求，新区将建立和完善外资网上办事系统等政府电子行政平台，方便企业总部办理各项行政审批手续。同时，在人才引进、通关、出入境等方面提供便利。建立有效的政企沟通交流平台，完善首席联络代表“零距离”对口服务制度，在外资

(各地)协会组建地区总部专业委员会,定期组织"总部老总沙龙"活动,及时了解企业所遇到的问题和困惑,帮助协调解决。对尚未在浦东新区投资的跨国公司 500 强企业、国内 500 强优势企业以及在行业中居龙头地位的国内大型企业集团,做前瞻性的分析研究。在此基础上,还要抓住央企改革、资源重组的机会,利用各种渠道,主动接洽有投资意向的央企,力争引进战略性项目。让浦东成为各大地区总部集聚中心。

(二)特色区域——世博园区会展商务

浦东世博园区会展商务集聚区作为全市 25 个集聚之一,园区规划和招商工作稳步推进,实现了园区开发建设形象的进一步提升,园区市级公共活动中心的功能初步体现。

2014 年,纳入"十二五"时期开发规划的 AB 片区 55 幅地块共计出让 47 幅地块,完成率 85%。其中 B 片区央企总部集聚区 28 幅地块全部出让完成,成功引入 13 家央企入驻,分别是:中国商飞、宝钢集团、国家电网、中国华能、中国华电、中国铝业、中国中化、中国建材、中外运、中国黄金、中新控股、中国中信、招商局。目前绝大部分项目正开展地上结构施工,商飞、招商局、华能、国家电网、宝钢、中化、中外运等 60%以上的项目已结构封顶,商飞(一期)、招商局、中化等项目已进入精装阶段。

A 片区国际企业总部集聚区 27 幅地块完成了 19 幅地块出让,入驻企业包括中国电力、中国电子科技集团、华泰保险、中国银联、浦发银行、远东集团、吉富能源、益海嘉里、深圳立业、永诚财险、中航国际租赁和天安财险等,金砖银行总部选址也已明确落户在 A 片区。"绿谷"是 A 片区的核心,共 8 幅地块,承担着为整个 A 片区提供能源、静态交通、商务设施等重要配套服务功能。目前已完成工可、初步设计批复和地上设计方案预审批复。

除 AB 片区控规正有序实施外,后滩拓展区(C 片区)结构规划及启动区(C09、C10 地块)控规正在审批过程中;园区低碳生态规划、综合交通专项规划、信息化专项规划、灯光景观规划、园区游艇码头、园区开放式 5A 级景区规划、浦东园区公建配套设施布局规划等专项规划已编制完成,主要成果纳入了上海市相关规划利用方案中。城市最佳实践区一方面存量建筑招商完成率达 90%以上,一批创意产业进驻后提升了区域影响力,另一方面通过举办一些具有重大影响的创意秀场活动,使得该区域特色更加鲜明,以 LEED-ND 铂金级认证为引领,以文化创意设计为特征的新型街区初步显现。

二、静安区

（一）静安区总部经济发展总体情况

南京西路专业服务商务区是以静安南京路为主轴的带状街区，东起成都北路，西至镇宁路，北至北京西路—愚园路，南至威海路—延安路，区域面积1.8平方公里。南京西路专业服务商务区规划建筑面积420万平方米。数据显示，已建成商业商务面积320万平方米，在建47万平方米，规划待建53万平方米。

（二）特色区域——静安区南京西路专业服务商务区

在1.8平方公里的区域面积聚集了辉瑞投资有限公司、欧莱雅（中国）有限公司、摩根士丹利商贸（中国）有限公司、罗格朗（上海）管理有限公司等国际跨国公司地区总部达21个，吸纳从业人员16万人，2013年该区域实现税收123.5亿元，同比增长3%。

同时，“楼宇经济”也是静安区发展过程中的一大特色之一，大体量的商业商务楼宇集聚了众多的优质商务资源，确立了静安南京路高端商业商务的地位。目前，静安南京路地区成为上海跨国公司地区总部最为集中的区域。这些跨国公司地区总部和专业服务业企业的高度集聚也使得静安区“楼宇经济”特色更加鲜明。数据显示，南京西路专业服务商务区总营业收入约1 054亿元，产生税收111亿元，税收过亿元的楼宇达到15幢，其中恒隆广场全年税收近30亿元，短短几年就实现了从“亿元楼”到“月亿楼”再到首幢“月双亿楼”的跨越。

（三）“撤二建一”给静安总部经济带来新活力

静安发展总部经济一直有一个软肋，即区位因素导致的商务成本太高，为大企业、跨国总部服务的下游产业链有时难以落地。比如，原来一些奢侈品、化妆品、制药企业等跨国公司在总部选址（落在原静安区）会有一丝顾虑，总部可以落在寸土寸金的南京西路，但商贸物流等部门在该地区落地将会给公司带来难以承受的商业成本。现在随着“撤二建一”的各项工作逐步展开，新静安北部地区可以提供商贸流通所需要的场地与物流资源，很多原静安“吃不下”的产业链环节现在都可以往北部转移。最近知名大型金融机构就将落址南京西路上，后台一万多平方米的数据库毫不犹豫地选择落在市北高新园区，不仅因为那里场地大，更因为市北高新可以提供完善的数据产业服务资源。随着静安闸北的合并，两个区域的相对优势对于总部经济的进一步集聚带来了更多的便利，地区对总部的吸引力变得更强。

通过规划合理引导，产业优势将更能发挥能量。静安区“十三五”规划明确提出，未来 5 年静安将打造创新创业的活力城区，发展“5＋X”产业：即重点发展商贸服务业、金融服务业、专业服务业、文化创意服务业、信息服务业，积极培育健康服务、养老服务、文商旅融合、节能环保、智能制造、“互联网＋”等新兴产业。

三、 黄浦区

（一）黄埔总部经济发展总体情况

黄埔区也是上海市总部经济发展活跃的地区，本年度总部经济依然稳步发展，总部型企业（157 家）区级税收占比达 30.6％，跨国公司地区总部达 41 户。楼宇经济：全区 165 幢重点商务楼宇完成区级税收 97.46 亿元，占比为 56.6％；总税收亿元楼达到 63 幢，其中区级税收亿元楼 25 幢。这些重点总部型企业中，不乏享誉世界的 500 强企业，如佳能、索尼、斯凯孚等；有行业龙头企业，如保乐力加、埃森哲、麦肯锡等；有知名的金融企业，如海通证券、东方证券、中海信托；还有著名的内资企业，如中石化、神华煤炭、国家电网等央企的区域性总部，以及上实集团、久事集团、锦江集团、百联集团、电气集团等上海国企的总部。

随着总部型企业的不断进驻，黄浦区总部经济效应也逐步显现，总部经济对黄浦区域经济的贡献度也正稳步提升，总部经济已与楼宇经济、涉外经济一同构成黄浦区最为重要的 3 种经济形态。黄浦之所以能够集聚如此众多的总部企业，最大的优势在于其综合优势。地处上海城市中心的核心区域，商业商务发达，交通便利；产业基础雄厚，以服务经济为主的产业结构初步形成，金融、专业等高端服务业发展全市领先；外滩改造和世博会的后续效应，为未来发展提供了新的空间载体；社会事业资源丰富，配套齐全；具有深厚的海派历史文化积淀优势等等，这些都为总部经济的发展提供了良好的软硬件环境。

（二）特色区域

金融服务业正在成为承载未来黄浦区总部经济发展的最为重要的产业领域，随着外滩金融集聚带区位优势的不断释放，创新型“新型金融形态”的总部机构纷纷落户黄浦，已初步形成了与陆家嘴金融城错位互补、协同发展、具有比较优势的金融服务业产业集群。在专业服务业的总部经济发展上，黄浦区则正初步构建出规模化、高端化、国际化的特征，并呈现出跨国公司总部、国内总部、功能性总部、行业龙头、新型机构等多元主体集聚的发展态势。

为了更好地服务于总部型企业，黄浦区提出了"四个一"的概念：通过出让一块地吸引一个总部，通过推出一个优质商业网点吸引一个总部，通过盘活一幢老大楼吸引一个总部，通过推出一栋老洋房吸引一个总部，加快优质资源向总部企业的集聚。老大楼是黄浦区特有的优势，仅外滩地区就有老大楼169幢，其中有100处为优秀历史建筑，而思南公馆则是市中心区域内最大的老别墅区，共有51栋老别墅，这在不少企业眼里都是"香饽饽"。近年来，黄浦区通过置换、修缮、改造等方式，使一大批老大楼、老洋房"重焕生机"的同时，也成为总部型企业的所在地。此外，随着滨江岸线金外滩国际广场、外滩国际金融中心、SOHO中国外滩以及企业天地二期、后世博园区开发利用等一批重点项目建设，今后3年累计产出近150万平方米增量的高档商务楼宇。

四、嘉定区

（一）南翔江桥地区加快融入虹桥商务区

嘉定南翔江桥地区正不断加快融入虹桥商务区建设，总部经济、文化创意、新型金融、智能制造等产业加速发展，科技资源与创新要素加速融合，转型步伐不断加快。2015年全年，新增东软睿驰汽车技术（上海）有限公司、安通林（中国）投资有限公司2家企业总部落户嘉定，跨国公司地区总部及各类研发、销售中心达45家。

（二）特色区域——嘉定新城上市企业总部集聚商务区

该区域毗邻永盛路、伊宁路、双丁路、阿克苏路等城市主要干道，地理位置优越，规划占地面积42.12公顷，其中商务办公及商业服务用地20.22公顷，规划建筑面积为73.1万平方米，将成为嘉定新城转型发展和功能提升的核心区域。该区在规划过程中，突出"四高"要素，即"高"混合度的城市功能、"高"密度的道路网格、"高"开放度的公共空间、"高"连续度的街道界面，其主要特点是：①打造十字景观轴，结合基地周边丰富的景观资源，由南北向和东西向两条公共活动景观轴线交汇构成，并与外围石冈门塘、赵泾等滨河绿带衔接，将景观绿地引入总部园区内部，形成中央十字景观轴，既是总部园区核心景观空间，也是公共活动中心；②形成地标南北呼应，按照"外高内低、整体均衡"的思路布局高层塔楼建筑，在基地中央德富路南北两端布置标志性建筑，保持高度均衡布局的同时，形成空间地标；③塑造核心活力街区，中部由街道串联高密度覆盖、小尺度的活力街区，8—12层建筑围合，形态规整，边界清晰，街区、庭院通过公共通道串联，提供停留和休憩空间。东片以"围合式＋带形"空间的组合，半围合面向赵泾，强调空间内外渗透与互动；④串联多层次的外部空间，强调开放空间的多层次、丰富性。外部主要为石冈门塘景观轴、赵泾景观轴。通过内部开放空间与此衔接并渗透至总部园区内部；⑤营造丰富多样的内部开放空间，内部形成四种开放空间，其中，围合式庭院：通过交往空间的塑造，增加办公人群的活动空间；U形景观庭院：结合建筑布置三面围合的绿化空间，形成面向赵泾的滨河景观带；街头小广场：利用半围合、半开敞的广场空间，作为人流聚集集散的公共节点；十字景观轴：形成公共活动型带状景观区。

嘉定新城上市企业总部集聚商务区以上市总部集聚商务区规划落地为契机，加大总部园区招商工作力度，着力引进行业龙头、领军企业和知名企业总部，带动区域配套功能和品质的提升。以绿地集团、中国黄金集团、中国传媒集团、保利集团为首的一批央企总部有意入驻园区。

五、 杨浦区

（一）杨浦区总部经济发展总体情况

2015年，大陆、欧尚、汉高等5家跨国公司地区总部以及西门子、欧艾斯两家总部型机构落户杨浦。不仅如此，耐克、IBM、李尔、易安信、安莉芳、肯德基等知名跨国公司的研发中心、销售中心等总部功能机构，也不约而同地来到杨浦。

丰富的知识密集型创业企业，也成为吸引跨国公司的重要因素。世界500强企业艾默生电气在杨浦设立了合资公司，投资总额达到2.4亿元。其合资对象是一家本土创业企业。上海大学自动化专业的几名教师在2003年下海创业，在杨浦创办了上海儒竞电子科技公司，专攻暖通行业核心部件。短短几年时间里，这家科技小巨人企业获得各类专利近百项，击败了日韩多个大品牌。艾默生作为行业领导者，最终决定与儒竞设立合资公司，以双品牌形式占领全球市场。

创新创业氛围和才智高地，使得杨浦每年引进外资项目超100个，区域内已形成大连路总部集聚区和创智天地、新江湾城等外资总部集聚地。一流硬件设施将与创新创业软环境的有机组合，将会进一步增强“杨浦魅力”，促使杨浦在更高层次、更广领域参与国际合作，带来更多跨国公司总部及总部型机构、研发中心以及创新联盟，吸引更多外资参与杨浦上海科技创新中心重要承载区建设。

（二）特色区域

1. 杨浦区大连路总部研发集聚区

杨浦区大连路总部研发集聚区主要发展以跨国公司和国内行业龙头企业地区总

部、研发中心、营销中心等为主的总部经济。2013 年，在西门子、大陆集团、安莉芳等跨国公司相继落户大连路后，李尔公司、文通钾盐集团有限公司、中外建投资控股（上海）有限公司、金光创利办公纸品（上海）有限公司等一批国内外总部功能型或行业引领性企业也相继入驻。集聚区当年实现营业收入约 1 130 亿元，实现区级税收 4.48 亿元，同比增长 5.4%。

2. 江湾—五角场科教商务区

江湾—五角场科教商务区依托知识杨浦的高校、科研院所、技术企业的优势，聚集了一批如 EMC2、易保软件、IBM 等在内的跨国企业研发总部，如中国工业设计研究院、南南技术交易所、硅谷银行、湾区委员会等在内的国际国内专业服务机构。2013 年集聚区实现营业收入约 202 亿元，实现区级税收 15.78 亿元，同比增长 38.8%。

第三章 上海深化国资国企改革促进内资总部经济发展

第一节 新一轮国资国企改革总体情况

一、国资国企改革历程

回顾改革开放迄今的改革历程，国资国企改革先后历经放权让利、政企分开、建立现代企业制度、推进国资管理体制改革、全面深化国资国企改革等阶段，推动国有企业从依附于政府的生产实体逐步转变为独立自主的市场经营主体。

1978—1984 年：放权让利与“利改税”。1979 年 7 月，为打破高度集权的国有国营体制，赋予企业一定的经营自主权，国务院下发了《关于扩大国营工业企业经营管理自主权的若干规定》；1984 年 5 月，国务院又下发了《关于进一步扩大国营工业企业自主权的暂行规定》（俗称“扩权十条”），赋予了企业自主经营、自负盈亏的权利。

1983 年 4 月，颁发《关于国营企业利改税试行办法》，推行“利改税”改革，通过开征国营企业所得税，转变国家参与国营企业收入分配的方式。1984 年 10 月，开始在全国范围全面实施利改税，由“税利并存”逐步过渡到完全的“以税代利”。

在此时期推出的一系列制度安排，包括 1978 年开始实行企业基金制度，1981 年推行利润留成制度，1983 年利改税制度，1984 年的扩权规定，等等。

1985—1992 年：政企分开与“承包制”。1984 年 10 月，党的十二届三中全会通过了《中共中央关于经济体制改革的决定》，认为政企不分是传统国有企业制度的根本弊端，改革的基本思路是沿着所有权和经营权分离的原则，逐步推进政企分开，使企业成为独立经营、自负盈亏的商品生产者和经营者。

为推动企业所有权和经营权分离，探索多种形式的经营责任制，其中，以首都钢铁公司为代表的承包经营责任制被推广为改革的主流。承包经营责任制的基本内容是“两包一挂”，即“包上缴国家利润、包完成技术改造任务、实行工资总额与市场效益挂钩”。但承包经营责任制面临的突出问题是，企业包盈不包亏，助长了重生产、轻投资、拼设备等短期行为。同时，企业承包制按一户一率，不能公平竞争的弊端也日益暴露。

1993—2002 年：现代企业制度建设与“抓大放小”。1993 年 11 月，党的十四届三中全会通过的《中共中央关于建立社会主义市场经济体制若干问题的决定》指出，国有企业改革的方向是建立“产权清晰、权责明确、政企分开、管理科学”的现代企业制度。

1995 年 9 月，党的十四届五中全会提出：要着眼于搞好整个国有经济，抓实大的，放活小的，即“抓大放小”。1997 年党的十五大提出，要用 3 年左右的时间，使大多数国有大中型亏损企业摆脱困境，力争到 2000 年大多数国有大中型骨干企业初步建立现代企业制度。1999 年，党的十五届四中全会提出了从战略上调整国有经济布局，推进国有企业战略性重组。

这一阶段，大型国企着力进行股份制改制，构建现代企业制度，中小国企改革则掀起一股兼并重组、破产和出售浪潮。国有企业数目大幅缩减，国有资产得到优化壮大，中央对国有经济的控制力得到进一步增强。

2003—2013 年：国资管理体制改革与“股份制”。2002 年 11 月，党的十六大确立了国家所有、分级代表，权利、义务与责任相统一，管资产与管人、管事相结合的国有资产管理体制，为国有企业改革奠定了良好的体制基础。

2003 年 3 月，十届全国人大一次会议经表决，设立国务院国有资产监督管理委员会，以《企业国有资产监督管理暂行条例》为依据，界定了国有资产监管机构的职能，建立起“管人、管事和管资产”的国有资产管理体制。

2003 年 10 月，党的十六届三中全会通过的《关于完善社会主义市场经济体制若干问题的决定》指出：大力发展国有资本、集体资本和非公有资本等参股的混合所有制经济，实现投资主体多元化，使股份制成为公有制的主要实现形式。需要由国有资本控股的企业，应区别不同情况实行绝对控股或相对控股。

在新的国有资产管理体制改革推动下，2007 年党的十七大提出要深化国有企业公司制股份制改革，特别是 2008 年《企业国有资产法》出台后，国企改革进入以股份制为主要形式的现代产权制度改革新阶段。主要改革举措包括：一是通过股权置换、相互持股、引入战略投资者等方式，加快产权主体多元化改革，有条件的还实现了整体改制、整体上市;二是股权分置改革,为国有股的流通创造制度窗口;三是建立规范的董事会结构,引入外部董事制度,完善公司法人治理结构;四是主辅分离、辅业改制;五是继续实施政策性关闭破产等。

2012 年 11 月,党的十八大提出,要进一步深化国有企业改革,完善各类国有资产管理体制,推动国有资本更多投向关系国家安全和国民经济命脉的重要行业和关键领域,不断增强国有经济活力、控制力、影响力。

2014 年至今:全面深化国资国企改革。2013 年 11 月,十八届三中全会通过的《中共中央关于全面深化改革若干重大问题的决定》提出:公有制经济和非公有制经济都是社会主义市场经济的重要组成部分,都是我国经济社会发展的重要基础。国有资本、集体资本、非公有资本等交叉持股、相互融合的混合所有制经济,是基本经济制度的重要实现形式,有利于国有资本放大功能、保值增值、提高竞争力,有利于各种所有制资本取长补短、相互促进、共同发展。

至此,以国资改革带动国企改革,积极发展混合所有制经济,被认为是深化经济体制改革的关键突破口和重点,混合所有制经济的改革是否能够实质性启动,将成为判断国企改革是否成功的关键。

二、 新一轮国资国企改革的主要内容

(一)完善现代企业制度

经过 30 多年的探索和实践,国有企业改革不断深入推进,国有企业经营机制、管理体系、企业面貌都发生了根本性变化。现代企业制度建设成效显著,全国 90%以上的国有企业完成了公司制股份制改革,多数企业建立了股东会、董事会、经理层和监事会等机构,公司治理结构逐步规范。一大批国有企业实现了股权多元化,形成了混合所有制的股份有限公司。适应市场经济发展的激励约束机制逐步建立,企业经营管理效率明显提升。一批企业在市场竞争中成长壮大,创新能力和市场竞争力明显提高。2003 年至 2012 年,国有企业营业收入从 10.73 万亿元增长到 42.38 万亿元,年均增长 16.6%。国有经济布局和结构进一步优化,国有企业从中小企业、一般加工行业逐步退出,电力、电信、邮政等垄断行业改革取得积极进展。政企分开、政资分开迈出实质性步伐,国有资产管理体制逐步完善,国有资本经营预算制度初步建立。总体来看,国有企业活力和竞争力不断增强,国有经济发展质量大幅提升,已经同市场经济相融合,在经济社会发展中发挥着重要作用。

推动国有企业制度改革是增强国有企业活力和竞争力、提高国有经济发展质量

的有效途径和必然选择,有利于奠定经济发展方式转变和长期可持续发展的基础,从而推动基本经济制度和社会主义市场经济体制不断改良,对完善以公有制为主体、多种所有制经济共同发展的基本经济制度和社会主义市场经济体制具有重要的意义。党的十八届三中全会明确提出,必须适应市场化、国际化的新形势,进一步深化国有企业改革,推动国有企业完善现代企业制度。2015 年中共中央、国务院印发指导和推进中国新一轮国企改革的纲领性文件——《关于深化国有企业改革的指导意见》,《意见》指出,要完善产权清晰、权责明确、政企分开、管理科学的现代企业制度。具体内容包括:推进公司制股份制改革、健全公司法人治理结构、建立国有企业领导人员分类分层管理制度、实行与社会主义市场经济相适应的企业薪酬分配制度和深化企业内部用人制度改革。

《意见》在"推进公司制股份制改革"中提出:允许将部分国有资本转化为优先股,在少数特定领域探索建立国家特殊管理股制度,涉及探索国家特殊管理股这一新领域。由十八届三中全会起草组编写的《中共中央关于全面深化改革若干重大问题的决定》辅导读本提道:"设置特殊管理股是通过特殊股权结构设计,使创始人股东(原始股东)在股份制改造和融资过程中,有效防止恶意收购,并始终保有最大决策权和控制权。具体是将公司股票分为 A 类股和 B 类股两种,二者拥有同等的经营收益权,但创始人股东的股票(B 类股)具有特别投票权,包括董事选举和重大公司交易的表决等。这种办法为国外很多公司所采用。"

(二)完善国有资产管理体制

目前,国有资本的管理体系还不完善,一方面国有资本的管理体制不健全,特别是在公共服务类、竞争类国有资本的管理中存在方式、内容、范围的不完善;另一方面很多的国有资本没有完全市场化,还是依靠政府来管理,政府作为市场的监督者,还要承担国有资产的管理,这就造成了市场的混乱,政企不分、所有权与经营权不分、政资不分等严重影响了市场的正常秩序,甚至国有资本的流失。

完善国有资产管理体制,是"十三五"时期深化国有企业改革的重要任务。完善国有资产管理体制,需要在十八届三中全会提出的分类监管基础上进一步完善"管资本"的体制建设。《中共中央、国务院关于深化国有企业改革的指导意见》从推进国有资产监管机构职能转变、改革国有资本授权经营体制、推动国有资本合理流动优化配置、推进经营性国有资产集中统一监管四个方面对完善国有资产管理体制进行了指导。改组和组建国有资本投资运营公司,是完善经营性国有资产管理体制的重要环节。

在完善现代企业制度和积极发展混合所有制经济方面，国有资本投资运营公司有望起到示范作用。国有资本投资运营公司是公司制企业，有着建立、完善规范有效的公司法人治理结构和转换国有企业经营机制的内在要求。具备条件的国有资本投资运营公司可以实施股权多元化改革，探索多元治理主体协调一致和相互制衡的运行机制。同时，国有资本投资运营公司与出资企业之间是以资本为纽带的投资与被投资关系，出资企业是按市场化和商业化原则开展经营管理活动的公司制股份制企业，国有资本投资运营公司可以灵活高效地调整其在出资企业的国有股权比例。

（三）发展混合所有制经济

社会主义市场经济是以公有制为主体、多种所有制经济共同发展的市场经济体制，发展混合所有制经济并不会减弱国有经济在市场主体中的地位，而是通过优化市场经济结构，更好地发挥国有经济在保障国计民生、增进社会福祉方面的作用。选择混合所有制作为新一轮国企改革的重要手段，是因为其“混合”的制度优势，通过国有资本与非国有资本的深度融合来改进优化企业的体制机制，从而激发混合所有制企业的深层活力，使其更好地适应市场竞争的要求。国有企业发展混合所有制经济，既能保留和发扬国有资本与非国有资本自身的积极因素，又能克服二者自身的消极因素，具有很强的针对性和现实意义。加强混合所有制经济改革就是以国富民强、国进民进为目标，强调共赢而非零和博弈，就是将国有经济的做大做强与民营经济的有机补充结合起来，加强管理、技术、资本、知识的相互融合，取长补短、互相推动、互利共赢，打造中国特色的社会主义市场经济体制，为国家的大发展贡献更大的力量，共同提高中国企业在世界的影响力、竞争力，形成可持续的竞争优势。

当前，在混合所有制的改革中，国有资本和非国有资本并没有完全联动起来，很多改革都是面子工程、形式主义，为混合而混合，一哄而上，使得企业资本管理不完善、造成大量国有资本的流失。很多地方政府加大投资力度，引进民营资本来投资、建厂，拉动地方经济发展，而当该地区步入正轨，获取丰厚盈利的时候就会以政策名义来整顿市场、规范竞争，将民营资本驱逐，使得民营资本无法获取正当的市场竞争权利。尽管政府出台了一系列的政策意见，但非公有制经济在资金信贷、市场准入方面存在着一面看不见的墙，严重阻碍了市场的公平竞争。因此，混合所有制的改革需要更加协同、有序、规范、稳妥地推进，从整个市场开展一些策略，形成总体的规划和执行方案。

2015 年 9 月 24 日，国务院发布的《关于国有企业发展混合所有制经济的意见》，鼓励各类资本参与国有企业混合所有制改革。对于政府和社会资本合作（PPP）模式的推广，鼓励国有资本以多种方式入股非国有企业，探索并完善优先股和国家特殊管理股方式，探索实行混合所有制企业员工持股产生了有效的推动作用。

（四）强化监管监督

一直以来，监督手段单一、监督力度不足、监督体系不完善，影响着国有资产的安全运行。该轮深化国企改革中，《中共中央、国务院关于深化国有企业改革的指导意见》中指出，要强化监督防止国有资产流失：一是强化企业内部监督，突出对关键岗位、重点人员特别是“一把手”的监督，加强对权力集中、资金密集、资源富集、资产聚集的部门和岗位的监督，防止权力滥用；二是建立健全高效协同的外部监督机制，整合出资人监管、外派监事会监督和审计、纪检监察、巡视等监督力量，建立监督工作会商机制，加强统筹，减少重复检查，提高监督效能；三是实施信息公开加强社会监督；四是严格责任追究，建立健全重大决策失误和失职、渎职责任追究和倒查机制，严厉查处侵吞、贪污、输送、挥霍国有资产和逃废金融债务的行为。

国务院国资委通过改革国有资产监督体制机制，充分发挥监事会作用。在国资委新设三大监督局，建立“监督报告、协调处置、领导决策”三大监督平台，实现出资人管理与监督的有效统一。这是新一轮国企改革的又一重大步骤，也是进一步夯实和完善国有资产管理体制、强化监督并防止国有资产流失的重要举措。通过对国有企业外部监事会制度的改革和强化，不仅能够充分发挥监事会在防止国有资产流失方面的重要作用，还会对打造“法治国企”“阳光国企”起到积极的推动作用。

（五）加强和改进党对国有企业的领导

国有企业是我国国民经济的重要支柱，是中国共产党执政的重要基础，是全面建成小康社会，实现中华民族伟大复兴的重要力量，唯有不断加强和完善党对国有企业的领导、加强和改进国有企业党的建设，才能持续壮大综合国力、促进经济社会发展、保障和改善民生。

《中共中央、国务院关于深化国有企业改革的指导意见》中指出，要加强和改进党对国有企业的领导：一是充分发挥国有企业党组织政治核心作用。把加强党的领导和完善公司治理统一起来，将党建工作总体要求纳入国有企业章程，在国有企业改革中坚持党的建设同步谋划、党的组织及工作机构同步设置、党组织负责人及党务工作人员同步配备、党的工作同步开展，坚持和完善双向进入、交叉任职的领导体制。建立健全党建工作责任制，加强国有企业基层党组织建设和党员队伍建设，加强企业党组织对群众工作的领导。二是进一步加强国有企业领导班子建设和人才队伍建设。

根据企业改革发展需要，明确选人用人标准和程序，创新选人用人方式。坚持党管干部原则，强化企业党组织在企业领导人员选拔任用、培养教育和管理监督中的责任，支持董事会依法选择经营管理者、经营管理者依法行使用人权。加强对企业领导人员的日常监督管理和综合考核评价，及时调整不胜任、不称职的领导人员。加强企业家队伍建设，充分发挥企业家作用。三是切实落实国有企业反腐倡廉"两个责任"。企业党组织要切实履行好主体责任、纪检机构要履行好监督责任。加强党性教育、法治教育、警示教育，建立切实可行的责任追究制度，实行"一案双查"，强化上级纪委对下级纪委的领导，加强和改进国有企业巡视工作，完善反腐倡廉制度体系建设，严格落实反"四风"规定，努力构筑企业领导人员不敢腐不能腐不想腐的有效机制。

三、 新一轮国资国企改革的特点

（一）分类改革方法多样

本轮改革根据国有资本的战略定位和发展目标，结合不同国有企业在经济社会发展中的作用、现状和发展需要，将国有企业分为商业类和公益类，并实行分类改革、分类发展、分类监管、分类定责、分类考核，推动国有企业同市场经济深入融合，促进国有企业经济效益和社会效益有机统一。由于过去对国企的管理没有明确的分类，"一刀切"的管理方式出现了很多矛盾，将企业分为商业类和公益类，就为分类管理奠定了基础。

商业类国有企业按照市场化要求实行商业化运作，以增强国有经济活力、放大国有资本功能、实现国有资产保值增值为主要目标。公益类国有企业以保障民生、服务社会、提供公共产品和服务为主要目标。按照谁出资谁分类的原则，履行出资人职责的机构负责制定所出资企业的功能界定和分类方案，划分并动态调整本地国有企业功能类别。

首先，不同类型企业有着不同的内部结构与外部市场环境，不同类型的国有企业纳入不同的改革措施当中，这种做法有利于差异化的改革措施，为不同的企业量身定制不同的方案；其次，国企改革的大盘子中不同类型的国企，改革的步骤、路径、地位与影响都不同，便于更加精准化与定向化的改革；三是，分类也为将来探索企业的差异化治理方式开启了新的方向，未来国企的管理方式也将更加灵活。

（二）整体上市股权灵活

新一轮国企改革中提出大力推动国有企业整体上市，特别是集团资产上市。这预示国家将大力依靠资本市场，对国有资产进行重组。改革提出优先股和特殊股概念，这两种方式增加了国有资本的灵活性。前者可以在充分竞争的商业类国企中增加民间资本数量，以国企经营权换民间资本，从而扩大国企竞争力。后者则可以通过特殊股形式，在不绝对控股条件下，实现对企业的政策引导，这对于传媒类等既有政治要求，又需要灵活经营的企业而言，具有实际操作意义。

（三）“管资本”分层管理

以管资本为主加强国有资产监管，是党的十八届三中全会对国有资产监管工作提出的新要求，为完善国有资产监管体制明确了大方向，规划了主路径。

当前国有企业改革的主导方面，由针对国有企业自身，转向在国家层面推进国有资产实现形式的资本化，这次国有企业再改革的命题不是政府机构“如何改进对国有企业的管理”，而是由“管企业为主”转为“管资本为主”。一是以管资本为主推进国有资产监管机构职能转变，准确把握依法履行出资人职责的定位，重点管好国有资本布局、规范资本运作、提高资本回报、维护资本安全，建立监管权力清单和责任清单。二是以管资本为主改革国有资本授权经营体制，改组组建国有资本投资、运营公司。三是以管资本为主推动国有资本合理流动优化配置，清理退出一批、重组整合一批、创新发展一批国有企业。四是以管资本为主推进经营性国有资产集中统一监管，建立覆盖全部国有企业、分级管理的国有资本经营预算制度。

实现以管资本为主的目标，就是要推进国有资产监督管理机构的职能转变，科学界定国有资产出资人监管边界，推进所有权和经营权分离，不干预企业经营自主权。新一轮国企改革确定的两大基金——国有资本风险投资基金和国有企业结构调整基金全部出炉，同时，国有资本运营公司与国有资本投资公司试点稳步推进。具体到行业上，近期央企重组不断推进。随着兼并重组工作的推进，国企的结构将更加优化。横向上的央企合并将使央企的主业更加突出、优势更加明显；纵向上的去企业层级，将使企业层级数变少，过剩产能、长期亏损企业将被淘汰。大刀阔斧地对国企进行资产优化重组，根本目的在于通过资源优化配置做强高效资产、盘活低效资产、淘汰无效资产，提高国有资本使用效率。

（四）混合所有制谨慎推进

国企改革注重发展混合所有制经济的目标是促进国有企业转换经营机制，放大国有资本功能，提高国有资本配置和运行效率。混合所有制是一个利益博弈的复杂过程，其发展涉及了多方产权的主体，《中共中央、国务院关于深化国有企业改革的指导意见》中指出发展混合所有制经济，坚持因地施策、因业施策、因企施策，不搞拉郎配、不搞全覆盖，不设时间表，成熟一个推进一个。

当前国有企业发展混合所有制经济采取的主要模式，如上市、引入战略投资者、资产重组、民营资本投资公共项目（PPP 模式）、员工持股等都是推动企业的实收资本、资产规模在短期内迅速扩张的有效途径，可以更好地适应社会化大生产和现代市场经济发展的要求。在一些技术密集型和资金密集型产业领域的国有企业，仅仅依靠国家投入和企业自身积累很难满足技术研发和规模扩张带来的巨额资金缺口。而另一方面，我国社会资金非常充裕，民营资本发展迅速，并出现大量过剩，急需开拓新的发展空间。

通过混合所有制改革吸纳更多的社会资本集中于实体经济的发展，有助于国民经济持续健康发展。在宏观经济层面上，少量国有资本引领带动大量民营资本、社会资本投向实体经济，能有效防止各种热钱投机炒作，形成泡沫经济。国有资本引导民营资本、社会资本进入资金密集型的战略性新兴产业、现代服务业和其他国民经济急需加强的产业和领域，不断在新经济新产业开疆辟土，助力供给侧结构性改革，有助于推动国民经济持续健康发展。在微观经济层面上，混合所有制改革能够促进国有企业优化重组，增强技术创新和管理创新的动力，强化内部管理，降低企业成本，提高全要素生产率，提质增效，全面提升企业的核心竞争力。

四、 新一轮国资国企改革的趋势

国资国企改革不是孤立进行的，它与现行的经济战略具有相辅相成的关系，结合当前中国经济发展态势可大体分为六类。一是区域版国企改革：关注具有区域战略和区域经济特点的国企；二是“国企改革＋一带一路”：关注基建行业龙头和具有技术优势的企业；三是“国企改革＋中国制造 2025”：聚焦积极转型的传统企业、高端制造业龙头；四是国企改革＋油气改革：关注中上游企业并购重组、研发型企业强强联合；五是“国企改革＋电力改革”：布局具有成熟销售渠道的地方电网公司和发电企业，具有集团资产注入承诺且业绩良好的电力公司；六是“国企改革＋金融改革”：聚焦具有转型预期、积极布局互联网金融、具有转板预期、具有混改深化需求、人力成本高但仍未进行股权激励的国企。

（一）高端领域“走出去”

德勤发布的 2015 年度并购报告显示，从行业看，仅 2015 年上半年，中国投资者就在科技、传媒和电信行业达成35宗并购交易，交易金额共计244亿美元，同比高出209%；制造业的并购交易为39宗，交易总额达到128亿美元，同比高出72%；金融行业达成12宗境外并购交易，金额同比增加50%。

过去几十年中，中国企业的“走出去”经历了几个不同的阶段：第一阶段主要是国际商品贸易，第二阶段开始对国外的实物资产进行投资，第三阶段则转向通常的国际资本投资。当前，中国企业走出去正进入第四个阶段，即向全球价值链上游迈进，特别是在一些重要的战略性产业，直接以控股为目的，收购海外优质公司，并借此获得先进技术以及品牌和海外市场管理经验。

国资委也在积极推动“走出去”战略。以高铁、核电、特高压、4G、重大基础设施建设等具有国际竞争优势的产业为依托，带动我国装备、技术、标准、服务、管理走出去，努力打造中国品牌。

（二）混合所有制“引进来”

国企改革领域出现标志性事件，中国铁路总公司和云南白药接连发出混合所有制改革的声音。2017年的首个工作日，“中国铁路总公司工作会议”上指出：2017年要规范和落实铁路两级主体企业权责，推进铁路资产资本化经营，开展混合所有制改革，加大综合经营开发力度，努力提高铁路企业经营效益。铁路混改将以试点的方式推进，试点已经在酝酿之中，包括铁路设计领域、省级及以下支线铁路和专项铁路项目或将成为首批“吃螃蟹”者。同时，考虑到铁路干线的特殊性，铁路混改试点不会将其纳入其中。整个铁路领域的混改，将保持“稳中求进”的思路。

（三）上游行业去产能

2009年，国务院批转发改委等部门《关于抑制部分行业产能过剩和重复建设引导产业健康发展若干意见的通知》，2010年，国务院发布了《关于进一步加强淘汰落后产能工作的通知》。然而近几年，产能不减反增，多数央企国企均在“十二五”期间提出了扩大产能的目标。地方和企业在执行淘汰产能命令的同时，也在新增产能扩大规模，这部分新增的产能符合国家对于环保、技术等的标准，不能算作落后产能。企业的资产规模不断增加，账面上实现国有资产的保值增值，去产能未取得实质性突破。

在上游原材料供给不断增加、下游制造业和房地产需求逐步下滑的情况下，大宗商品价格不断走低，2014年起大量产能过剩行业的企业出现经营困难，2015年进一步加剧。微观上的企业经营困难一开始暴露在下游制造业和房地产业，浙江的民营企业大量破产、三线城市房价下跌，然后传导至上游原材料行业，而钢铁、煤炭等原材料行业绝大部分都是国企。

2015年底，国务院针对钢铁、煤炭等各个行业发布了去产能的实施方案，并且要求各省提交去产能规划，各省再将计划分配给各省属国企，去产能工作逐步推进。

（四）创新带动转型升级

当前，我国经济发展进入新常态，国有企业既面临大有作为的重要战略机遇，也面临诸多矛盾叠加、风险隐患增多的严峻挑战，十三五规划纲要中指出将大力实施创新驱动发展战略，在此背景下，准确把握国内外发展环境和条件的深刻变化，积极适应引领经济发展新常态，是国有企业实施创新驱动发展的首要任务。

中央企业大多处于关系国家安全、关系国计民生、关系国际竞争力的实体经济领域，应当立足产业报国，率先扛起国家振兴实体经济的责任和重担。坚持创新驱动发展，突破和掌握一批核心关键技术，大力发展高端装备制造，积极培育战略性经营产业，加快形成经济发展新状态。坚持把深化改革与“双创”结合起来，以资本为纽带，推动基金运作和结构调整协调联动。着力在航天、载人航天、探月工程、高速铁路、特高压输变电等领域取得一批具有世界先进水平的重大科技创新成果，加快培育和孵化新的经济增长点。

第二节　深化国资国企改革的政策

中国国有企业改革一直围绕着宏观层面的“国有经济布局”和微观层面的“提升国企效率”两大主题展开（波士顿课题组，2014）。当前来看，围绕两大主题仍有诸多本质问题亟待解决：一是“国有经济布局”方面，国有经济涉及竞争性领域的比例仍然偏高，众多行业的行政垄断仍然存在。2001年国企在非战略性领域的资产配置为43%，2011年上升到49%，引发的主要问题是竞争领域市场的公平性受到损害；二是“提升国企效率”方面，国有企业的现代企业制度并没有真正建立，公司治理机制中各方关系没有完全理顺。政府依旧对国有企业行政干预较多，“管人、管事、管资产”，企业的经营决策不自主、缺乏市场化的人才、管理层和员工激励不足。直接的后果是国有企业的经营效率仍然低下。国资布局不合理限制国企效率提升，而效率低下又使企业加倍依赖政府在金融、土地等资源要素上的补贴以及行政垄断。发展混合所有制，重点是要从更深层次上解决这一国企改革“布局”和“效率”相互掣肘的本质问题。

对上海而言，步入创新驱动发展、经济转型升级的关键阶段。2013 年 12 月 17 日，从上海发布国企改革"20 条"伊始，应当说国资国企改革走在了全国的前列。2015 年 8 月党中央国务院的《关于深化国有企业改革的指导意见》正式出台。"20 条"出台以来，上海把握新一轮改革方向，在国资流动平台、国企整体上市、上市公司股份改革、资产并购重组、股权激励等分别有不同程度的突破和尝试，涌现了不少亮点。

表 3.1 国有企业改革历程回顾及新一轮改革方向

阶段划分	宏观层面:国有经济布局	微观层面:提升国企效率
2003 年之前 主要方向	国有经济战线的收缩 非公有资本通过兼并收购、股权改造等方式参与国企改革	建立现代企业制度 全民所有制企业改制为公司制企业
2003—2013 年 主要方向	央企突出主业、做强做大 放缓国有经济退出竞争性领域步伐	加强绩效考核 建设董事会
十八届三中全会 新一轮改革方向	重新调整布局方向，破除行政垄断 多个领域开放，建设公平市场环境	优化股权结构 改善治理机制
面向未来	管资本，调控战略布局方向 供服务，营造法制化、市场化和国际化的营商环境	创新驱动，转型升级 国际化发展，竞争力提升

但必须要看到，国资国企改革可能涉及的问题众多，包括理清各业务板块行业归属的问题、剥离不良资产时的定价问题等。改革需要针对企业千差万别的实际情况，逐一分析制定切实可行的策略。沿着已经制定的国资国企改革路线图，各领域不同行业、主要企业当前推进情况如何？分别取得了怎样的突破，遇到了哪些具体问题？如何进一步明确发展方向？如何应"管资本，调布局"，如何"供服务，优环境"，国有企业又如何才能实现"创新驱动，转型发展"，大型国有企业集团如何才能实现"国际化发展，竞争力提升"等仍有待进一步探索和研究。

一、 国家层面的政策

2015 年 8 月，党中央、国务院正式出台《关于深化国有企业改革的指导意见》(简称《指导意见》)，是国有企业改革发展史上具有重要里程碑意义的一件大事，标志着新时期深化国有企业改革工作全面启动。之后，中央有关部委又陆续出台《关于在深化国有企业改革中坚持党的领导加强党的建设的若干意见》等 14 个配套文件，业内简称"1＋N"政策体系，新一轮深化国资国企改革的"顶层设计"基本完成。

表3.2 深化国有企业改革的“1+N”政策体系

序号	政策名称
1	《关于深化国有企业改革的指导意见》
2	《关于在深化国有企业改革中坚持党的领导加强党的建设的若干意见》【2015 44】
3	《国务院关于国有企业发展混合所有制经济的意见》【2015 54】
4	《国务院关于改革和完善国有资产管理体制的若干意见》【2015 63】
5	《国务院办公厅关于加强和改进企业国有资产监督防止国有资产流失的意见》【2015 79】
6	《关于全面推进法治央企建设的意见》【2015 166】
7	《关于国有企业功能界定与分类的指导意见》【2015 170】
8	《关于鼓励和规范国有企业投资项目引入非国有资本的指导意见》【2015 2423】
9	《国有科技型企业股权和分红激励暂行办法》【2016 4】
10	《关于印发加快剥离国有企业办社会职能和解决历史遗留问题工作方案的通知》【2016 19】
11	《企业国有资产交易监督管理办法》【2016 32】
12	《国务院办公厅转发国务院国资委、财政部关于国有企业职工家属区“三供一业”分离移交工作指导意见的通知》【2016 45】
13	《国务院办公厅关于推动中央企业结构调整与重组的指导意见》【2016 56】
14	《国务院办公厅关于建立国有企业违规经营投资责任追究制度的意见》【2016 63】
15	《关于国有控股混合所有制企业开展员工持股试点的意见》【2016 133】

资料来源：根据相关政策编辑。

《指导意见》共分8章30条，从改革的总体要求到分类推进国有企业改革、完善现代企业制度和国有资产管理体制、发展混合所有制经济、强化监督防止国有资产流失、加强和改进党对国有企业的领导、为国有企业改革创造良好环境条件等方面，全面提出了新时期国有企业改革的目标任务和重大举措。《指导意见》的主要特点如下：一是更加注重改革的精准性；二是更加注重改革的规范性；三是更加注重改革的系统性；四是更加注重改革的公开性。

《指导意见》指出，深化国有企业改革，必须坚持和完善基本经济制度，坚持社会主义市场经济改革方向，坚持增强活力和强化监管相结合，坚持党对国有企业的领导，坚持积极稳妥统筹推进。到2020年，在国有企业改革重要领域和关键环节取得决定性成果，形成更加符合我国基本经济制度和社会主义市场经济发展要求的国有资产管理体制、现代企业制度、市场化经营机制，国有资本布局结构更趋合理，造就一大批德才兼备、善于经营、充满活力的优秀企业家，培育一大批具有创新能力和国际竞争力的国有骨干企业，国有经济活力、控制力、影响力、抗风险能力明显增强。

为提高改革的针对性、监管的有效性、考核评价的科学性，《指导意见》提出，根据国有资本的战略定位和发展目标，结合不同国有企业在经济社会发展中的作用、现状和发展需要，将国有企业分为商业类和公益类，并实行分类改革、分类发展、分类监管、分类定责、分类考核，推动国有企业同市场经济深入融合，促进国有企业经济效益和社会效益的有机统一。商业类国有企业按照市场化要求实行商业化运作，以增强国有经济活力、放大国有资本功能、实现国有资产保值增值为主要目标。公益类国有企业以保障民生、服务社会、提供公共产品和服务为主要目标。按照谁出资谁分类的原则，履行出资人职责的机构负责制定所出资企业的功能界定和分类方案，划分并动态调整本地国有企业功能类别。

针对国有企业存在的制约不足的问题，《指导意见》提出积极引入各类投资者实现股权多元化，大力推动国有企业改制上市，创造条件实现集团公司整体上市。针对一些国有企业董事会形同虚设、"一把手"说了算等问题，提出完善治理结构的重点是推进董事会建设，建立健全权责对等、运转协调、有效制衡的决策执行监督机制。一方面，要切实落实和维护董事会职权，法无授权任何政府部门和机构不得干预；另一方面，要加强董事会内部的制衡约束。针对一些国有企业激励约束不足、活力不够的问题，提出实行与社会主义市场经济相适应的企业薪酬分配制度，建立健全与劳动力市场基本适应、与企业经济效益和劳动生产率挂钩的工资决定和正常增长机制，对国有企业领导人员实行与选任方式相匹配、与企业功能性质相适应、与经营业绩相挂钩的差异化薪酬分配办法，同时继续深化企业内部用人制度改革，合理增加市场化选聘职业经理人比例，真正形成企业各类管理人员和员工的合理流动机制。

针对国有资产监管工作存在越位、缺位、错位等问题，按照以管企业为主向以管资本为主转变的要求，《指导意见》提出：一是以管资本为主推进国有资产监管机构职能转变，准确把握依法履行出资人职责的定位，重点管好国有资本布局、规范资本运作、提高资本回报、维护资本安全，建立监管权力清单和责任清单。二是以管资本为主改革国有资本授权经营体制，改组组建国有资本投资、运营公司。三是以管资本为主推动国有资本合理流动和优化配置，清理退出一批、重组整合一批、创新发展一批国有企业。四是以管资本为主推进经营性国有资产集中统一监管，建立覆盖全部国有企业、分级管理的国有资本经营预算制度。

《指导意见》指出发展混合所有制经济的目标是促进国有企业转换经营机制，放大国有资本功能，提高国有资本配置和运行效率，实现各种所有制资本取长补短、相互促进、共同发展。坚持因地施策、因业施策、因企施策，不搞拉郎配、不搞全覆盖，不设时间表，成熟一个推进一个。鼓励非国有资本投资主体通过出资入股、收购股权、认购可转债、股权置换等多种方式，参与国有企业改革，鼓励国有资本以多种方式入股非国有企业。对混合所有制企业员工持股，提出试点先行，健全审核程序，规范操作流程，严禁暗箱操作，防止利益输送。

为强化监督防止国有资产流失，《指导意见》提出：一是强化企业内部监督，突出对关键岗位、重点人员特别是“一把手”的监督，加强对权力集中、资金密集、资源富集、资产聚集的部门和岗位的监督，防止权力滥用；二是建立健全高效协同的外部监督机制，整合出资人监管、外派监事会监督和审计、纪检监察、巡视等监督力量，建立监督工作会商机制，加强统筹，减少重复检查，提高监督效能；三是实施信息公开加强社会监督；四是建立健全重大决策失误和失职、渎职责任追究和倒查机制，严厉查处侵吞、贪污、输送、挥霍国有资产和逃废金融债务的行为。

加强和改进党对国有企业的领导。《指导意见》强调，把加强党的领导和完善公司治理统一起来，将党建工作总体要求纳入国有企业章程，明确国有企业党组织在公司法人治理结构中的法定地位，切实承担好、落实好从严管党治党责任，进一步加强国有企业领导班子建设和人才队伍建设。加强对国有企业领导人员尤其是主要领导人员的日常监督管理和综合考核评价，及时调整不胜任、不称职的领导人员。切实落实国有企业反腐倡廉“两个责任”，完善反腐倡廉制度体系，努力构筑企业领导人员不敢腐、不能腐、不想腐的有效机制。

为国有企业改革创造良好环境条件，《指导意见》提出：一是要完善相关法律法规和配套政策，确保重大改革于法有据；二是要加快剥离企业办社会职能和解决历史遗留问题，为国有企业公平参与市场竞争创造条件；三是形成鼓励改革创新的氛围，要大力宣传中央关于全面深化国有企业改革的方针政策，宣传改革的典型案例和经验，营造有利于国有企业改革的良好舆论环境；四是加强对国有企业改革的组织领导，加强统筹协调、明确责任分工、细化目标任务、强化督促落实，确保深化国有企业改革顺利推进，取得实效。

其他关于国资管理体制、国企混合所有制改革、央企分类和重组等文件正陆续出台，其中重要文件如下。

2015 年 9 月 15 日印发了《关于鼓励和规范国有企业投资项目引入非国有资本的指导意见》，明确了增量投资领域发展混合所有制经济的实施路径，还召开了行业主管部门座谈会和电力、铁路、民航、电信、军工领域中央企业座谈会，认真听取意见，下一步将开展企业试点工作。

2015年9月23日，国务院发布《关于国有企业发展混合所有制经济的意见》。意见明确指出，发展混合所有制经济的基本原则是政府引导，市场运作；完善制度，保护产权；严格程序，规范操作；宜改则改，稳妥推进。意见表示，鼓励非公有资本参与国有企业混合所有制改革，有序吸收外资参与国有企业混合所有制改革，鼓励国有资本以多种方式入股非国有企业，并分层推进国有企业混合所有制改革。

2015年10月31日国务院办公厅印发了《关于加强和改进企业国有资产监督防止国有资产流失的意见》，分总体要求、着力强化企业内部监督、切实加强企业外部监督、实施信息公开加强社会监督、强化国有资产损失和监督工作责任追究、加强监督制度和能力建设6部分18条。意见适用于全国企业国有资产监督工作。

2015年12月7日，经国务院同意，国务院国有资产监督管理委员会、财政部、国家发展和改革委员会联合印发了《关于国有企业功能界定与分类的指导意见》。《意见》提出，国有企业功能界定与分类是新形势下深化国有企业改革的重要内容，是因企施策推进改革的基本前提，对推动完善国有企业法人治理结构、优化国有资本布局、加强国有资产监管具有重要作用。具体主要有4个方面目的和意义：一是有利于分类推进国有企业改革；二是有利于促进国有企业科学发展；三是有利于优化国有经济布局结构；四是有利于加强国有资产监管。

国资委主任肖亚庆在2016年6月27日至7月2日举行的十二届全国人大常委会第二十一次会议介绍国资改革情况时表示："目前已相继制定出台13个专项改革意见或方案，还有9个文件正在履行相关程序，相关配套文件即将全部制定完成。"

国务院国资委确定了2016年深化国有企业改革的"九项重点任务"：一是完善"1＋N"文件体系，基本完成国企改革顶层设计；二是深入推进"十项改革试点"，在国有企业改革重点难点问题上尽快形成突破；三是以管资本为主推进国资监管机构职能转变，建立国有资产出资人监管权力清单和责任清单；四是分类推进国有企业改革，对中央企业实行分类考核、分类监管；五是加大公司制股份制改革力度，在中央企业集团和子公司两个层面大力推行公司制；六是推进董事会建设，使绝大多数的中央企业建立起规范董事会，完善公司法人治理结构；七是推动中央企业重组调整，压缩管理层级和法人层级，优化国有企业结构布局；八是强化国有资产监督，加强和改进外派监事会工作，防止国有资产流失；九是坚持党对国有企业的领导，在改革中同步推进国有企业党建工作。

国务院国资委确定了2016年国企改革"十项改革试点"：一是落实董事会职权试点；二是市场化选聘经营管理者试点；三是推行职业经理人制度试点；四是企业薪酬分配差异化改革试点；五是国有资本投资运营公司试点；六是中央企业兼并重组试

点；七是部分重要领域混合所有制改革试点；八是混合所有制企业员工持股试点；九是国有企业信息公开工作试点；十是剥离企业办社会职能和解决历史遗留问题试点。

二、上海市层面的政策

2013 年 12 月 17 日，中国上海市委、上海市人民政府正式出台《关于进一步深化上海国资改革促进企业发展的意见》（简称“上海国资国企改革 20 条”），上海率先在全国拉开新一轮国资国企改革的大幕。在市委、市政府的正确领导下，在全市各委办局的大力支持下，在企业集团的共同努力下，继 2014 年出台与“上海国资国企改革 20 条”配套的 24 个实施意见（细则）后，2015 年市国资委党委、市国资委又相继出台了 14 个配套意见或操作指引，累计达到 38 个，覆盖分类推进改革、完善现代企业制度、完善国资管理体制、发展混合所有制、强化监督防止国资流失、加强和改进党对国有企业的领导等国资国企改革重点领域和关键环节。

上海市调整国资布局结构的目标是：聚焦产业链、价值链，深化开放性市场化双向重组联合，加快调整不符合上海城市功能定位和发展要求的产业和行业。重点发展新能源汽车、高端装备、新一代信息技术、新能源等有一定基础和比较优势的战略性新兴产业。推进制造业企业创新发展和转型升级，促进服务业企业模式创新和业态转型，完善基础设施与民生保障领域企业持续发展的经营模式。围绕上海“四个中心”建设，推进企业向重点区域或功能性区域集聚。

据不完全统计，自 2013 年 12 月上海最先发布国企改革指导意见“上海国资国企改革 20 条”，打响国企改革第一枪以来，上海坚持以国资改革带动国企发展为核心，先后完成了国际集团、国盛集团两个国资流动平台组建，推进了绿地集团、现代设计、上海城建 3 家企业整体上市。同时，又陆续研究制定了国企改革的相关政策、方针。出台了近 40 个配套政策和实施细则，其中较为重要的如下。

2014 年 1 月，上海市国资国企工作会议召开，明确提出了 2014 年国资国企改革的目标和重点，同月，上海市八部门联合发布《关于进一步加快培育上海国有跨国公司的实施意见》。

2014 年 3 月，上海国资委印发《关于在经营业绩考核中视同于利润和单列政策的操作指引（试行）》的实施细则，对现有国企考核体系进行改革。

2014 年 4 月，上海市国资委召开系统企业负责人工作会议，会议总结了上海市国资国企改革发展开局的情况，并提出下一阶段上海国资国企改革将聚焦混合所有制等 5 个方面的改革。同月，上海市领导在调研市国资委时明确表示，鼓励各集团将所有优质资产都注入上市公司,通过整体上市发展混合所有制,并表示资本市场是实现混合所有制最佳路径。

2014 年 6 月,《关于推进本市国有企业积极发展混合所有制经济的若干意见(试行)》获上海市委常委会审议并原则通过。方案对上海国企改革提出了意见。上海方案的文本分为“指导思想”“基本原则”“主要目标”和“具体措施”4 个部分。在“具体措施”部分,上海方案通过确定股份制改革的方向、优化股权比例结构、加快开放性市场化重组、实施股权激励和员工持股四个部分明确了上海国企混合所有制改革的具体目标和方式,同时又通过明晰企业改制重组的决策程序、规范财务审计和企业价值评估、坚持市场决定对象和发现价格、平等保障相关利益主体合法权益、完善国有企业改制的政策和环境对如何保障改革公平、顺利进行做出了规定。整体而言,上海方案是一个考虑比较周到,适合上海国资情况的方案,不激进、不保守。

2014 年 7 月,公布了《上海市国资委管好资本、服务企业履职清单(试行)》,该清单涉及管理事项 18 项,包括股权和分红激励事项、领导人员出国管理事项、企业国有资产评估事项等,对该委需要管理的事项进行了具体界定。

2014 年 8 月,为了加快上海市国资布局结构调整,并落实此前发布的《关于进一步推动本市国资布局结构优化调整的实施意见》的要求,企业要在 10 月底前向国资委上报布局结构优化调整行动方案初稿。

2015 年 1 月,上海市国资委主任徐逸波表示,上海将在 4 个方面争取有新的探索,即国资流动平台规范运作、推动集团公司整体上市、推动国有企业改革转制和创新转型、建立长效的激励约束机制。

2015 年 1 月,上海国际集团与上海国盛集团已被确定为两大国资流动平台,即将开始实质性运作。同月,信达国鑫国企混合所有制改革(上海)促进基金成立。

2015 年 2 月,上海国资改革会议强调 2015 年要进一步增强紧迫感、责任感和使命感,继续推进企业集团整体上市或核心业务资产上市,启动国资流动平台运转。同时,聚焦建设具有全球影响力的科技创新中心主线,围绕价值链布局产业链,围绕创新链配置资源链,吸引人才、留住人才、激励人才,努力实现改革转制、创新转型双轮驱动,推动国资国企改革发展再上新台阶。

2015 年 6 月 11 日,浦东新区召开深化国资改革促进企业发展工作会议,会议正式发布了《关于进一步深化浦东新区国资改革促进企业发展的意见》,即浦东新区国资国企改革“18 条”,并通报了首批直属公司改革方案,标志着浦东新区国企改革的正式启动。

表 3.3 上海市深化国有企业改革的"1+38"政策体系

序号	政 策 名 称
1	中共上海市委 上海市人民政府《关于进一步深化上海国资改革促进企业发展的意见》
2	市委组织部 市国资委党委《关于完善市管企业法人治理结构，加强企业领导人员分类管理的若干规定》
3	市委组织部 市国资委党委《关于市管企业领导人员任期制度管理办法》
4	市国资委 市发改委 市财政局 市规土局 市地税局 市房管局《关于进一步完善国有企业空转土地管理的若干规定》
5	上海市国有资产监督管理委员《会关于进一步完善市管企业分类监管的实施意见》
6	市纪委 市委组织部 市国资委党委 市金融党委《关于加强市管国有企业领导人员垂直兼职监管的规定》
7	市商务委 市国资委 市发改委 市经信委 市财政局 市外办 市金融办 市外管局《关于进一步加快培育上海国有跨国公司的实施意见》
8	市人保局 市国税局 市地税局 市国资委《关于完善本市地方国有企业工资总额管理的通知》
9	市发改委 市国资委 市财政局《张江国家自主创新示范区企业股权和分红激励试点实施细则》
10	上海市国有资产监督管理委员会《关于在经营业绩考核中视同于利润和单列政策的操作指引(试行)》
11	市委组织部 市国资委 市财政局《功能类和公共服务类市管企业财务总监管理办法(试行)》
12	中共上海市国有资产监督管理委员会《关于在劳务派遣工中发展党员及加强管理的意见》
13	上海市国有资产监督管理委员会《市管企业法定代表人任期(2014—2016 年)经营业绩考核方案》
14	上海市国有资产监督管理委员会《关于进一步推动本市国资布局结构优化调整的实施意见》
15	上海市国有资产监督管理委员会《上海市国资委管好资本、服务企业履职清单(试行)》
16	中共上海市委办公厅、上海市人民政府办公厅《关于推进本市国有企业积极发展混合所有制经济的若干意见(试行)》
17	上海市国有资产监督管理委员会《关于委管企业分类监管中跨类业务认定的操作指引(试行)》
18	中共上海市国有资产监督管理委员会《关于深入开展"改革当先锋、为民作表率"党建主题活动的实施意见》
19	中共上海市国有资产监督管理委员会《贯彻落实市委〈关于落实党委主体责任进一步做实党风廉政建设责任制的意见〉的实施办法》

续表

序号	政　策　名　称
20	中共上海市国有资产监督管理委员会《关于加强"走出去"企业党建工作的意见》
21	上海市国有资产监督管理委员会《关于企业技术创新和能级提升项目专项扶持办法实施细则(试行)》
22	上海市国有资产监督管理委员会《国有资本经营预算支出后评价管理办法(试行)》
23	上海市国有资产监督管理委员会《关于市属国有企业投资监管办法有关内容调整的通知》
24	上海市国有资产监督管理委员会《市国资委管企业战略规划管理办法》
25	上海市国有资产监督管理委员会《关于贯彻落实〈企业信息公示暂行条例〉开展委管企业年度信息披露工作的通知》
26	《国有资本运营平台投资决策委员会工作规则》
27	《外部董事工作指引》
28	《外派监事工作指引》
29	《关于合理确定并严格规范本市市管国有企业领导人员履职待遇、业务支出的管理办法》
30	《关于深化市管国有企业领导人员薪酬制度改革的意见》
31	《关于鼓励和支持本市国有企业科技创新的若干措施》
32	《市国资委系统落实党风廉政建设责任制的责任清单》
33	《市国资委系统落实党风廉政建设责任制纪委监督责任清单》
34	《关于进一步加强企业境外国有资产监督管理的意见》
35	《上海市国资委境外国有资产监督检查制度》
36	《市管国有企业法定代表人创新转型专项评价实施方案》
37	《关于加强本市国有企业信息安全工作的指导意见》
38	《上海市国有资产监督管理委员会行政权力和责任清单》
39	《市国资委事中事后监管事项清单》

资料来源:上海市国资委

第三节　上海国资国企改革的效率分析和问题研究

一、国有企业的效率分析——基于A股上市公司的讨论

在既往历史中,在全国上海市是国有企业发展的代表,企业发展成绩显赫的同时也存在着选择的问题:国有股比例过高、企业经营机制不够灵活、集团公司改革不到

位等问题(周波,2014)。近些年,上海的私营经济和外资经济的企业数明显增加,国资企业数量出现减少,混合所有制的改革初见成效,但是已有的结果显示上海的国有企业依旧呈现出规模大、布局分散、效率差等特点,这些为进一步的推动国企改革带来一定困难,如何保留优势,去除弊端?因此,只有透彻分析上海国有企业发展特点,才能够进一步找到有效进行改革的方向和突破口。本节以上海市所有上市企业的发展分析为基础,重点探讨上海市国有企业近些年发展特点,为本研究的机制设计做铺垫。

(一)上海A股上市企业的基本概况

截至2015年底(图3.1),上海市共有223家A股和创业板上市(深市和沪市加总)企业,约占到总上市企业9%,企业数量在全国处于领先地位,2015年总营业收入达到3.62万亿元,占到所有A股上市公司的12.31%,规模庞大,这些企业是上海经济的重要组成部分,并引领了上海经济的发展,故下文选择这些企业进行分析。

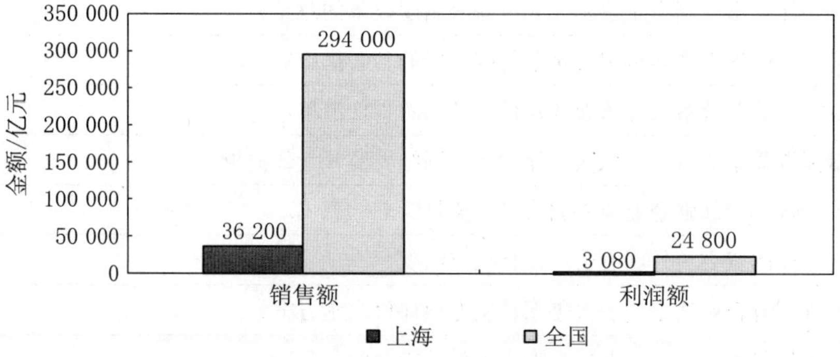

图3.1 2015年上海市与全国上市公司的销售额利润对比

资料来源:根据同花顺iFinD数据整理

企业上市的时间来看,上海市从中国股市成立之日起,就是通过股市融资的代表地区,1990年上海市有6家企业首批入市,从1994年之后,每年的上市企业数量占到全国的比例约为4%,从数量上来看,优势逐渐下降,尤其是在创业板领域上海企业并不占据优势(图3.2)。

从这些企业的所有制组成来看,从大类(国有企业、民营企业、外资企业、集体企业和其他)来看,上市公司中以国有企业和民营企业为主(图3.3),国有企业中又以地方国有企业占据多数,其中国有企业数量占到所有上市公司国有企业的10%以上,所以从上述数据来看,上海市的发展依赖于地方国有企业和民营企业。

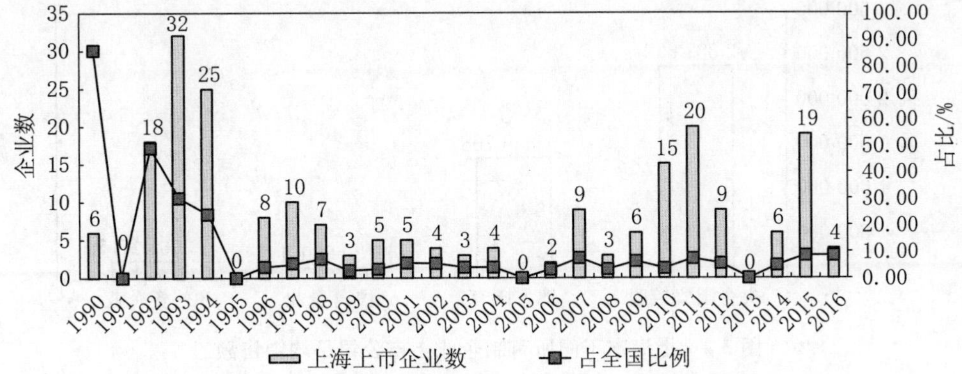

图 3.2 上海市每年上市企业数量及占全国企业的比例

资料来源：根据同花顺 iFinD 数据整理

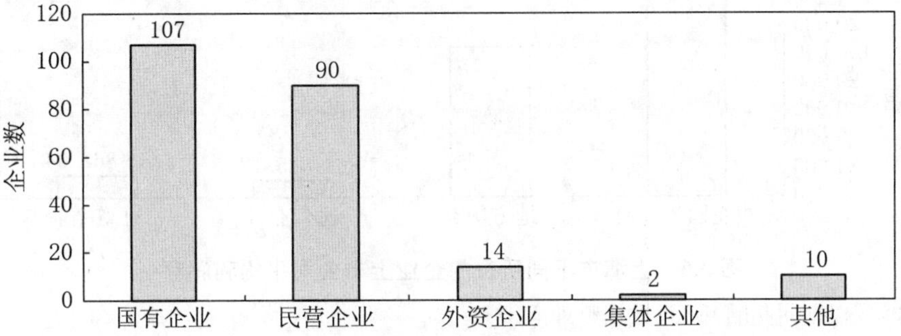

图 3.3 上海市不同所有制企业上市公司的数量

资料来源：根据同花顺 iFinD 数据整理

所以从上述分析来看，上海国资是上海市国资系统中重要的组成部分，同时可能存在着“大而不强”的特点（恽力达，2015），下面分别对上海市各类国有企业和民营企业的经营绩效进行对比分析，发现上海国资类企业发展存在的一些问题。

（二）上海不同所有制上市企业的经营对比

首先，我们比较几类（央企国资、地方国有、民营和外资）企业的规模（销售额和利润额），通过企业的平均销售额来看，央企国资的平均销售额达到了 238 亿元，地方国有企业达到了 136 亿元，其销售规模相当于民营企业的近 10 倍（图 3.4）。而从销售的利润来看，相比较与资产有类似的结果，国有企业要远远大于民营企业和外资。所以从这一数据可以看出，国有企业的规模要远远大于民营企业和外资企业，这体现出了国有企业的“大”（图 3.5）。

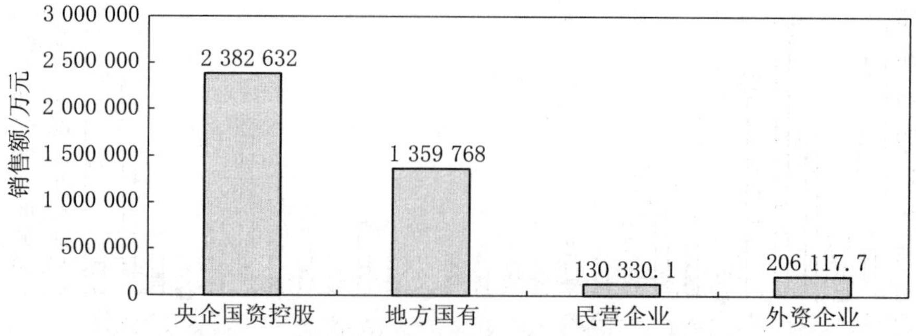

图 3.4　上海市不同所有制企业上市公司平均销售额

资料来源:根据同花顺 iFinD 数据整理

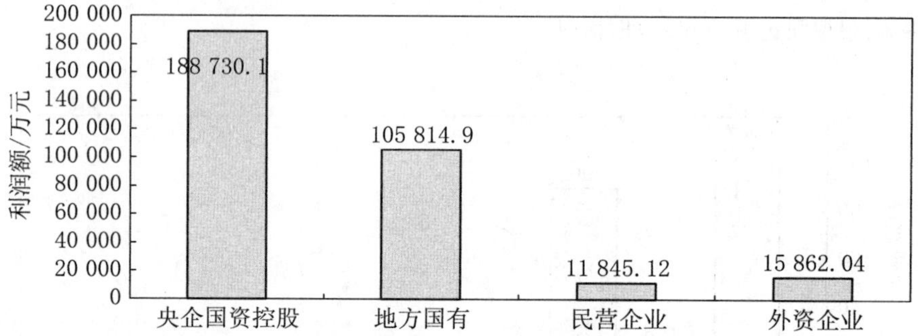

图 3.5　上海市不同所有制企业上市公司平均利润额

资料来源:根据同花顺 iFinD 数据整理

其次,看企业的利润率和增长情况,国有企业要低于民营和外资(图 3.6)。从利润率来看,央企国资的销售利润率最低,只有 6%,而上海市地方国有企业利润与民营企业和外资差距并不大,这说明上海地方国有企业的经营情况相对来说还是不错的,只是略低于民营企业和外资企业。而从近些年的增长来看,民营企业最高,而外资企业最低。这些结果显示,虽然国有企业规模远大于其他类型企业,但是从利润率和增长情况来看,没有太大的优势,可以认为国有企业并不是很"强"。

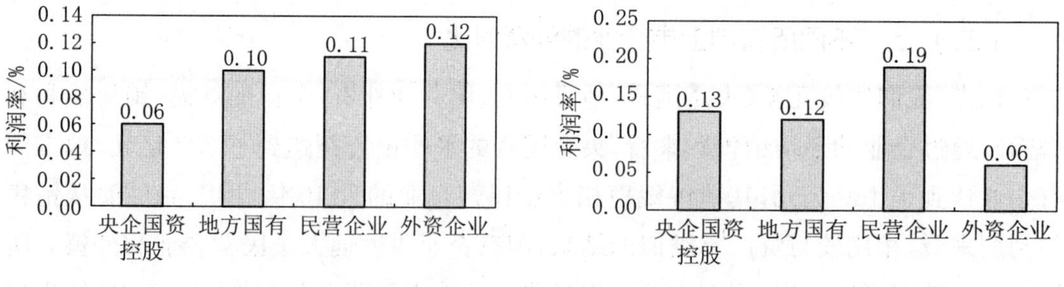

图 3.6　上海市不同所有制企业上市公司平均利润率(左图)和销售增长率(右图)

资料来源:根据同花顺 iFinD 数据整理

第三，从企业所处的行业来看，如果只是划分服务业和制造业来看，民营企业和外资企业皆以制造业为主，而国有企业均以服务业为主（表3.4），如果单看制造业的利润率来看（图3.7），民营企业和外资企业要远高于国有企业，所以对比来看，国有企业的制造类企业盈利和增长情况堪忧，可能是混合所有制改革的主要方向。

表3.4　上海市不同所有制上市企业各行业的数量（家）

行　业	央企国资	地方国有	民营企业	外资企业
制造业	14	21	54	10
服务业	21	50	36	4

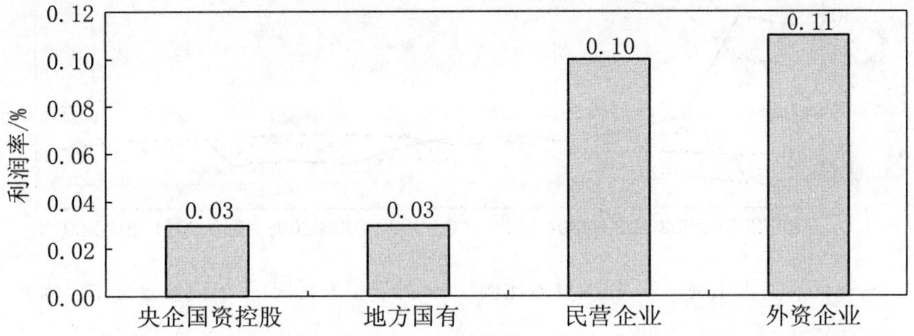

图3.7　上海市制造业不同所有制企业上市公司平均利润率

资料来源：根据同花顺 iFinD 数据整理

（三）小结

从上市公司的发展来看，上海市的国有企业在全国企业中占据了重要的位置，发展相对较好，但是相比民营企业和外资企业呈现出“大而不强”的特征，尤其体现在制造业领域，这尤其值得注意。同时，改革中需要注意市场型导向，国有企业整体处于垄断行业中，相对市场竞争压力较少，如何去适应未来的市场竞争，也是需要考虑的问题。

二、所有制形式及所有制变化对企业绩效的影响分析

从近十几年的发展来看，上海市企业的国有资本占比在逐渐下降。图3.8显示了上海市从2000—2013年规模以上工业企业的股权整体占比情况，从中可以看出，企业的国有资本比例从2001年起有着显著的下降，而民营资本和外资则平稳上升。

以先进制造业为例，2000年以后，国有资本与外资资本所占比重呈现出明显的“剪刀差”。其中，国有资本比重从2001年的30％，下降至2013年的15％；外资比重则从2001年的22％，上升至2013年的35％。外资在上海制造业中的比重在2008年达到峰值，接近45％，国资比重在2010年跌至谷底，比重只有5％左右。随着经济危机的深度影响和中国劳动力成本的快速提升，2008年之后外资撤资现象已经屡见不鲜。同样，上海先进制造业存在着对外资依赖的高风险，需要适度增加国资国企比重，提升其在先进制造业领域的掌控力。

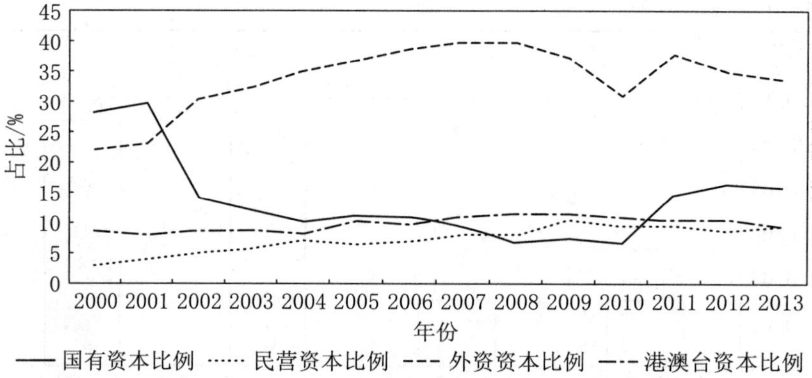

图3.8 上海规模以上工业企业国有、民营、外资、港澳台资本比例

资料来源：《中国工业经济统计年鉴》

十八届三中全会做出的《中共中央关于全面深化改革若干重大问题的决定》指出，要积极发展混合所有制经济。在此背景下，上海推出了《关于推进本市国有企业积极发展混合所有制经济的若干意见》的政策指示，以此为基础大力发展混合所有制经济进而带动国有企业的制度改革，其中“国有资本与非公有资本等交叉持股、相互融合的混合所有制经济”是改革的方向与重点，上海国有企业的混合所有制改革已经成为国有经济的基本实现形式和基本经济制度的重要实现形式，有力地支撑了上海经济发展、城市建设和创新转型。

从20世纪90年代开始，中国政府已经允许民间资本和外国资本参与国企改革，实践证明，国有企业引入各种非国有资本有助于改善企业经营绩效，这为国企以混合所有制模式进行改革提供了理论支撑。但是，对于上海的企业是否同时存在着这样的规律？企业的股权变化是否会带来绩效的变化？混合所有制是否能够提升企业的绩效？下文以上海市规模以上企业的发展（2000—2009年）为例，对这些问题予以解答。

（一）规模以上企业所有制形式对绩效的影响分析

根据《中国工业企业数据库（2000—2009）》的统计，上海市规模以上工业企业在2009年达到了11 576家，表3.5显示了这些年上海规模以上工业企业的主要经济指标，从数据可以看出，规模以上工业企业是上海市经济发展的支柱产业，所以分析这些企业是有一定意义的。

表3.5　2000—2009年上海市规模以上工业企业主要经济指标

年　份	企业数/家	工业产值/亿元	从业人数/个	销售收入/亿元	总利润/亿元
2000	8 574	6 200	2 049 372	6 430	392
2001	9 762	7 000	2 084 393	7 210	450
2002	10 057	7 740	2 089 744	7 980	545
2003	11 098	10 300	2 200 059	11 000	806
2004	15 738	14 000	2 608 248	14 700	1 050
2005	14 806	15 800	2 596 094	16 400	940
2006	14 403	18 600	2 668 257	19 300	1 100
2007	15 099	22 300	2 914 850	23 100	1 310
2008	18 251	24 600	2 970 085	25 500	959
2009	11 576	17 600	1 986 213	18 500	986

资料来源：根据《中国工业经济统计年鉴》数据整理

根据企业所有制的类型，我们将所有企业分为国有企业、私营企业、集体企业、外资企业、港澳台企业、其他类企业6种。根据各类企业每年销售收入和工业产值的总额变化情况来看（图3.9），上海市以外资、合资、私营、港澳台企业为主，这些企业的销售收入占到绝大部分，同时企业销售额从2008年开始下降，可能有两方面的原因：一是金融危机的影响；二是上海市服务企业发展速度超过制造业，工业企业销售额开始下降。

图3.9也显示了在规模以上企业中，国有资本虽然呈现了一定程度的下降，但是依旧占据了较高的比例，虽然销售收入以外资、私营和港澳台企业为主，我们也发现了很多外资企业和私营企业中有国有股份。根据数据库中提供的实收资本比例情况，其中包含了六种资本类型：国有、集体、个人、外资、港澳台以及其他，我们依据6种资本的比例重新对企业的所有制情况进行判断，并判断国有股份在企业中起到

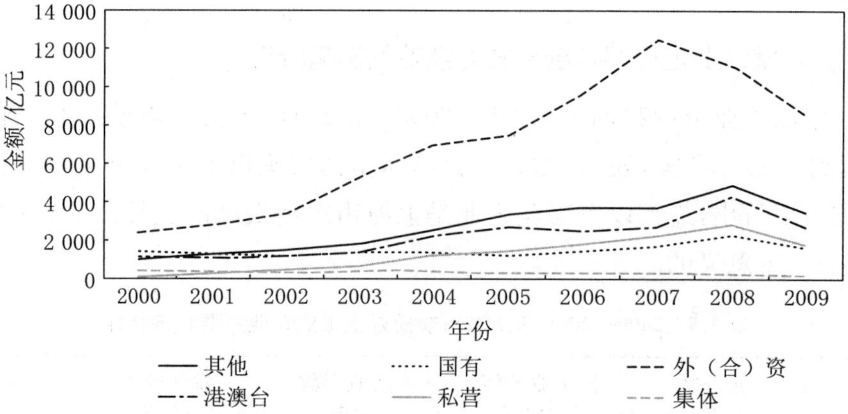

图 3.9　上海规模以上工业企业不同所有制销售收入额

资料来源：根据《中国工业经济统计年鉴》数据整理

的作用，同时根据年份的变化，可以判断出不同国有股份比例的企业变化的趋势。我们以国有股份所占比例将企业分为 4 类：第一类，国有股份占比 100%的企业；第二类是国有股份占比大于 50%小于 100%的企业；第三类是国股份小于 50%大于 0 的企业；第四类国有股份为 0 的企业（图 3.10）。第一、二类企业为国有绝对控股企业，也称之为国有企业，而第三、四类企业可以视作“混合所有制”企业。

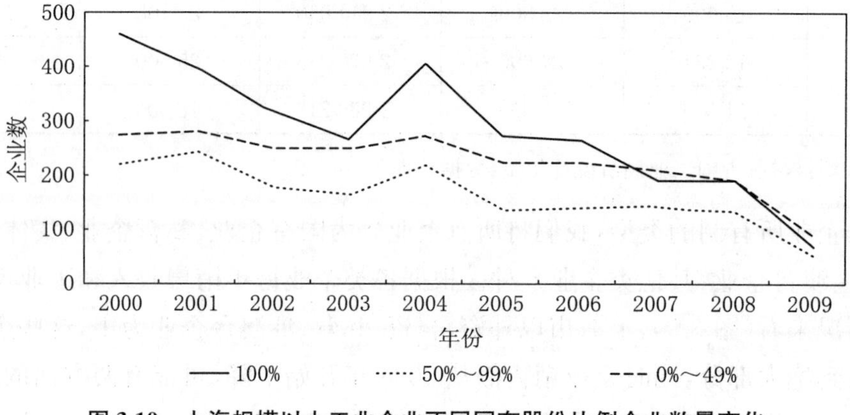

图 3.10　上海规模以上工业企业不同国有股份比例企业数量变化

资料来源：根据《中国工业经济统计年鉴》数据整理

首先，判断上海这四类企业数量的变化情况，图 3.10 显示出前三类企业数量整体呈现出减少的趋势，即国有股份在规模以上企业中的比例逐渐下降，这和图 3.9 的结果显示出一致性。同时，100%国有股权的企业下降最多，从 2000 年的 460 家变为 2009 年的 67 家，而在 2009 年第三类企业最多（90 家）高于第一类（67 家）和第二类（51 家），如果按照 50%股权作为绝对控股的含义下，在具有国有股份的企业中，国有绝对控股企业占有多数。从这些结果可以看出:第一,在国有股"减持"的大背景下,上海市企业显示出了执行这一理念的举措,国有控股企业显著减少;第二,混合所有制企业也在减少,说明国有股进入民营企业、外资企业的情况还是相对较少,只有国有股退出而没有国有股进入,交叉持股现象不显著;第三,在混合所有制企业中国有绝对控股企业占据了多数,很多国有企业的国有股仍然是不愿放弃对企业的控制权。

其次,我们再探讨几种类型企业的效率,采用人均利润作为衡量指标。通过国有企业、民营企业、港澳台企业、外资企业4类企业的人均利润变化来看,国有企业整体处于较低的水平,但是近些年来有所提升,与其他类型企业的人均利润有所接近。但是应该注意到的是,国有企业人均利润变化较大(方差),一定程度上说明国企的经营绩效受经济周期波动的影响较大(图3.11)。

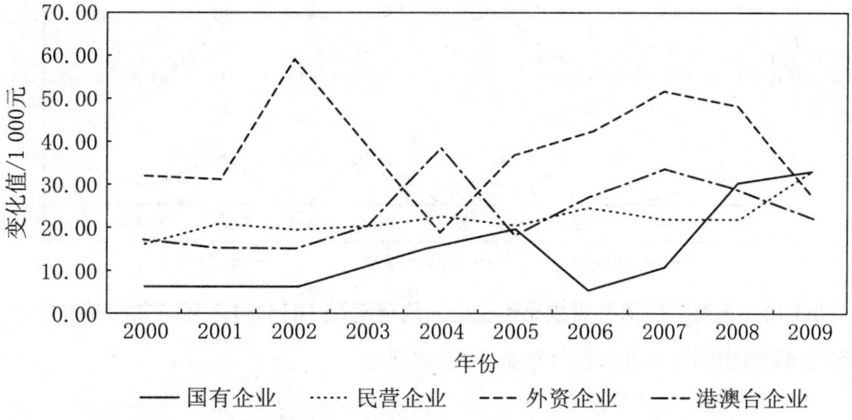

图3.11 上海规模以上工业企业不同所有制企业人均利润变化

资料来源:根据《中国工业经济统计年鉴》数据整理

最后,我们再分析不同国有股权的企业的经营绩效的变化,选择了资产利润率和人均利润两个指标进行分析。从人均利润来看,较低国有股权(低于50%)的企业处于较高的位置,也即人均利润较高,100%国有股权的企业较低,这从一定程度上显示出国有绝对控股的企业低于国有参股的企业;而从资产利润率来看,后两者的几乎接近,但是100%控股的国有企业一直处于较低的水平,从这个角度可以看出,混合所有制企业效率要高于国有100%控股的企业(图3.12)。

由此可以得出如下结论:一是上海市规模以上工业企业在2000—2009年国有股减持显著,体现出了国企改革的力度;二是上海市国有企业规模虽大,但是在股权总量占比上,国资企业低于外资企业和民营企业,也即上海市的工业发展由民营和外资主导；三是混合所有制有助于提高企业的经营绩效。

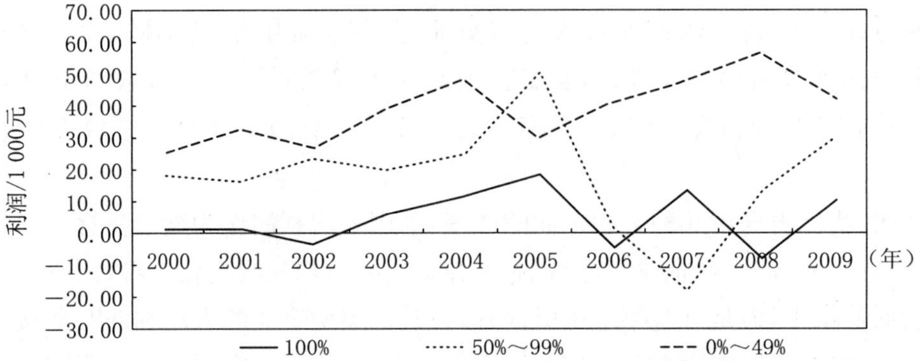

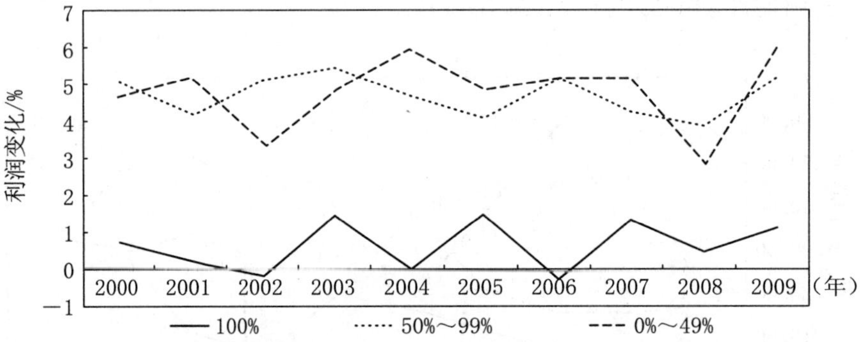

图 3.12 上海不同国有股权比例企业人均利润(上图)和资产利润率(下图)变化

资料来源：根据《中国工业经济统计年鉴》数据整理

（二）所有制变化对企业绩效的影响

我们选择了 1 240 家上海本地企业，追踪了其 10 年(2000—2009 年)的发展情况，其中可以较为清楚地发现企业不同类型股权的变化情况。我们重点关注几种变化情况：国有股权转为其他类型股权、其他类型股权转为国有股权和股权没有发生变动等。基于这些不同的变化表现，判断当股权结构发生变化时，是否有对企业绩效产生显著影响。

如果依旧以国有股权超过 50%的企业认为是国有企业，则根据描述统计发现(图 3.13)，每年的企业数发生了变化，这可以说明国有股权有增加的企业，也有减少的企业，从企业数量整体来看，每年国有股权超过 50%的企业约为 50 家，大概占到所有企业的 4%，这也说明在样本企业中国有绝对控股的企业并不是很多。所以可以更加细化地观察所有企业的微妙变化，进而给企业的运营带来影响。

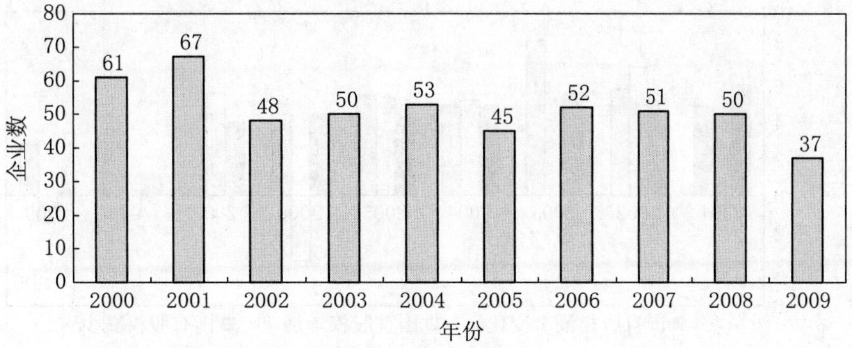

图 3.13　样本企业中国有股权超过 50%的企业数量

资料来源:根据《中国工业经济统计年鉴》数据整理

从整体来看,其中包含了 3 种情况:第一,国有股权没有发生变化;第二,国有股权增多;第三,国有股权减少。通过描述统计发现(图 3.14),平均每年发生股权变动的企业较为稳定,约有 7%的企业发生股权变动(国有股权增加或者减少),通过这个数据可以认为,上海企业国有股份的流动较为稳定,整体国有股权呈现减少的趋势。

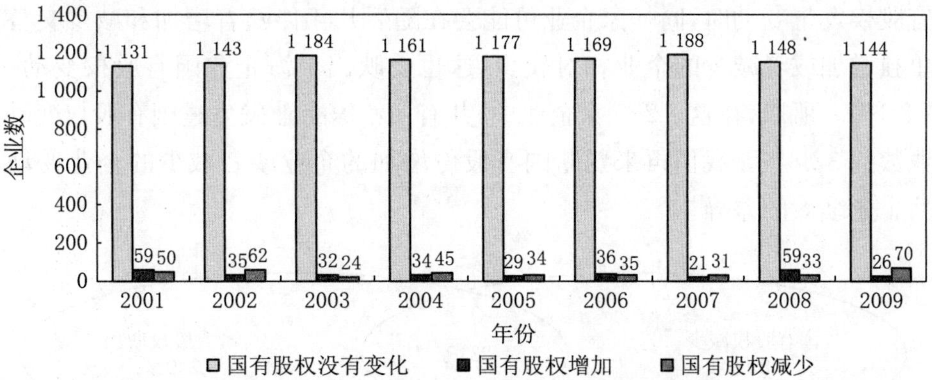

图 3.14　样本企业中国有股权变化的企业数量

资料来源:根据《中国工业经济统计年鉴》数据整理

比较三类企业的绩效情况,我们采用销售利润率作为主要指标来观察(图 3.15),分别判断每年三类企业变化的情况,可以发现,整体来讲国有股权减少的企业销售利润率整体偏高,高于其他两类企业;同时股权发生变化的企业利润率整体高于了股权没有发生变化的企业,这说明企业在进行股权改革时,确实对企业产生了正面影响;而对于国有股权增加利润率出现负的情况,可能发生的情况是:国资进入濒临破产的企业,起到了一定的社会功效。所以,从这些结果来看,国有企业与其他类型企业进行交叉入股,将会是一个复杂的体系,一方面国有资本要考虑营利性,另一方面也需要肩负一定的社会责任,那么国有企业如何在两者之间进行取舍,将会决定国有企业进行改革的方向。

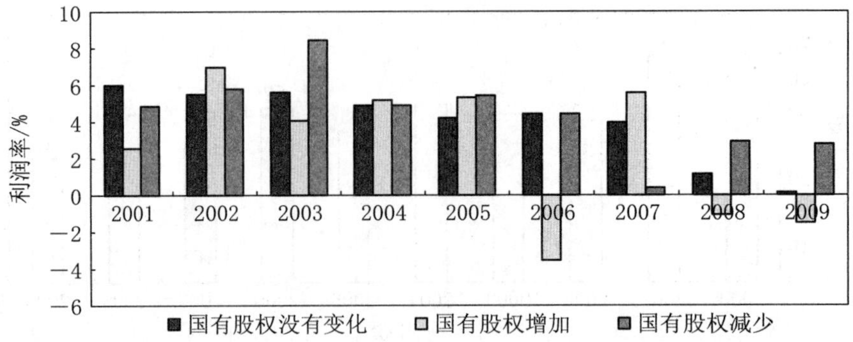

图 3.15　2001—2009 年样本企业中国有股权变化的企业销售利润率

资料来源:根据《中国工业经济统计年鉴》数据整理

整体看这十年样本企业的发展,其中共出现 331 次国有股份增加,涉及 249 家企业(一些企业不仅变动一次),占所有企业近 13.8%;其中出现了 688 次国有股份减少,涉及 382 家企业,占所有企业近 30.8%,所以从所有变动情况来看,国有股份减少占有主要位置。但比较奇怪的是其中有 231 家企业同时有过增加和减少,也即当企业国有股权发生变动时,同一家企业可能会在随后几年伴随着增加和减少交替发生,而只单独增加或者减少的企业相对较少,这也反映出上海企业国有股权变动一个特色(图 3.16)。所以,在这 1 240 家企业中,共有 400 家企业发生过国有股权变动,占到总企业数的 32.3%。我们再来判断国有股份增加的企业或者减少的企业变动,以及变化后企业绩效的差异。

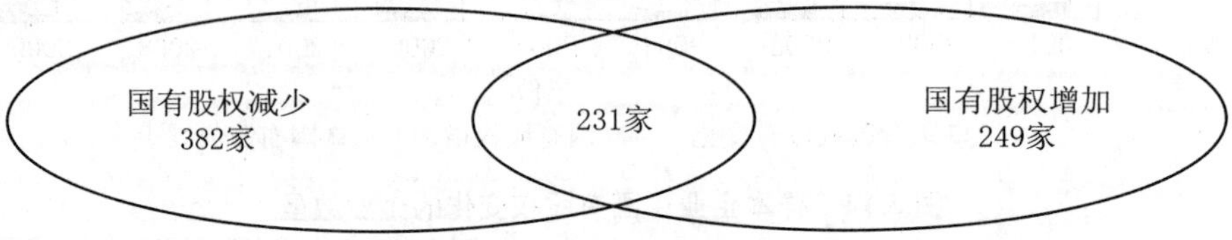

图 3.16　样本企业中国有股权变化的企业数量

资料来源:根据《中国工业经济统计年鉴》数据整理

我们把所有企业分成 4 类:10 年中,只有国有股权增加过,只有国有股权减少过,有过增加和减少以及没有变化的。判断不同种类企业从 2001 年到 2009 年共 9 年的平均利润率和资产利润率。结果发现:股权没有发生变动的企业平均绩效较高,有过变动的次之,国有股权增加的企业绩效最低(图 3.17)。这个结果与一般感知有差异:为什么股权变动的企业绩效反而不高?原因可能是:第一,没有发生国有股权变动的企业本身绩效就好,而不需要进行股权改革;第二,国有股权进入了绩效差的企业,可能是出于社会责任的角度，挽救企业的存亡，更多地出于战略目的；第三，国有股权发生变化的原因，是企业绩效较差，也即股权变化企业本身的绩效就差，所以并不能反映出股权变化降低了企业绩效。所以，我们需要再分析相关企业股权变化前后绩效的对比。

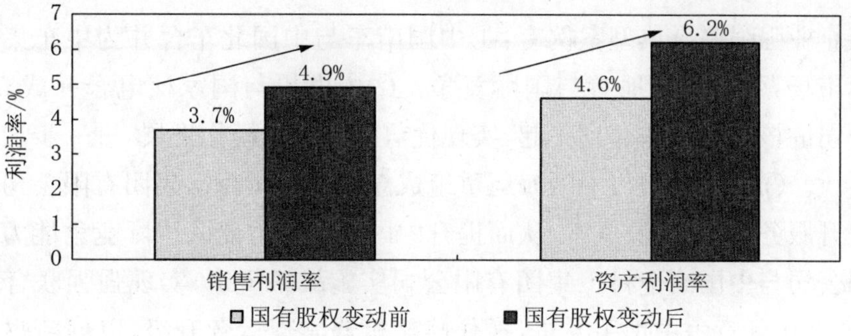

图 3.17　国有股权变化对企业的绩效情况(平均值)

资料来源：根据《中国工业经济统计年鉴》数据整理

我们选择上述发生过股权变化的 400 家企业，判断其股权发生前后企业绩效的变化，通过计算发现：国有股权变化前销售利润率为 3.7%，变化之后为 4.9%，变化前资产利润率为 4.6%，变化后为 6.2%，均发生了明显的提高，即使考虑年份带来的平均增长率为 8.7%（销售利润率）和 9.2%（资产利润率），两者的增长率均超过了 20%，这一定程度上可以为股权变化对绩效变化（影响）相应的解释：国有股权的变动带来了企业绩效的提升。

（三）小结

通过上海规模以上企业的发展来看，整体呈现出下面的现象：一是上海市国有资本的流动较为稳定，每年流动比例约为 10%；二是混合所有制企业的绩效高于国有和民营企业，这说明混合所有制适合上海本土企业的发展；三是国有股权变动提升了企业的绩效。

第四节　深化国资国企改革的实践

一、同业合并重组，做强做大

按照同一行业资源要素向大企业、大公司集中原则。“促进强强联合，优化资源配置，有效解决重复建设、过度竞争等问题"，预计央企会从目前的112家缩减至50～60家。目前国内面临严重的产能过剩，必须依靠出口和产能输出来化解，而在国际市场萎缩的背景下，只有通过提升企业的国际竞争力才能实现出口的高增长。而强强联合的方式短期内可以避免内部的恶性竞争，打造国家品牌，对"走出去"效果最为明显。

中央企业强强联合典型案例有：①中国南车与中国北车合并为中车集团。强化高铁国际市场，可以更好地参与国际竞争。②中电投与国家核电合并成立国电投。将两家公司的核电业务整合到一起，实现优势互补和规模化发展，进一步加快整体打包上市步伐。③中远集团与中国海运重组成立中国远洋海运集团有限公司。重组可以对外提升服务、对内降低成本，从而提升中国航运主力船队国际竞争能力。④中国五矿集团公司与中国冶金科工集团有限公司实施战略重组，实现强强联合和优势互补，有利于在国际竞争中携手共进，抓住战略机遇实现运营升级，以创新驱动增强发展动力，形成全产业链整合优势和综合服务能力。⑤中核与中广核成立合资企业——华龙国际核电技术有限公司。两大集团与华龙一号相关的技术无偿注入华龙国际，通过整合提高华龙一号技术创新能力和国际竞争力。它属于中核与中广核各出资50%搭建的平台，专门为两大集团提供华龙一号的统一完整解决方案，市场开发依然由中核、中广核两个集团去做。

上海国企强强联合典型案例有：①同属上海国资委的两家食品企业——光明食品集团和良友集团合并，新的光明集团总资产将超过2 000亿元，在国内从事竞争性农产品业务的国有企业中(详见下篇中光明集团的案例)，实力仅次于中粮集团。②百视通吸收合并东方明珠，上海广电实现了政策范围内最大限度的资源整合上市，目标是整体上市，有望成为首家千亿元市值的国资控股传媒集团。③东浩集团与兰生集团实施联合重组，新组建的东浩兰生集团旨在成为现代服务业大型骨干企业集团，谋求整体上市。

点评：以上案例都归类为"行业内横向的强强联合"，目的性很强，主要有：一是避免恶性竞争，提升国际影响力；二是加快低端和过剩产能退出；三是通过重组提高证券化率，谋求企业整体上市(如重组之前，中冶集团证券化率高达98%，而中国五矿资产证券化率仅为33%)。强强联合的方式主要有两种：一种是将行业内业务相同或相似的央企合并成一家企业，如南北合并为中车、中电投和国核技合并为国电投；另一种是成立合资公司的方式加强合作。如中核、中广核成立合资企业——华龙国际。

二、 整体上市或核心资产上市

整体上市有利于较好解决国企的体制机制弊端，也与国企混合所有制改革、提高资产证券化率的目标高度一致。

部分条件成熟的国有企业已实现集团公司整体上市，如上汽集团（600104 上海汽车、600841 上柴股份、600741 华域汽车）、上港集团（600827 友谊股份、600833 第一医药、600822 上海物贸）由市国资委全面接管集团资产。另外，有些企业已上市并且有多个上市平台，为了避免下面业务重叠和进一步提高资产证券化率，也正在稳妥有序地推进整体上市，如五大发电集团国电、华电、华能、大唐、国电投。

很多旗下有上市公司的国有集团，暂时不具备整体上市条件的，将核心资产向上市公司逐步注入，如中国电建（601669 中国电建）、光明集团（600597 光明乳业、600708 海博股份、600616 金枫酒业、600073 上海梅林）、百联集团（600827 友谊股份、600833 第一医药、600822 上海物贸）、华谊集团（600636 三爱富、600618 氯碱化工、600623 双钱股份）、上海纺织集团。其中，光明食品集团与良友集团重组的新光明集团，提出目标力争 2018 年集团资产证券化率达到 50%；市国资委将上海纺织集团 49%股权划转至上海国盛集团，集团资产证券化率目前不到 30%。

点评：对于证券化程度不同的国有企业，以核心业务上市或整体上市为目标，提高资本证券化率。但是整体上市需具备成熟的条件，目前来看已实现整体上市的企业业务门类单一、历史遗留问题较少。另外，整体上市也并不代表着集团下面只有唯一一家上市平台，如上汽集团、上港集团分别就有 3 家上市平台。

三、 员工持股和核心员工持股

有统计显示，在财富 500 强企业中，超过 1/4 企业员工持有企业股份超过 10%。员工持股和核心员工持股也是国企改革方案中的重点内容之一。

上海汽车：参加员工持股计划的员工合计不超过 2 321 人，认购的员工持股计划总份额不超过 116 745 万份（员工持股计划每 1 计划份额为人民币 1 元）。其中，认购员工持股计划的董事、监事和高级管理人员共 16 人，合计认购不低于 2 515 万份，其认购份额占员工持股计划的总份额比例为 2.15%。

上港集团（详见下篇上港集团案例）：“上港方案”一个明显的特点是拒绝管理层“一股独大”。《2014 年度员工持股计划》中向公司员工非公开发行不超过 4.2 亿股股票，总募集资金总额不超过18.19亿元。持股计划完成后，由"长江养老"(市场化保险机构)受上港委托作为4.2亿股员工股票的法定管理机构和市场运营主体。

浪潮信息：浪潮信息公告了"关于《浪潮电子信息产业股份有限公司股票期权激励计划实施考核管理办法》"，核心要点概括起来为"四定"，即一是"定量"，发行量是总股本的1%；二是"定人"，面向52名高管、核心骨干人员；三是"定时"，锁定期2年，3年行权；四是"定价"。

点评：员工持股和核心员工持股有利于国有企业的股权多元化以及把公司的业绩与员工的利益捆绑，国有企业内部建立激励约束的长效机制，但也会触及国有资产流失、产权等敏感问题，大多数企业处于试点示范中。

四、 引进战略投资者

引进战略投资者是当前日益被看好的国有企业改革与发展的一种重要模式，对国有企业在增强资金实力、构建合理产权结构、完善治理结构、提高管理水平和提升核心竞争力等方面都可发挥出重要功能。主要案例如下。

弘毅布局上海国资。弘毅投资参与过中国玻璃、中联重科、石药集团等一系列国企的改制成功案例，继入股城投控股之后，弘毅投资再次参与上海国资国企改革，15亿元入股锦江股份成为二股东。

百联股份引入国开金融。国家开发银行旗下的国开金融牵头多家投资机构注入30亿元资金，参与百联集团旗下最大上市公司——百联股份的定向增发。

张江集团引入浦东科创投资集团(详见下篇浦东科投案例)。张江集团将向筹建中的上海浦东科创投资集团划转10%股份。张江集团持有张江高科50.58%的股份，股份划转完成后，大股东将失去绝对控股的地位，改革决心可见一斑。

点评：国有企业引进战略投资者首先要有明确的需求，是否能为企业提供明显的竞争优势从而增加企业价值。将财务性投资者与战略投资者区别开来，战略投资者一般持股量较大且长期持有，积极参与公司治理的法人投资者。

五、 公司化改制

推动非公司化国有企业完成规范化公司化改制，改制企业建立起现代企业制度，具备对接资本市场的基本条件。典型案例有：

2014年11月，上海城投(集团)有限公司从企业法人改制为公司法人，企业向城市基础设施和公共用品整体解决方案提供商作角色转变，这也是新一轮上海国资国企改革以来第一家完成公司制改革的国有企业。

上海久事公司(详见下篇久事公司案例)进行公司化改制，企业名称由“上海久事公司”变更为“上海久事(集团)有限公司”，企业注册资本由252.7亿元变更为600亿元。公司系由国家单独出资、由上海市人民政府授权上海市国资委履行出资人职责的国有独资公司。

2015年2月10日，上海仪电集团有限公司正式挂牌，与原先的名称——上海仪电控股集团公司相比，少了“控股”二字多了“有限”二字，成为国有独资公司，也为深入推进混合所有制改革，乃至将来的整体上市创造了条件。

点评：经过多年发展，上海市国有企业基本上都是公司制企业，非公司化企业很少。公司化改制往往涉及国有资产的折股出资、产权出让、企业整体出售等，必须对国有资产进行评估。

六、 股权划转到国资运行平台

上海市成立国盛集团、国际集团两大国资流动平台，它是特殊公司，是由市国资全资持有的资本经营管理公司，它应该是纯粹的控股型公司，目的就是管理资本。根据定位，国际集团主要掌控金融及产业集团的股权，国盛集团则以产业股权为主。股权划转到这两家国资运行平台的主要企业有：

上海建工(集团)总公司拟将其持有的上市公司13.26亿股股份(占比29%)无偿划转予上海国盛集团。划转完成后，建工总公司对上市公司持股比例将下降至31.68%，仍为公司控股股东。

市国资委将光明食品集团54.16%股权无偿划转至上海国盛集团，加之国盛集团原持有光明集团22.9%的股份，国盛集团对光明集团的持股比例上升至77.06%。

上海汽车工业(集团)总公司下属全资子公司上海汽车工业有限公司将其持有的公司3.34亿股股份(占比3.03%)划转给上海国际集团。划转完成后，上汽工业不再持有上汽集团的股权。

点评：上述三则案例代表了流动平台不同形式的介入：对上海建工的持股，是实现了对上市公司持股的从无到有，但并没有“一步到位”，而是止步于“30%”的要约收购红线；对光明系的持股，则是在集团层面的“集权”；对上汽集团股权的“收编”，则是理顺上汽总公司内部对上汽集团持股关系的尝试。未来随着上海市国企改革进程深化，更多国资上市公司股权将逐步划转至国盛集团、国际集团两大平台之中。

七、 借壳重组

借壳重组是未上市国企快速提高证券化率的重要手段,也可以实现国有壳资源的最大化利用。典型案例如下。

绿地借壳金丰投资。金丰投资通过资产置换和发行股份购买方式进行重组,注入资产为世界 500 强企业绿地集团 100%股权。重组完成后,金丰投资将成为市国资系统中的多元化混合所有制企业,转型成为国内房地产行业领军企业,且同时具有房地产延伸行业及能源、汽车、金融等多元化业务作为辅助支撑,形成综合性大型产业集团。

上海临港借壳自仪股份。自仪股份经一年多的资产重组,在完成了股份无偿划转、重大资产置换、发行股份购买资产及募集配套资金四部分工作后,变身为上海临港控股股份有限公司,届时公司主营业务将变更为园区开发和经营。

中安消借壳飞乐股份。飞乐股份向控股股东仪电电子集团及非关联第三方出售大部分上市公司资产,同时发行股份购买安防企业中安消技术有限公司 100%股权。重组完成后,飞乐股份主营业务将转型为安防系统集成、安防产品制造及安防综合运营服务业务,从事安防行业的民企中安消实现借壳上市。

点评:从这 3 个案例可见,上海国资对旗下上市平台的管理亦有取舍,未来其对旗下壳资源的“安排”亦会更加多样化。绿地借壳金丰、上海临港借壳自仪股份属于国资内部的“资源重置”,而国资对飞乐股份这一壳资源的“舍弃”,更是一种国资退出安排。

第五节 深化国资国企改革的成效和问题

一、 深化国资国企改革的成效

(一) 注重提质增效,稳定增长

面对宏观经济下行压力,上海国资国企坚持发展是第一要务,稳中有进,重在有进,大力拓市场、加快调结构、努力转方式、管理提能级,实现了“效益优先、速度稳健、质量优化”的目标,为全市经济社会发展做出了积极贡献。据统计,2015 年上海地方国有企业实现营业收入 30 100.62 亿元利润总额 3 130.56 亿元,累计资产总额 15.9 万亿元,分别同比增长 7.1%、18.8%和 21.9%①。

(二)分类基本完成,功能明确

上海将国企分为竞争类、功能类、公共服务、混合型 4 种类别。竞争类企业,以公众公司为主要实现形式,积极推进整体上市或核心业务资产上市,稳妥发展混合所有制经济;功能类企业,运用市场机制,促进公共资源配置市场化;公共服务类企业,进一步理顺与政府关系,探索"政府购买服务+特许经营"等市场化运营模式,使公共服务效率不断提高。2015 年,上海对 14 家企业 42 项跨类业务进行了认定,并实行分业考核②。不同的考核,不同的激励。上海按照"基本年薪+绩效年薪+任期激励收入"的薪酬结构,对不同类型企业确定不同的基薪调节倍数、绩效年薪调节系数。

竞争类企业加快整体上市或核心业务资产上市。绿地集团、上海城建、现代设计集团实现整体上市;华谊集团、临港集团等实现竞争类核心业务资产上市。功能类企业全力实施战略任务或重大专项,国际旅游度假区、迪士尼园区、临港先进制造业装备基地等重点功能区域建设按节点完成任务。公共服务类企业按照现代企业制度要求,优化配置公共服务资源,形成市场化运营模式,公共服务效率不断提高。

(三)国资流动平台平稳运行,效果显现

上海市区两级国资流动平台都已经启动,以实现国资管理由"管企业"向"管资本"的转变。上海国资流动平台已经实质性启动国有资本运营。两家国资流动平台公司国盛集团和国际集团。由此形成了"国资委—国有资本投资运营公司—国企"这样的三级管理架构,实现国资管理由"管企业"向"管资本"的转变。借助这两个国资流动平台,积极发挥资本经营和股权运作的杠杆作用,以改革盘活存量、以创新培育增量,充分利用市场化方式,优化资源配置,促进国资在进退流动中实现"资源—资产—资本—资金"的良性循环。

坚持国资流动平台"部分国有股权的持股主体、国资运营的执行主体、部分一般性竞争领域国资退出的主要通道"的职能定位,通过公开透明运作,初步实现在更大范围、更高层面统筹资源和盘活存量的目标。按照"规范透明、程序科学"要求,国资流动平台建立健全"以股权运作为核心、以运营规则为基础、以业务细则为补充"的运营制度体系,并坚持以创新应对市场波动、以布局拓展运作空间、以盘活推动流动变

---

① 徐逸波.蹄疾步稳 深入推进国资国企改革实现关键突破,管党治党 全面落实党建党风廉政建设主体责任,2016 年上海国资国企工作会议上的讲话。

② 上海全方位推进国资国企分类改革(深化国有企业改革)[N].人民日报,2016-08-02.http://politics.people.com.cn/n1/2016/0802/c1001-28602177.html.

现，完成上港集团与锦江航运重组，发行以上海建工为标的的可交换公司债，实现了平稳起步有序运转的目标。

（四）国资布局结构优化，国企走出去提速

2015年，系统企业新增投资85%以上投向战略性新兴产业、先进制造业、现代服务业以及基础设施与民生保障等四大领域。立足比较优势，面向两个市场，用好两种资源，积极参与"一带一路"和长江经济带国家战略，加强国际产能合作，努力打造具有国际竞争力和影响力的跨国企业。锦江国际集团并购投资法国卢浮酒店集团、铂涛集团，酒店规模升至全球第五。光明食品集团收购意大利萨洛夫公司、以色列特鲁瓦乳业等公司，打通国内外生产和销售渠道。

（五）国资统一监管深化，区县改革步伐加快

进一步完善"直接监管为主、委托监管为辅、指导监管为要"的上海国资监管全覆盖体系。推动产业、金融、文化、体育国资在管理和资源上的协同互补。完成市体育局、市侨办、市质监局直属企业政企分开工作。区国资国企改革加快步伐，浦东新区国资委出台国资国企改革18条，老凤祥、新世界等一批企业成为支撑区域经济发展的重要力量。

二、 深化国资国企改革存在的问题

（一）国有企业"做大容易、做强难"

纵观国资国企改革的历程，发现每次改革都有特定的历史背景，所以改革需要解决的核心问题不尽相同，但从微观角度看，终极目标是一致的，即提升国有企业的市场竞争力。通过前面多轮改革，国有企业通过不断联合、重组与合并，规模越来越大，但效率和效益提升效果仍然不佳，所以经常被下以"大而不强"的定论。研究表明，2001年至2013年，全国国有及国有控股工业企业平均的净资产收益率为9.08%，而同期非国有工业企业平均的净资产收益率为15.67%，远高于国有企业，如果扣除国有企业在政府财政补贴、融资成本和土地及资源租金等方面享有的种种政策优惠，从2001年至2013年，国有及国有控股工业企业平均真实净资产收益率则为－3.67%。上海国资是上海市国资系统中重要的组成部分，同时可能存在着"大而不强"的特点[①]。

---

① 恽力达.国企混合所有制改革背景下法人治理结构的完善——以《上海国企改革二十条》为视角[J].现代国企研究，2015(6)：18—19.

（二）国有资产退出风险

按照上海市发布的《关于进一步深化上海国资改革促进企业发展的意见》，上海国资将主要围绕几个重点领域发挥作用，对于不在重点领域范围内的行业，上海市将逐渐退出。而退出的方式可以采用国有资本相对控股的方式，也可以通过放弃国有资本控股地位甚至是完全退出的方式进行。但在实际的退出实践中，还存在一定的风险与障碍。

风险表现在国有资产退出后，国有企业是否存在较大的经营风险和隐患。比如国内知名的上海家化，通过引入平安信托，实现了国有资本的退出。而在退出后，上海家化的竞争力锐减，按照平安信托的想法，很可能上海家化最后被卖给外国化妆品厂商。这样，改革的后果可能是国有企业面临巨大的经营风险，损害的是民族品牌。虽然上海家化不属上海市重点发展领域，但贸然放弃的后果则是损害国家整体利益。除了这种需要克服本地主义思维的地方之外，我国目前国资管理机制也给国资的退出带来一定困难。比如国企上海冠生园食品，由于股东情况复杂，分属不同的国资监管机构，国资的退出也将面临协调难度大的问题。

（三）“僵尸企业”清理困难

上海仅 50 个区县产业结构调整重点地区，涉及的产业能级低、环境污染重、低附加值企业就有 4 500 家，占地约 3 333.3 公顷，在这些处于低效供给端的企业中，国企仍占据不小比重。国企则受制于体制机制和历史包袱，清理僵尸企业面临多重阻力：首先是来自政府层面的阻力。企业破产退出，意味着地区生产总值减少、财政收入下降、区域产业结构改变、就业压力上升、社会不稳定因素增加等。其次是来自企业的阻力。由于僵尸企业自身的资产状况非常差，并购的价值较低。而僵尸企业一旦被并购，不仅会丧失经营自主权，而且会失去长期以来享有的特定行政级别以及与此相对应的特定待遇，员工主要担心并购可能会导致员工身份发生改变。银行往往担心企业一旦破产退出，银行负债将彻底失去回收的可能性。

“优胜劣汰”不仅是自然界的竞争法则，也是市场经济的竞争法则，良好的退出机制是市场经济健康运行的保障。调研中发现，上海国有企业集团下存在为数众多的“僵尸企业”①，这些企业从经济特征上看，已经处于“死亡”状态，却由于种种原因没

① “僵尸企业”是指一些经济效益不佳、长期扭亏无望，主要依靠银行信贷和政府补贴维持生存，且难以顺利从产业内退出的濒临死亡的企业。来源：新华日报，2016 年 1 月 22 日。http://news.xinhuanet.com/politics/2016-01/22/c_128657537.html.

有退出。在实践中,“僵尸企业”不退出,对市场经济运行存在多重危害:一是它占用大量的资金、土地等宝贵的发展资源,消耗了大量的社会财富,却不产生任何经济效益;二是它使经济体系一方面占用资源,另一方面继续沉淀资源,是国民经济粗放发展、效率低下的原因;三是它有可能引起系统性、大面积金融危机,僵尸不死,背后靠银行信贷支撑,累积下来就会形成巨大的资产泡沫和金融危机因素;四是如果僵尸企业不死,行业内的优秀企业就得不到足够的市场份额和市场空间,特别是有的甚至继续扩大生产,不愿退出,就打乱了行业调结构、去产能、降亏损的国家行动。

由于“僵尸企业”的成因比较复杂,有改制成因、历史成因,也有企业自身经营机制原因,所以清理起来存在很大难度①:一是资产变现困难,债务负担沉重,难以足额支付改革成本。由于“僵尸企业”长期以来处于多头管理或无人管理状态,国有资产保值增值放任自流,企业少量存量资产几乎消耗殆尽,甚至片瓦不存。二是历史欠账较多,资金缺口较大。大部分“僵尸企业”资产质量不高,金融债务负担沉重,资产抵押、质押限制难以解除。三是遗留问题众多,清算注销困难。部分“僵尸企业”企业老体、新体并存,老体承接了大量的呆坏账和不良资产以及其他社会事务和责任,并且不断产生费用。在清算、注销时,许多债权、债务需要通过诉讼途径解决,处置周期较长,导致老体难以注销。四是职工安置较难,稳定压力上升。由于多重原因,“僵尸企业”多数出于“僵而不死”,“挟职工以令诸侯(政府、银行等)”。

(四)国企的垄断与产业结构不够优化

上海是国有企业最集中的地方,2014 年,上海国有经济增加值占上海地区生产总值的 45%,远远高于私营及个体经济的 24.6%与外商经济的 27.05%,国有经济固定资产投资占全社会固定资产资产投资总额的 30%。国有企业在上海经济格局中占据半壁江山,国企的垄断地位和进一步做大做强的目标是否有利于社会创新竞争活力和环境呢?上海国资国企涉及竞争性行业多,未能充分发挥国有资本优势。国资国企理应成为上海转型发展的重要力量,上海国资国企的深化改革不仅需要注重自身创新能力和生产效率的提高,同时需要兼顾社会创新竞争活力和环境,这恰恰凸显出国资国企战略性布局结构调整的重要性。

(五)上海国有企业创新动力不足、市场开拓能力较弱

中国经济正在进入新常态,由原来的要素驱动和投资驱动向创新驱动转型,这是

① 王绛.清理“僵尸企业”五大难题待解[N].中国企业报,2015-12-07.http://news.hexun.com/2015-12-07/181036653.html.

中国经济发展动力转型的大趋势。但由于国有企业的独特地位，和非国有企业相比，更容易获得市场资源、生产需要的资本及技术资源，这在一定程度上养成了国有企业的惰性。国有企业领导的任期制和创新效果的滞后性导致国有企业创新动力不足。国企老总的任期感很强，过渡感很强，缺少冒险精神，在效益较好的时候根本没有动力和压力搞创新和转型，凡事安全第一，稳健第一。

此外，很多国有企业缺少环境和市场变化的敏锐性，没有居安思危的竞争意识，但经济进入新常态时，销售收入大幅下降，利润锐减。一些国有企业只是靠垄断体制内的订单吃饭，是坐商而不是行商。没有动力（效益和个人收入不成正比，企业靠订单过得尚可）和能力（没有市场化用人机制）开拓垄断外的市场及国际市场。目前，一部分国企制造业企业营业收入和盈利有下滑的迹象，而国企服务业企业（“第三方”检测机构、招标代理机构）由于服务市场的垄断仍然保持较好的盈利。

第六节　国资国企改革对上海国内公司总部经济发展的影响

国内的大环境为中国全球化及总部经济发展提供了有利条件，如上海自贸试验区的建设、全球科创中心城市建设、“一带一路”国家战略的实施、国资国企改革等都为上海经济的发展注入了强大的动力。

一、国资国企改革下上海国内总部经济发展机遇

（一）上海经济实力的稳步提升

中国已成为全球第二大经济体，中国在世界经济中的地位和作用备受世人瞩目。虽然中国经济在历经30多年的超高速发展后，已经进入中高速的“新常态”阶段，但是随着国家战略的大力推行、经济转型的深入推进、“四新”经济的动力显现，以及“十三五”规划的全面开展，中国经济的发展将进入“中速高质”的新阶段。中国经济的中高速、集约式增长，将会对世界经济的发展做出重大贡献。

稳步提升的中国经济实力，将会对上海总部经济的发展产生极大的推动力。上海作为中国的经济中心，全面落实国家稳增长、促改革、调结构、惠民生、防风险一系列重大政策措施，全力推进创新驱动发展、经济转型升级，国民经济保持平稳增长，发展质量和效益不断提高，民生持续改善，人民生活水平进一步提高。2015年上海市生产总值（GDP）为24 964.99亿元（图3.18）。其中第一产业增加值109.78亿元；第二产业增加值7 940.69亿元；第三产业增加值16 914.52亿元。第三产业增加值占上海

市生产总值的比重为67.8%。在上海市生产总值中,公有制经济增加值12 045.56亿元,非公有制经济增加值12 919.43亿元。非公有制经济增加值占上海市生产总值的比重为51.8%。

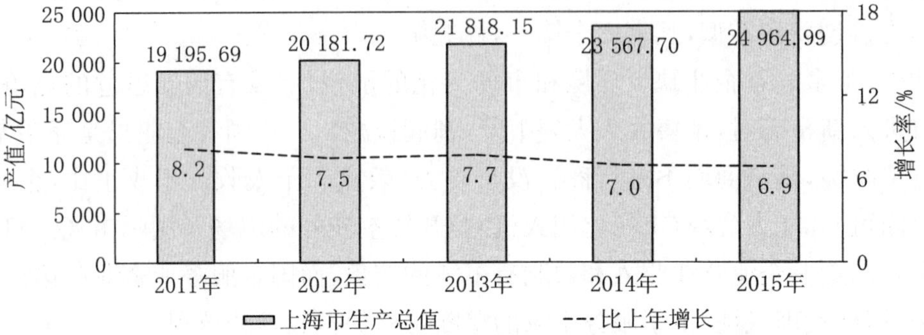

图3.18 2011—2015年上海市生产总值及其增长率

稳步提升的上海经济实力,将会对国内公司产生更大的吸引力,也会促进国内总部经济在上海的发展。

(二)国家战略实施的大力推动

国家大力实施供给侧结构性改革和稳增长措施有利于进一步推动上海结构调整和增强经济发展动力。从2014年下半年到2015年8月,国务院出台了120多项重大政策措施,其中有80余项上海已出台实施意见,部分政策措施已经得到落实。随着国家进一步实施供给侧结构性改革,积极稳妥处置"僵尸企业",帮助企业降低成本,化解房地产库存,防范化解金融风险,上海企业负担有望进一步降低,房地产市场稳步发展,产业结构调整加速推进,从而培育形成新的增长动力。

上海国资国企在全市经济社会发展中具有举足轻重的作用。深化国资改革、促进企业发展,是新形势下坚持公有制主体地位,增强国有经济活力、控制力、影响力的必然选择,对上海改革开放和社会主义现代化建设意义重大,对推进国家现代化、保障人民共同利益也具有积极影响。近年来,上海按照党中央、国务院的部署,坚持以体制机制创新为重点,全力推进国资国企改革发展,国资监管体系基本确立,国资布局结构不断优化,国有企业竞争力明显提高,国有经济实力得到增强。

但是,国资监管体制机制仍需进一步完善,国有企业改革动力和发展活力仍需进一步增强。当前,上海面临改革开放的新机遇和新型发展的新挑战,已经到了没有改革创新就不能前进的阶段。上海国资国企必须以高度的责任感、使命感、紧迫感,抓住国家推进重点领域、关键环节改革和中国(上海)自由贸易试验区建设的机遇,更加主动地承担起推动上海改革发展的重要任务,坚持提升发展、开放发展、创新发展、内涵发展、和谐发展,为上海总部经济建设做出应有的贡献。

二、 国资国企改革下上海国内总部经济发展面临的挑战

考虑到国际环境依旧复杂、国内经济下行压力仍然较大,上海经济工作的总体思路是:坚持底线思维和稳中求进,以提高经济发展质量。

(一)各类型企业分布不均衡

从上海总部经济结构看,外企、国企、民企分布不均衡。外资企业总部居主导地位,国企总部其次,民企总部较弱。

与海外跨国公司在上海的蓬勃发展相比,本土企业总部发展相对迟缓。目前,上海市政府层面尚无明确的内资企业总部政策,所以对国内跨国企业总部集聚情况也没有具体的统计数据。根据上海市对外合作交流办公室的统计,截至 2014 年 10 月,以央企、地方国企和民营企业为主的优势企业来沪投资发展数量达 59.2 万家,占全市企业总数的 54.4%。

截至 2013 年底,上海的央企及其子公司总量超过 3 000 家,涉及 17 个行业门类,总资产超过 2.8 万亿元,占当年上海市经济总量的 20%。中央企业聚焦总部经济,引领上海产业格局调整,在大型客机、海洋工程、航空航天等多个领域实现了突破。除了 6 家中央企业(交通银行股份有限公司、宝钢集团有限公司、中国东方航空集团公司、中国海运(集团)总公司、中国商用飞机有限责任公司和上海贝尔股份有限公司)的一级总部位于上海以外,在世博会之后,先后有十几家央企二级总部或者功能总部、运营中心落户上海。上海世博园 B 区成为央企总部集聚的主要承载区域。

相对于外资跨国公司、央企和国企而言,上海对民营大企业总部的吸引力并不大,截至 2012 年底,只有 20 家中国民营企业 500 强将总部设置到上海,甚至还出现民营大企业将总部搬离上海的情况。例如,1999 年阿里巴巴搬离上海,回到杭州;2002 年杉杉集团搬回宁波;2003 年中欧集团迁回瑞安。虽然其中有一些客观原因,但是政府对民营企业的重视程度显然低于外资公司和国有企业。

从过去近 20 年的发展来看,上海一直以外资企业总部为总部经济重点,上海在吸引外资方面成为国内诸多省份的典范,成为外资的“进海口”。从长期来看,上海终将会发展成像纽约、伦敦、东京一样有国际化影响力的全球城市,很多本土大型企业

逐渐成长为具有较高国际知名度和较大影响力的跨国公司，上海也将成为本土跨国公司总部高度集聚的重要城市之一。因此，上海应该站在目前发展的高度上，为本土跨国公司的培育、成长和本土大型企业总部的集聚，营造良好的发展环境和氛围。今后，上海应加快制定倾向于内资企业总部发展的相关优惠政策，积极吸引国内大集团、大企业总部，特别要支持大型民营企业将总部设立在上海。同时，还要针对财务中心、营销中心、结算中心和采购中心等不同类型的内资职能型总部，尽快研究出台相应的优惠政策和措施。

（二）与世界其他大城市发展尚存较大差距

上海经济发展虽然受到全球瞩目，但是与目前其他发达的全球城市相比，还有一定的差距。为借鉴发展较为成熟的国际化大都市和总部经济集聚地的经验，选取亚洲地区具有代表性的城市香港和新加坡，与上海在软硬环境尤其是基础设施、人居环境等空间特征方面进行比较（表 3.6），试图归纳国际城市发展总部经济的一般性规律，明确上海大力发展总部经济的努力方向。

表 3.6　香港、新加坡、上海发展总部经济条件比较

项目	香　港	新加坡	上　海
经济区位	背靠中国内地庞大的市场；有珠三角生产能力的支持	地理位置优越，背靠亚洲庞大市场，与马来西亚、中国联系密切	规模巨大的本国市场和活跃的长三角经济圈，外资在华投资的绝对重心，占全国 10%以上
政策环境	企业所得税 16.5%，个人所得税最高为 15%，无营业税、增值税	企业所得税为 17%，个人所得税最高为 20%，对总部有税收优惠	企业所得税为 25%，个人所得税最高为 45%；对总部有各种税收返还的优惠政策
人力资源	高素质的服务人才，通晓中英文和国际惯例；教育投入占总开支的 1/5，有人才引进计划；高成本、高质量的生活	政府投入的教育经费达到财政支出的 20%以上，60%的人才有海外教育背景；高成本、高质量的生活	政府投入的教育经费约为财政支出的 15%；中等技术人才充沛，高级管理人才相对匮乏；政策环境对海外高端人才有较大吸引力
基础设施	机场客运量居全球第五、亚洲第一，货运量居世界第一；全球第二大集装箱港；电讯基建先进，移动网络覆盖率世界前列	全球最繁忙的集装箱码头和全球最佳机场之一；信息技术发达，宽带覆盖率世界第二；完善的酒店、会展设施，最佳国际会议城市之一	港口货物吞吐量居全球首位；一市两（空）港，辐射长三角及亚太地区；智慧城市建设初具规模；酒店、会展设施日趋完善，具备承办国际大型博览会、运动赛事能力

（1）政策环境：进行总部选址决策的往往是公司高管，过高的税率往往会对总部选址产生不利影响。

（2）人居环境：新加坡以“花园城市”著称，香港的城市安全、生活便捷也全球闻名，对于高素质人才有很强吸引力。

（3）基础设施：香港和新加坡均重视港口、机场等大型基础设施建设，电子信息化程度高，软硬件设施能为跨国公司提供高效服务。另外，酒店会展服务水平也居于世界前列。

此外，在市场化程度、对外开放程度等方面，虽然经过多年发展，上海已大有成就，但相较于香港、新加坡等城市，依然有很长的路要走。

（三）兄弟省市之间竞争激烈

在中国经济快速发展的阶段，上海已有的优势越来越不突出。从中国目前来看，北京和上海是中国总部经济最优秀的城市，但是从数量和质量上看，上海明显落后于北京。在当前银行主导的金融结构下，银行机构的集中度决定了资金聚集和辐射的能力。从目前情况看，在上海注册的银行业机构中，仅有交通银行、浦发银行的规模较大，能排在全国前十大银行的范围；而国有四大银行、三大政策性银行、股份制银行中的民生银行和光大银行，总部都在北京，其资产份额占银行体系至少60%以上。上海的总部经济实力相对较弱，造成了资金的集聚与辐射能力和北京的差距，相应人才总量和结构也存在差距，创新能力也存在差距。

同时，广州、深圳、天津、杭州、苏州等城市借助区位优势和产业发展特点，也逐步提升了对国内其他公司总部的吸引力和本土公司总部的培养力度。在商业环境、经营成本、人才培养等方面，上海的优势已经逐渐减弱，这为如何发展国内总部提出新的要求和路径。

（四）国内公司发展模式转变

改革开放以来，中国企业正面临着由“嵌入”国外跨国公司全球价值链到“重构并主导”自身全球价值链的转型抉择，越来越多的中国企业开始选择“走出去”，希望通过国际并购和海外投资获取先进技术、品牌和资产，以助力企业的国际化转型发展。但现实表明中国大多数企业的国际化进程仍然处于初级阶段。在企业实施“走出去战略”的进程中，中国企业的劳动力资源优势和组织优势在国际分工体系中已经发挥了重要作用，但这远远不够，中国企业还需要树立新的国际化逻辑。

新逻辑新起点应该是：在产品和产业链设计的起点上，就要努力体现经济性和社会性两个基本元素。以前西方企业的国际化基本采取的是“掠夺”式经营模式，通过“洋货”对“土产”的替代进而实现财富转移。而现在越来越多的跨国公司已经或正在转型“共享价值”模式，把自己塑造成为东道国的“企业公民”。

三、国资国企改革下上海总部经济发展方向

上海的本土企业在基础设施建设、先进制造业和现代服务业领域均处于国内领先水平，在国家战略的导向下，必将以直接投资、项目承包、联合投资、与东道国企业合资合作等等多种形式积极主动地参与和服务于国家战略，成为中国企业国际化军团中的主要成员。

（一）区域布局的演化趋势

从国内企业在上海的布局来看，已经从原来的“初始阶段”逐渐过渡到了“集聚阶段”，“十三五”期间将会逐渐过渡到“网络化阶段”，也就是企业总部在中心城市的集聚化，同时向有产业特色的郊区发展。2000年之前，很多企业将子公司或者行政总部放在中心区域，而过了2000年以后，进入的总部逐渐增多，并且把职能总部也放在了上海；2010年以后，一些公司总部逐渐向郊区转移，并且形成了一些集聚区域，比如上海形成了浦东陆家嘴、黄浦区人民广场和淮海中路、静安寺地区、徐家汇商圈等，成为企业总部的集聚地。而在未来，随着上海商务环境的进一步优化，城市布局也逐步优化，一些边缘商务区域将会得到长远发展，将会形成核心区域为公司地区总部、部分职能总部与地区总部相邻，子公司和制造类工厂分布在政策优惠区域，并通过中心城区的总部形成生产（服务）网络，形成网络化布局。

（二）组织结构的演变趋势

世界经济格局进入新一轮战略调整期，随着我国改革开放的深入和经济地位的上升，本土企业“走出去”也迎来新的机遇期。总部经济是企业“走出去”的一种很好的模式。许多跨国公司也是采取总部经济这种模式走到中国来的，现在我国有很多企业也具备了以这一模式走向全球的实力。以总部经济模式“走出去”，在海外地区设立生产基地、分支机构，不仅对于我国企业拓展全球市场、应对国内生产成本上涨压力与资源能源约束具有现实意义，而且对于解决我国部分产能过剩问题，充分利用国际国内两个市场、两种资源推动改革开放，提升我国在全球经济格局中的地位也具有重要而深远的意义。

企业以总部经济模式“走出去”有多种方式，传统路径包括设立海外生产基地、构建海外营销网络等，未来应结合提升国家竞争力的战略需求，积极探索“走出去”的新

路径：一是设立海外研发机构，积极利用国外优质科技资源提升企业自主创新能力。在这个过程中，应特别重视知识产权保护，一方面积极申请海外专利，在合作研发中，注意保留相应的专利权，在技术转移时，注意保留自己将来使用等权利；另一方面要积极保护我国的专利，包括在专利期未得到转化应用、但仍具有价值的一些专利，注意防范专门投资于发明专利的公司（如美国高智发明公司）所埋下的“专利地雷”。二是设立地区总部或投资性公司，强化对各类分支机构的管理、组织与协调。跨国公司一般采取“全球化布局、区域化经营”战略，通过设立地区总部或投资性公司，统筹一定范围的多个分支机构发展，提高企业组织管理和运行效率，且能加强与当地政府的沟通，更好地融入东道国。我国“走出去”企业应及早谋划，积极构建全球组织架构，通过设立地区总部或投资性公司加快全球产业布局；一些新兴领域的后发企业，也可以先设立地区总部或投资性总部，抢占发展先机，再根据国际化战略优化海外分支机构布局。三是建立全球供应链网络，实现对全球生产、销售、融资、品牌等进行有效控制和优化配置。我国有实力的跨国公司，应积极探索通过全球供应链实现资源的外向配置，与外部的合作伙伴共担风险，从而实现最佳收益和最佳组合，以适应不断变化的外部环境。

（三）运作模式的演变趋势

国际经验表明，通过模式的推动将极大地加快总部经济的发展。上海制造业的优势地位、区域特色鲜明的特征以及吸引跨国公司多年来居我国各城市前列的现实，为上海采用生产性总部经济模式、总部经济集聚区模式和外资拉动模式发展总部经济创造了得天独厚的契机。

1. 生产性总部经济模式

上海在制造业方面有很强的国际比较优势，具体表现在：上海有着比较强的生产技术基础、技术开发力量、产业综合配套能力、庞大的产业工人队伍和科技人员队伍，基础设施也较好。不少发达国家和地区，特别是跨国公司，为利用上海的制造业优势来壮大自身的竞争力，已经陆续把一些高技术制造业、资本密集型的重化工业向上海转移。与此同时，发达国家从这些产业的退出也为上海先进制造业发展腾出空间。改革开放30年来上海在加工制造业和某些资本密集型工业上所取得的长足进展已经表现出较强的国际比较优势。

较强的制造业优势是上海采用生产性总部经济模式的基础。实际上，随着上海先进制造业的发展，越来越多的生产企业已陆续将总部与生产基地分离，生产性总部经济开始吸引越来越多的投资。因为制造业，特别是先进制造业的繁荣本身就会扩大总部经济的投资空间。上海部分制造企业率先建立的生产性总部基地,集管理、研发、设计、采购、物流和营销等多种总部功能于一体,极大地提高了企业的运转效率。以设计为例,包括模具设计、软件设计、工程设计、服装设计、动漫设计、玩具设计、印刷包装设计、广告设计等设计平台,这些制造业企业将设计外置,形成设计总部,取别人所长,补自己所短,取得了巨大成果。随着越来越多的制造企业将总部与生产基地分离,将极大地促进上海生产性总部经济的发展。可见,以上海强大的制造业优势为基础,利用生产性总部经济模式发展上海总部经济潜力巨大。

2. 总部经济集聚区模式

发达国家的经验表明,当经济发展到一定阶段,在经济总量发展、经济结构变化和人口发展等因素的驱动下,集聚区模式会由单一的大型CBD(中央商务区)模式,向多极化、分散化发展,在原来的基础上演变扩展成若干个微型CBD,即总部经济集聚区。自20世纪60年代以来,为解决中心城区商务功能过度集中的矛盾,以伦敦、纽约、东京为代表的世界级城市,都经历了单个CBD到微型CBD网络初步建立的过程。其中,伦敦的微型CBD由传统的市中心扩展出来,以堪那瑞区为代表沿着泰晤士河呈轴线发展;纽约的CBD在20世纪90年代初开始分阶段逐步形成布鲁克林、长岛、法拉盛、哈德逊广场等微型CBD;东京逐步形成了品川、汐留、六本木等30多个微型CBD,很好地适应了总部经济空间集聚且多元化发展的国际趋势。

可见,总部经济集聚区是在顺应国际发展规律并借鉴其发展经验的基础上,提出的一个全新概念。主要是指:按照现代理念统一规划设计,依托交通枢纽和信息网络,以集聚区为载体、将相关的总部专业服务和生活服务配套设施合理有效的集中,在一定区域内形成形态新颖、内外连通、生态协调、资源节约、充分体现以人为本的、具有较强总部经济集聚能力的区域。依靠区域特色和功能,形成产业集聚是总部经济集聚区模式的特点。尽管总部经济的发展是以市场为基础,但其产业特色的形成则取决于所在区域的特定功能。总部经济的发展依托由资源、禀赋、区位、经济和文化等因素所构成的功能,突出其区域优势和特色,建立起与区域功能相吻合的总部经济产业体系,从而与周边地区错位竞争,增强服务业的辐射效应。基于产业关联效应和社会网络效应而形成的集聚区,具有资源共享、服务网络系统和品牌效应的特征,客观上为总部经济的发展构筑起一个良好的产业生态环境。而通过品牌效应,服务企业获得更高的市场认同度和占有率,进一步提高该区域服务产品的市场需求;集聚区内企业之间的竞合机制,又提高了服务产品的有效供给水平,为总部经济的发展拓宽了市场空间。

在总部经济的发展过程中,利用总部经济集聚区模式已经成为一种国际趋势。上海区域特色鲜明,为建立总部经济集聚区创造了良好的条件。事实上,总部经济集聚区的建设在上海现代服务业的总体规划中占据着非常重要的位置。上海已经打造了 20 多个现代服务业集聚区，其中总部经济集聚区占有相当重要的位置。上海鼓励在各区符合条件的专业产业园区或服务业集聚区内建立总部经济基地，各有侧重发展总部经济。例如，南桥中小企业总部商务区凭借杭州湾跨海大桥的交通便利，依托区位和产业优势，成为奉贤区新一轮发展的载体和抓手；江湾—五角场科教商务区充分发挥杨浦区大学强势学科的优势，重点发展科技研发和教育培训，形成以知识创新为核心的科教商务总部集聚区；金融要素市场本来就已经集聚的外滩和陆家嘴地区集中发展金融贸易总部集聚区等。这些点状的集聚区通过产业链或创新链彼此相通、有机相连，使上海的总部经济整体辐射能级进一步提升和放大。目前，这些总部经济集聚区对上海总部经济发展的拉动效应已经显现，体现在以下三个方面：第一，集聚功能效应得到拓展提升，更好体现了微型 CBD 作用。第二，空间形态布局上，由上海市中心地区逐步向周边重点地区分散化、多极化发展。第三，产业功能布局上，各集聚区初具特色，逐步呈现功能错位。

3. 内外资均衡发展模式

在跨国公司布局重点向以中国为代表的新兴经济体国家转移趋势下，上海作为中国市场化和国际化程度最高的城市，迎来了前所未有的发展机遇。上海在集聚和发展跨国公司总部方面，具备雄厚的基础。上海自贸试验区建设不仅会通过扩大开放，吸引更多的跨国公司及其地区/职能总部入驻，还会促使原有跨国公司总部升级，将辐射范围从中国扩大到整个亚太地区，甚至是全球事业部总部或研发总部。同时，上海自贸试验区的金融、贸易等体制改革，吸引了更多的本土跨国公司，将上海作为其国际化的桥头堡。上海全球科技创新城市的建设，将为上海培育出下一代技术领军跨国公司提供了更多的可能性。

同时，上海跨国公司发展也面临着多方面的制约：商务成本逐年上升、超国民待遇终结、技术梯度降低、本土公司激烈竞争、跨国公司的转型升级、上海的户籍制度等等。并且，上海与网络经济企业擦肩而过。即便如此，凭借中国一级市场地位和国家战略推进，上海不会被边缘化。并且，上海还存在继续领先国内和赶超国际的可能性。提高这种可能性的关键，在于资本市场的国际化，下一代技术公司的培育，以及市场化、法制化和国际化营商环境的打造。

中国（上海）自由贸易试验区的设立开启了跨国公司在上海的新篇章，不仅会迎来跨国公司总部升级，还会吸引更多中国本土优质企业，平衡上海总部经济的所有制结构。截至 2014 年 6 月，上海自贸试验区内跨国公司地区总部数量达到 60 家。尤其是“上海自贸试验区跨国公司总部外汇资金集中运营管理试点”的试行，大大刺激了外商跨国地区总部的入驻，解决了这些企业的金融担忧问题。包括 GE 在内的多家跨国公司表达了升级为地区总部的想法，有些甚至准备资金结算中心设在上海。上海自贸试验区提出进行利率市场化、外汇管理制度、人民币资本项目兑换等改革大大影响了跨国企业的区位选择，例如英特尔贸易上海有限公司正在考虑将英特尔中央处理器业务从境外整合到上海，德国的全球装配、紧固件材料供应商伍尔特准备将公司升级为地区总部。从发展的角度来看，上海自贸试验区的设立开启了总部经济腾飞的新篇章。

未来，上海将有本土培育的 20～50 家企业，最终成长为跨国公司。这些本土跨国公司中，一类是大规模的系统集成商，以上海市大型国有企业为主；一类是从其他省市迁入以及上海本土培育的民营企业，通过上海自贸试验区平台，以高效率和低成本的竞争优势不断扩展国际市场份额；还有一类是依托下一代技术快速成长的新技术龙头跨国公司。这 3 类企业的数量比例可能比较均衡。

上海发展总部经济面临着全新的环境，因此应遵循不同于之前的发展逻辑，需要实现如下 5 个方面的战略转变。

一是跨国公司总部能级提升：上海由跨国公司的中国区总部和职能总部向亚太区综合总部或全球职能总部转变；二是跨国公司总部结构合理：上海由外资跨国公司总部集聚的一枝独秀向外资、民资和国资总部三足鼎立的结构转变；三是跨国公司发展环境优化：上海由注重构建吸引跨国公司的硬环境向更加注重服务跨国公司的软环境转变；四是跨国公司发展路径转变：上海由注重跨国公司集聚效应向注重上海总部经济质量提升的辐射效应转变；五是跨国公司发展机理的变化：上海由中国城市发展成为国际化城市，最终现实向全球城市转变。

第七节　进一步深化国资国企改革的建议

一、 采用动态化分类、放管服结合的监管模式

目前，上海市国资委直接监管的 45 家企业中，有 30 家竞争类企业、11 家功能类企业和 4 家公共服务类企业。但是，大部分国有企业都属于混业经营，企业的经营业务会随着经营环境的变化而做出改变，现在的辅业可能成为未来的主业，而现在的主业亦有可能成为非主营业务。因此，上海深化国资国企改革应该是一个动态调整、不断深化的过程。随着供给侧改革的推进，和产业结构不断调整、优化和升级，企业的业务组合基本上处于动态演化过程中，这是企业成长的规律。在分类方面：一是在对

国有企业进行分类时，采用动态化分类的方式，赋予国有企业更大经营自主权；二是即使对国有企业进行了分类，随着业务的演变，企业有权提出分类变更的申请，并提供充足的依据，由国资委组织专家委员会进行审核。

目前，包括国资委在内的政府部门对国有企业实施的仍然是全方位、全过程的行政化管理模式：管人、管事、管资产的全面监管，事前审批、事中审查、事后审核的全过程监管模式。行政化监管模式导致国有企业缺乏经营自主权，活力不足，很难适应复杂多变的市场环境。比如，根据国务院发展研究中心企业所的一项研究，截至2012年，国资委共颁布过规章文件287件，通过其中255件的梳理和归纳，发现这些规章文件，与履行股东职责的，也就是所有权职责相关的仅占31%，而其余的将近70%都是与落实公共政策、党群工作或者企业内部的事相关的。因此，在监管方面，复制推广上海自贸试验区政府职能转变的经验，采用放、管、服结合的模式，以服务国资国企为导向，以监督管理为保障，以简政放权为措施，切实把经营权下放给企业。一是坚持以结果导向的监管方式，切实做到以管资本为主。转变之前事前审批、事中事后监管的全过程监管方式，以事前备案、事中事后监管跟进的方式监管方式。二是提供必要的服务，针对上海市国有企业重点开拓的国际市场、业务类型、技术前沿等提供必要的法律、政策、信息等服务，针对国有企业比较突出的历史遗留问题提供相应的解决方案。通过有效服务，帮助国有企业提升竞争力、开辟国际市场、实现产业优化升级。

二、 坚持开放性市场化重组，落实“三个一批”

在进一步落实“清理退出一批、重组整合一批、创新发展一批”时，应该依据现实情况，制定标准，在充分尊重企业意愿选择的前提下，实施市场化重组的方式，达到优化国资布局的目标。

在“清理退出一批”环节，根据行业发展前景和企业盈利情况两个方面做出评价，采用3+2年限模式。比如，企业（或业务）所在行业属于夕阳产业，产能严重过剩，已经连续三年无增长甚至负增长；企业（或业务）的盈利状况不佳，已经连续三年无盈利或亏损，可以列为清理退出一批的名单。列入清理退出名单的企业如果已经找到了转型和扭亏为盈的方案，可以申请转型，经专家组审核后，给予两年至三年的转型实验期，如果转型成功，可以继续发展，如果达不到预期目标，必须进入清理退出环节。放弃申请转型的，可以直接进入清理退出环节。

在“重组整合一批”环节，以国资布局为导向，采用“国有企业提请、国资委协调”的开放性市场化重组方式进行。以往，国资国企重组整合是严格执行国资布局导向的，采用行政管理模式，对国有企业之间进行了多轮"合并同类项"式的重组整合，以便达到"做大做强"的目标。"拉郎配"的方式，虽然能够比较容易实现国有企业"做大"，但缺乏市场竞争优势和核心竞争力，大多处于"大而不强"的境地。企业成长有其自身规律，能力和规模相互匹配之后，才会相互助长。在"十三五"期间，上海市国资委规划了新时期的国资布局，即"加大有质量、有效益的投入，确保85%以上的增量集中在战略性新兴产业、先进制造业、现代服务业、基础设施和民生保障四大领域"。国有企业以国资布局为导向，有意向进行重组整合的国有企业可以向国资委提请，国资委负责协调、服务和监管，进行开放性市场化重组；国资委应避免过多的行政性干预、干扰和行政指令。

在"创新发展一批"环节，以资本投资为方式，以"内部创新＋开放创新"双轮驱动，以防范风险为重点，增量发展混合所有制经济。由于体制机制等原因，与民营企业相比，国有企业的创新活力不足。国有企业的现有布局是建立在中国工业化、城市化和现代化的基础上的，但随着上述进程的结束，国有企业的业务已面临着转型的巨大压力。在转型背景下，国有企业一方面要通过国际化，尤其是"一带一路"沿线国家的国际化，进行产业转移和能力输出；同时，为了在未来的竞争中获取更多的发展机遇，还需要不断创新。当前，世界上新兴技术和新兴模式层出不穷，创新的摩尔定律仍然存在。在互联网时代，竞争规则也已发生了根本性变化，"无边界竞争"和"赢者通吃"交织着发挥作用。很多机遇稍纵即逝，但短期内国有企业很难改变决策缓慢、机构臃肿和不敢冒风险的现状。因此，需要通过新的方式介入新一轮科技革命，即通过股权投资或战略投资的方式，通过混合所有制的形式介入创新，一方面可以从根源上解决国有资本"一股独大"的问题，另一方面可以充分发挥创新团体的灵活性和国有资本的规模性优势，通过"内部创新＋开放创新"双轮驱动的方式，"创新发展一批"。

对于国资委来说，鼓励国有企业"创新发展一批"并不为过，但仍然需要把握好有所为有所不为的尺度，尽量以结果导向设置激励约束机制，尽量避免"过度激励"，比如"三个视同于"政策①。对国有企业的"过度激励"不符合BIT等为代表的国际通行

① 上海国资国企改革20条出台以后，上海国资委已经印发名为《关于在经营业绩考核中视同于利润和单列政策的操作指引(试行)》(以下简称《指引》)的实施细则，对现有国企考核体系进行改革。《指引》中最值得关注的是"三个视同于"政策，为鼓励企业的研发投入、创新转型以及跨国经营，在对国企经营者业绩考核时，对国企经营者业绩考核时，对企业符合条件的研发投入、创新转型费用、境外投资项目费用，均视同于利润。这也是上海国资国企改革的首创提法。"三个视同于"政策覆盖了上海国企创新转型中需要高成本投入的主要环节，研发投入中包括了常规科研投入和承接国家和上海重大项目的投入。创新转型费用则包括收购科技企业或科技成果，也包括促进创新转型的信息化项目，从事电商等传统企业模式创新和业态转型。根据《指引》，符合条件的国企在从事电商等需要投入大量资金才能占领市场的行业时，前期的巨额投入可视为考核利润。此外，针对企业跨国经营，除"视同于利润"外，考核时还可以实施单列政策，即出现亏损时，不计入母公司的财务报表。

规则，亦有可能成为干扰企业创新选择的“噪声”。建议，国资委以国有资本的保值增值为结果导向，设置较长的投资回收期限，允许合理范围的创新风险，以鼓励创新为目的，建立一套创新风险防范体系，为企业标示风险警戒线。在警戒线以内的创新决策和创新行为由企业自主决策，超出警戒线的创新风险，需要进入审议程序，经过专家评议，再作决定。

三、以优化国资布局为导向，建立布局重点方向目录

上海国资“十三五”规划已经制定了未来国资产业布局的重点方向：“十三五”期间，战略性新兴产业、先进制造业、现代服务业、基础设施与民生保障等领域的国资集中度提高 15 个百分点[①]。以新能源汽车、燃气轮机、新一代信息技术为重点，加快培育战略性新兴产业。未来 5 年，政策亦将支持互联网与传统产业深度融合，以智能制造、高端制造、绿色制造为重点，推进制造业企业创新发展；并将加速应用物联网、大数据、云计算等技术，促进服务业企业模式创新和业态升级。“以建立特许经营和政府购买服务机制为重点，推动基础设施和民生保障领域企业持续发展。”

国资布局重点方向是国有企业进行投资决策和结构优化的参照，尽量避免直接给国有企业下达指标或是命令的方式进行。在优化国资布局方面，国资委需要以“管资本”的方式，通过“国有股权”所赋予的权利行使决策权和经营权。在优化国资布局过程中，国资委需要实现从“指标下达的管理者”向“信息和服务提供者”职能转变。国资产业布局的重点方向确定之后，国资委需要及时提供产业布局重点方向的前沿信息，包括国内外技术前沿动向、国内外相关政策法规、竞争环境、成功案例等多种信息，为国有企业的战略投资和结构优化提供最新资讯信息和必要的支撑服务。

四、推进国资流动平台运作，提升国资证券化比例

上海在全国率先成立了国盛、国际两大国资流动平台，国资平台既是转变监管方式（从“管企业”向“管资本”转变）的基础设施，也是提升国资证券化比例的专业化运营平台。经过前期的运营，上海国有资本已经通过两大平台实现了重组、优化和提升，一些国有企业实现了整体上市和核心业务上市的目标。因此，“十三五”时期应该

① 王铮.上海国资“十三五”：谋划新格局[J].上海国资，2016(3)：54—56.

继续推进国资流动平台的运作，将更多市属国资委直管国有企业股权纳入两大国资运营平台中去，平台通过多种方式提升国有资本的证券化比例，通过国有资产资本化、国有资本证券化，争取实现国资全流动，通过资本运营，不断提升国资运营效率和效益。

加快各区国资国企改革步伐，鼓励有条件的区成立区国资流动平台。区国资国企与市国资委直属国资国企同属一盘棋，在上海国资改革"20条"颁布以来，区国资国企改革大幕也正式拉开。其中，浦东新区发布国资国企改革"18条"，确定了五大改革重点，并设立区级国资流动平台——上海浦东投资控股(集团)有限公司。另外，金山区也设立了国资流动平台——上海金山资本管理集团有限公司(详见下篇金山资本案例)。但区国资国企改革推进参差不齐，个别区仍然在观望中。以金山区为例，虽然成立了国资流动平台——金山资本管理集团有限公司，但资产关系复杂，股权管理职能尚未完全实现。集团的二级公司分为直接监管企业、代持股企业、委托监管企业和区属企业四种类别。其中，直接监管类企业能够履行出资人股权管理职能，其他3类企业由于历史原因，金山资本集团尚无真正意义上履行出资人职责。资产规模较小、业务分布散，国资整合重组职能难以有效发挥。因此，需要加快推进区国资国企改革步伐，有条件的区不仅要成立国资流动平台，更应该理顺资产关系，有序推进国有企业股权向流动平台集中，以此来提升国有资产资本化和国有资本证券化的比例，从而真正发挥国资平台的作用。

五、 支持服务企业改革发展，营造良好环境氛围

从目前国资委出台的文件、采用的措施来看，仍然属于"监管型"政府，一方面强调要把企业交给市场，实现从"管企业"到"管资本"转变，另一方面仍然出台大量文件(继2014年以来，累计出台与"上海国资国企改革20条"配套的38个实施细则)全方位、全过程对国有企业实施监管。从国际环境看，政策文件过多和更新过快是环境不确定、不稳定的表现，企业无法预知政策预期，反而会影响企业的正常经营。对企业市场化经营而言，一个相对宽松稳定的营商环境可能胜过应接不暇、变化多端的政策文件。从国际通行规则看，规范和监督企业主要是通过法制化监管的形式，一部国有企业法既能够规范和监管国有企业、避免政府"干扰"行为，又符合国际化、法制化、透明化的方向。

国资委应该实现主要职能转型：从"监管"向"服务"转型。现阶段，需要推进"放

管服”改革，最终向服务型政府转型。“放管服”改革实质是政府自我革命，要削手中的权、去部门的利、割自己的肉[①]。人口红利消退、劳动力成本飞升、外贸出口疲软、经济持续调整，内忧外患之中，国内企业转型已是箭在弦上不得不发。对于国有企业来说，政府转型、国资委转型是国资国企转型的重要前提。因此，建议国资委积极向香港、新加坡等服务型政府学习取经，转变观念，简政放权和增加服务同步进行。除了权利清单、责任清单之外，国资委还需第三张清单——服务清单。根据对标政府的服务经验、国企改革的历史遗留问题、政府机构之间的协调、国企国际化开拓、产业发展动态、技术前沿问题等，制定“服务清单”，建立联系服务企业工作机制，做好深化国企改革、促进国企发展、营造良好环境的针对性服务。

六、抓住“一带一路”机遇，培育国际化经营能力

在走出去过程中，国有企业培育国际化经营能力是关键。虽然我国越来越多的国有企业进入世界500强，但与市场竞争过程中锤炼出的世界500强企业相比，国际化开拓经营能力较弱，有个别号称“国际化”能力强的国有企业大多是运用庞大的资本购买海外资源或资产，而非真正意义上的国际化市场开拓和国际化市场经营。与央企相比，上海国有企业的国际化程度更低，大多数国有企业的海外营业收入占比不足5%。总体上，上海市国有企业普遍存在国际化战略目标不明确、国际化路径不清晰、国际化缺乏核心人才和技术支撑等关键性问题[②]。“一带一路”为上海国有企业走出去提供了难得的战略机遇，鼓励上海国有企业积极有序的参与“一带一路”重大项目建设，扩大国际产能和装备制造合作，不断开拓和优化海外市场布局，注重采用多种方式防范风险，以此推进国际化经营，培育和提升国际化经营能力[③]。在“一带一路”背景下，国企改革已成为突破当前经济结构困境、转型升级，以及推动企业顺利“走出去”的一步关键大棋。国企应做好海外企业联盟、完善法制配套和完善分工制度等措施，融合国有资本、民营资本和东道国资本，建立“混合所有制”或“合资合作”的企业结构新局，才能进一步激发社会优质生产要素，带动生产方式革新，分散风险，以及提高企业的国际竞争力，在未来的“一带一路”海外投资、市场拓展中，不仅能够

① 2016年5月9日，李克强总理在国务院召开全国推进简政放权放管结合优化服务改革电视电话会议上的讲话。http://finance.sina.com.cn/roll/2016-05-10/doc-ifxryahs0607748.shtml.

② 王丹，王玉.中国汽车企业的软实力测评和提升——来自上汽集团的案例[J].中国工业经济，2012(6)：133—146.

③ 崔小花.准确把握五大发展理念，推动国资国企改革发展——中央企业、地方国资委负责人会议在京召开[J].上海国资，2006(2)：5—6.

"走出去",更能进一步"走进去"和"走上去"①。

首先,国有企业需要明确国际化战略目标和国际化战略路径。从企业国际化发展的路径看,分为内部自建的路径,也有通过并购实现快速扩张的路径。在适当的时候选择适当的路径是规律,如果企业国际化能力还没有达到成熟的阶段,采用稳健的国际化发展路径,在循序渐进的过程中不断学习和积累经验,是绝大多数世界500强的国际化成长路径。如果国际化能力还不够,大举进行国际化并购,可能造成较为严重的消化不良,甚至成为国际化过程中的"先烈"。企业的国际化过程也是企业在成长为一个世界级大企业的竞争力培育和提升过程(详见下篇上汽集团案例),需要"learning by doing"。"循序渐进式"的国际化成长路径也是众多世界500强企业国际化的路径。其次,国际化能力需要国际化人才、强劲的技术创新能力和强大的品牌影响力支撑。技术创新和创新能力的提升都是循序渐进的过程。"分解复制—模仿创新—创新模仿—自主创新"是上海国有企业技术创新渐进过程,若要实现"跨越",必须有坚实的基础和完备的条件。加大自主研发的投入,壮大自主研发机构,是取得开发自主权和自主知识产权的关键。自主品牌的成功条件:符合市场需求、满足消费者预期、激发顾客忠诚和保持自身形象。

七、 对标国际高标准规则,积极主动应对

对标国际高标准规则,倒逼国资国企改革。对于BIT(中美双边投资协定)而言,该协定以"竞争中立"为核心准则,要求建立与国际规则相适应并保证公平公正的法律制度,以此来保护投资者的核心利益和合法权益。在竞争中立方面,上海自贸试验区表面"大门敞开",实则"小门阻碍",政府采购仍有歧视行为,规管国有企业的条例还未出台,未来,上海自贸试验区应与国际竞争中立规则接轨,倒逼国有企业改革,积极参与国际市场竞争,在上海自贸试验区创建公平竞争的国际化营商环境。在规范国有企业经营模式方面,国有企业(包括国有全资和国有控股企业)应当明确划分商业活动和非商业活动各自的范围,并建立配套的成本分配机制,政府可对其非商业活动给予合理且透明的财政补偿,但应避免由于交叉补贴等不当支持对其他投资者的利益造成负面影响。此外,在上海自贸试验区范围内应推进利率市场化等改革,确保

① 梁海明.一带一路需要什么样的国企改革[R/OL].新浪财经 http://finance.sina.com.cn/zl/china/20150923/091923325268.shtml.

国有企业和私营企业支付同样的融资成本，最后还应确保国有企业和私营企业在监管和税收方面一视同仁。

与国有企业相关的规则要求已经基本明朗①。一是竞争中立制度，要求国有企业在商业基础上运作，在适当例外的情况下，排除一切不正当竞争，范围涵盖政府采购、补贴、税收、监管等诸多方面。二是关于国有企业公司治理，新的规则可能只允许政府两头监管，即通过市场选拔方式，以股东身份选择职业经理人，并给予其充分自主权，最终通过其经营的财务表现决定是否续聘。除此之外，政府不能参与国有企业的经营决策，也不能干预其人事任命。从目前上海国资国企改革的实际情况看，虽然有其自身章法，但在全球化过程中，需要考虑到国际上最新规则的发展，这是大势所趋，深化改革过程中，需要积极应对。

八、 鼓励开放式创新，构建开放式创新环境

开放式创新是科技创新的大趋势，大力支持国有企业主导的开放式创新体系。开放式创新更加注重吸纳企业外部资源，协同内部资源共同创新。国有企业开放式创新的作为可以是多个方面的：一是打破传统创新模式，主动策划和实施企业的开放式创新战略，比如 IBM 的“创新詹姆”；二是打破企业边界，灵活采用“开放式创新”“众包”“挑战赛”“客户参与”“供应商参与”多种方式鼓励和利用社会资源进行创新，比如思科的“I-PRIZE”；三是鼓励员工创新，为企业开放式创新搭建内部平台和创新氛围，如海尔的“人人创客”；四是企业联合其他开放式创新主体激发开放式创新的新途径，比如改善全球供应链和生活机会，利用大数据、物联网、社交平台、创新平台等推进开放式创新；五是多方式参与投资开放式创新活动，可以通过社会风险资本和小额贷款等投资于创新性的金融机制。国有企业还应该以更加积极的姿态参与到其他团体组织的开放式创新活动中去，以便多渠道获得信息、知识和经验②。

政府可培育开放式创新的公共政策框架：①以结果为导向的资助模式，为各类主体引入更大程度的竞争和竞赛；②权力和资金的分散化，以便允许社会拥有更多的自由和资源提出和实施创新方案；③在市场环境方面，打破垄断，为国有企业之外的所有制经济类型提供平等的进入机会，创建公平的竞争环境，通过充分竞争激发创新，

① 王江雨. TPP 正在形成之中，国企改革也须考虑国际环境[N/OL]. 中国新闻网 http://www.chinanews.com/fortune/2015/06-29/7371289.shtml.

② 黄亚生，王丹，张世伟. 创新的创新：社会创新模式如何引领众创时代[M]. 杭州：浙江人民出版社，2016.

但国有企业仍然可以通过资本股权、市场品牌等参与其中；④在公共服务提供方面，政府需要更加开放和透明，最大限度地增加社会公众的知情权和参与权，将一部分政务外包；⑤为开放式创新活动提供“虚拟”和现实空间，为公共、私人和非营利性组织突破界限的交叉创新和信息交流提供空间；⑥建立各种实验室，测试创新，让用户参与创新过程并对创新进行评价。除此以外，为了培育开放式创新，政府还应当在法律制定、人才培养、舆论宣传、税收政策和监管环境等方面鼓励开放式创新。

第四章　上海深化国资国企改革与创新的案例

第一节　光明集团:国资国企改革助推国际化

上海国企分类的市场竞争类企业。光明食品集团依托证券化等实现混合所有制改革成为上海混合所有制改革的典型代表。2014 年 4 月,光明食品集团提出 3～5 年(到 2018 年)实现证券化率 50%,混合所有制占企业 80%。光明集团已经进入上海 3～5 年打造 5～8 家全球布局、跨国经营的本土化跨国集团之一。未来国际化经营占比将从 12%提高到 25%,证券化率再提高 30 个百分点至 50%,混合所有制主营业务收入和净利润的占比都提高 30 个百分点达到 80%。

未来集团的主营业务主要为"8+2",分别是奶、糖、肉、米、菜、品牌食品、现代农业、商业通路和地产、金融业务。光明食品集团海外收购的 2 个项目,澳大利亚食品分销企业玛纳森(Manassen),2014 年初与投资银行签署协议,启动登陆澳洲资本市场的准备工作。6.8 亿英镑并购的英国老牌麦片企业维他麦(Weetabix Food),未来可能选择在香港或伦敦进行 IPO。同时,国内 A 股市场,旗下上海农工商房地产借壳海博股份上市、牛奶集团将所持光明乳业 29.93%股权无偿划转至光明食品集团等动作不断,实质性改革大刀阔斧。证券化之后,上市主体进一步规范透明,每年有审计制度的约束,同时,上市公司董事会比国有独资董事会要有效得多。光明食品集团主要就是通过海内外上市,提高证券化率来提高混合所有制比例,两者将要提高的比例都是 30 个百分点。

一、 海外收购资产证券化

光明食品集团近四年来已先后收购了新西兰乳业公司新莱特乳业多数股权、澳大利亚玛纳森公司75%股权、英国谷物食品生产商维他麦60%股权、法国波尔多葡萄酒出口商Diva公司70%股权，2014年5月又签署了收购以色列最大食品公司Tnuva 56%股权的协议，预计交易金额约合153亿元人民币。

四年前，光明乳业与新莱特乳业签署战略投资合作协议，以8 200万新西兰元控制新莱特乳业51%股份。新莱特乳业通过上市融资，不仅可以每年节约1 500万元人民币的利息，降低财务风险，而且募集的资金投入新的设备、增加企业产能，进一步推动企业发展。这种资本的叠加效应，对新莱特的发展产生了巨大的推动作用。

2012年11月，光明食品集团完成对英国维他麦公司的收购交割，以1.8亿英镑现金收购后者60%的股权，并置换其9亿英镑的债务。然而光明食品集团2011年营业收入769亿元人民币，净利润26.5亿元人民币。业内普遍认为，光明食品集团自有资金并不够充裕，光明食品集团最后决定以全杠杆融资收购维他麦。第一步，募集过桥贷款。2012年6月，光明食品集团向全球金融机构发出了3年期5.5亿～8.5亿美元贷款的条款书，最终10多家银行胜出。光明食品集团在香港募得8.5亿美元的过桥贷款，国开行、中行、交行等中资银行贷款占总融资额的50%左右，外资银行如汇丰银行等合计融资也大约50%。第二步，找合适时间窗口在海外发债，置换过桥贷款。2013年5月13日，光明食品集团完成了在伦敦发行5亿美元债券，共获得市场认购超过30亿美元，发行价格在初始定价的基础上下浮20个基点，最终定价为3.123%。2011年，光明食品集团以29亿元人民币收购澳大利亚玛纳森食品集团75%的股权。2013年11月，玛纳森公司在悉尼启动上市备忘录签约仪式，德意志银行、麦肯锡、普华永道等作为签约方也参加了仪式。海外项目通过IPO可以释放并购中的一些财务风险，有效降低资产负债，还可以通过进一步的资本市场融资，推进光明食品的主业在海外业务的发展。海外上市后完善的法人治理，国内外多元投资主体，有助于加强公司的竞争力和经营效率。

根据光明食品网站公布的数据，2013年公司预计实现营业收入1 058亿元，同比增长16.74%，实现利润总额37.7亿元，同比增长5.92%。目前光明的国际化率是15%，其中11%是海外企业的规模，还有4%是国内产品出口的规模；新的目标要国际化率达到25%，其中海外企业要占20%。

二、国内资产重组

2014年1月2日，光明食品集团网站宣布，上海国盛集团旗下蔬菜集团整建制并入光明食品集团。蔬菜集团供应上海70%的蔬菜，销售额30亿元。3月，光明食品集团向上海国资委提交了改革方案。7月21日，海博股份公告表示，农工商房地产(集团)股份有限公司(下称“农工商房地产”)100%股权和农房置业25%股权注入海博股份，剥离出租车业务。旗下拥有光明乳业、上海梅林、海博股份、金枫酒业四家上市公司平台的光明食品集团改革大幕由此拉开。8月30日，光明乳业公告，牛奶集团将所持光明乳业的29.93%股权无偿划转至光明食品集团，由此，光明食品集团将直接持有光明乳业54.62%股权，增强了光明食品集团对光明乳业的管理能力和控制力。国有企业集团整体上市，打造公开透明的公众公司，是上海发展混合所有制经济的基本实现方式。混合所有制重要的标志是(资产)证券化，证券化完成以后，民营资本就自然进来了。

三、试水股权激励

对于员工股权激励，除了光明乳业四年前实施的股权激励计划，上海梅林2014年初开始实施的A股限制性股票股权激励计划。目前上海国企中仅此少数几家，上海建工、上港集团、上汽集团等实行的是中长期激励，均采用现金激励，算是激励基金。

上海梅林向激励对象授予的行权价格仅每股5.46元，为停牌前股价10.62元的一半。50%行权价格换来股票近乎跌停，复制了当年光明乳业的解锁价格方案。根据激励方案，上海梅林首次解锁的业绩条件是:2015年度的加权平均净资产收益率不低于6.5%;以2012年度营业收入为基数，2013—2015年度营业收入三年复合增长率不低于20%。光明乳业2月12日公告称，公司拟以控股子公司光明荷斯坦牧业为平台，整合公司现有的全部奶牛场及其他牧场相关业务(包括由光明荷斯坦牧业托管的上海奶牛育种中心)，引入新加坡战略投资者RRJ Capital(下称“RRJ”)。RRJ将以现金方式向光明荷斯坦牧业增资相当于15.25亿人民币的美元。增资完成后，荷斯坦牧业将变更为中外合资公司，公司将持有合资公司55%的股权，RRJ将持有合资公司45%的股权。通过混合所有制这样一个改革，不论是战略投资者还是财务投资者，都会对企业的经营、内部管理机制提出要求。为了发挥协同效应，上海西郊国际农产品交易中心(下称“西郊国际”)，是上海及长三角地区现代化、综合性的农产品中央批发市场。它沟通国内国际两个市场，突破传统的农商交易模式，保证主副食品的安全供应，大大加强了光明食品产业链的完整和对食品的集成能力。西郊国际占地面积110.5公顷，总建筑面积45万平方米，此前股东包括光明食品集团、上海蔬菜集团、绿地集团等。

第二节　金山资本:区国资流动平台

一、 金山资本集团成立背景

为深入贯彻党的十八大、十八届三中全会精神,落实中共上海市委、上海市人民政府《关于进一步深化上海国资改革促进企业发展的意见》(沪委发〔2013〕20 号),全面深化国资国企改革,服务金山经济社会发展,金山区委、区政府成立了上海金山资本管理集团有限公司(以下简称"金山资本集团"或"集团"),是金山区国资委监管的第 10 家区属国资企业。成立金山资本集团,是金山区以"资本化、市场化、法制化"为方向推进国资国企改革的重大举措。集团突出金山国资平台的功能定位,围绕金山国资布局结构调整和产业结构转型升级,主要承担国有股权管理、资本运作、投资融资等职能。

二、 金山资本集团成立以来的发展情况

(一) 改制运营平稳,资产股权有序划转

根据金山区政府批准的《金山资产投资经营公司企业化改制方案》(金府〔2014〕17 号),金山资本集团在区国资委的指导下,积极推进公司组建、相关股权划转及各项经营工作。完成了集团公司的组建,制定完善企业内部管理、股权管理、财务管理、投资管理等相关制度,明确职能定位,构建了以董事会、监事会、经营团队为核心的公司治理结构,组织架构基本建成,"四部一室"分工明确,运转有序,功能有效发挥;国有资产的划转与整合有序展开,先后承接划入和投资设立公司共计 42 家(数据截止日期为 2015 年底)。其中控股直管企业 14 家,委托监管企业 6 家,代持股企业 3 家,其他持股 19 家。截至 2015 年底,金山资本集团合并报表(与 14 家实际控制子公司合并)总资产 16.81 亿元,归属母公司净资产 13.71 亿元,资产负债率 18%,财务指标总体保持在健康水平。经过一年多的运行,相关职能逐渐完善,公司运营步入正轨。

(二) 整合招商资源,助推园区转型升级

将下属未来、金武、民防、金育、物流 5 家经济小区整合为南部经济园区和北部经济园区,建立了统一的市区办事处。推进经济园区加强与上海财大、同济、上海交大等高校国家级科技创业园区的合作,探索经济小区发展新路径。依托现有经济小区

的资源优势，建立了以“金山总部”为主体，“市区服务中心”为窗口的上海金山科技创业孵化园，并获得市科委“市级科技企业孵化器”认定。收购位于浦东的华都大厦部分优质资产，借助浦东金融集聚优势，引导小区招商向股权投资、金融、大数据等新兴领域拓展。同时，以打造市级“众创空间”新型企业孵化器为目标，筹备“金创苑”建设工作。2015 年全年五个小区累计完成税收 48 769.16 万元，同比增长 36.12%，其中注册型企业累计完成税收 39 962.20 万元。

（三）做强做实银龙公司，实现“产业、技术、资本”有效对接

以将银龙公司推向资本市场为总体目标，帮助解决银龙公司体制、管理、财务、生产和销售等方面的问题，着力打造“产业＋技术＋资本”的新型经济业态。为银龙公司配齐领导班子，加强公司内部管理；积极推进、提升蔬菜鲜切加工、蒜黄、玉米汁和酵素等项目，努力实现银龙公司从生产主导向科技主导转型；对接政府机关、上海高校和大型企业等单位，锁定批量需求的“大客户”；开发新产品，丰富银龙公司的产品线，银龙水果酵素上市销售；成立银龙销售公司，积极寻求与第三方的合作，以“互联网＋农业”为主题，实现银龙优质农副产品与互联网电商相结合；推进与三星悦食岛公司、日本国分公司合作，借力外资企业先进管理经验和业务模式，组建专业食材公司，为农业板块企业后续的混改、上市创造条件。

（四）搭建科创服务平台，打造“类金融”业务板块

成立了“上海金山嘴金融信息服务有限公司”，并以金山嘴公司为平台，在吸纳产权经纪公司、财务咨询公司的基础上，整合典当、拍卖、产权经纪、财务咨询等公司，受让创苑股权，逐步打造金山国资“类金融”业务板块，发挥金山资本集团的科技中介、创业服务和科技金融等业务职能。利用现有各类政策和资源，建设金山科技金融服务平台；联合上海技术交易服务中心，共建金山科技中介服务平台。承接“创业金山引导基金”的管理与后续运营工作。承办 2015 年上海创新创业大赛金山分赛场和金山区首届创新创业大赛。国资整合运营的基本功能和作用初步显现。

（五）发挥党组织凝心聚力作用，以党建引领企业发展

成立了中共上海金山资本管理集团有限公司党委，建立包括华城等民营企业党支部在内的基层党组织 7 个，积极发展新党员，与相关村、居党组织开展结对活动，认真落实“两学一做”有关要求，党建工作取得初步成效，为企业发展凝心聚力；成立了工会、共青团等群团组织，结合企业文化建设、党风廉政建设，广泛开展各类职工文体

活动，群团工作有效开展；重视人才队伍建设，初步组建了一支适合公司职能发挥的人才队伍，现有员工中45岁以下占比86%，本科及其以上占比86%，人才结构呈现知识化、年轻化特点。

三、 发展目标

深入贯彻落实党的十八大和十八届三中、四中全会精神，深入执行新一轮国资国企改革“1+N”政策体系，积极融入国家供给侧结构性改革大局，积极融入上海市“4+2”发展大局，积极融入金山区“三城三区”建设大局，坚持“以改革盘活存量、以创新培育增量”，更加注重引领专业化资本运作能力提升，更加注重引领进退有序的国资流动平台建设，更加注重引领国资推动金山科技创新和产业升级，进一步增强投资融资功能、资产整合功能和创新服务功能，坚持“以改革盘活存量、以创新培育增量”，努力打造金山国资股权管理、资本运作、投资融资功能性平台。

四、 重点任务

金山资本集团“十三五”期间发展总的任务是：强化国资管理运营平台建设，提升资本运作服务能级，健全投资融资功能，服务金山国资国企改革大局，服务金山区国民经济和社会发展。

（一）强化国资管理运营平台建设

完善国资战略性进退机制。加大集团内产业进退调整工作力度。在退出机制上，以“重组—整合—增值—退出”为主线，把握好退出的时机和节奏。在战略性进入机制上，对符合金山产业发展和集团规划方向的资产和业务，要在合理估值下坚定地进入；梳理整合集团相关资产业务予以匹配，推动新进入、新培育的业务形成规模化经营、集约化管理的业务板块。

增强资本管理功能。深入分析各类资本的价值和资本市场变化波动规律，提高“沙里淘金”的能力和水平；提供资本增值服务，加强存量资产的盘活和处置，按照区政府和区国资委的要求，承接处置区属各类企业资产，加快产业整合和资源优化布局，以专业化方式消除资产瑕疵，稳妥解决历史遗留问题，提升资产资本价值，实现资产价值的最大化。

（二）提升资本运作服务能级

为金山区属各类企业战略性重组调整服务。积极参与企业的战略性重组，提供各类咨询支持和资本运作服务，阶段性持有重组或改制企业的股权，帮助企业实现资本证券化目标。充分利用兼并、重组、股权投资基金等各种资本运作工具，主动参与金山国企开放性市场化重组和国有资产证券化进程，推进存量资产盘活，提高资本流动性。服务国资国企改革大局，充分发挥平台桥梁作用，创新实施跨区域重组联合和市场开拓。

为区属企业上市提供服务。积极承接区属上市前资产重组剥离的企业资产及其他非主业资产。研究制定承接资产的操作原则、操作程序、承接方式等制度规范，平稳妥善地对承接资产进行专业化、市场化处置，实施清理、整合，为区属企业上市提供专业服务。

为国资国企债务重组服务。积极参与国资系统相关企业的债务重组，以专业化、集约化、市场化的处置方式，对企业债务进行剥离打包处置，降低处置成本，为企业深化改革扫清障碍。

（三）健全投资融资功能

以金山区“十三五”产业布局为导向，加大对战略性新兴产业相关领域的投资力度；选择性退出部分业务，实现“投资—增值—退出—再投资”的良性循环。积极探索资产经营和资本运作的体制机制和模式创新，在资产重组整合、债务处置、清除资产瑕疵等环节上，创新运作方式。

第三节　上港集团：员工持股计划

上港集团是我国最大的港口股份制企业，是世界最主要的码头运营商之一，目前货物吞吐量、集装箱吞吐量均居世界首位。多年来，上港集团一直走在上海市乃至全国国资国企改革的前列。2003 年，剥离行政职能后整体转制成为企业；2005 年，实施完成股份制改革；2006 年，通过股份公司吸收合并集团公司，完成整体上市。

“上海国资国企改革 20 条”发布之后，上港集团积极推进改革，2014 年底启动员工持股计划，2015 年 6 月实施完毕。员工持股计划将资本所有者与劳动者利益相结合，形成员工与集团之间联系更加紧密的利益共同体，掀开了企业与员工共担责任、共创未来的历史新篇章。

此处重点分析上港集团员工持股计划的具体模式，归纳要点与经验，为上海市国有企业推进员工持股提供借鉴。

一、模式要点

（一）全员参与，最大范围地调动员工积极性

该次员工持股计划于2014年底启动，多有员工均有资格参与，可购数量因员工级别不同而不同，并遵循自愿参与的原则，为了确保全体员工最大程度的参与，企业开展了大量工作。2015年6月，员工持股计划以非公开发行方式实施，参与员工超过1.6万人，合计认购数量超过4.1亿股，总金额超过17亿元，员工参与度达到72%。其中董事、监事和高级管理人员合计12人，认购份额占总份额约1%。其余99%的份额由超过1.6万名员工认购，人均持股约2.6万股，人均出资10.87万元。

（二）第三方资产管理，更加专业规范

该次员工持股计划委托长江养老保险公司实施资产管理，由其以员工持股计划资金金额认购股份，并负责管理该计划的后续事宜，包括获得分红、减持股份、实施清算和分配收益等。由第三方进行资产管理，能够发挥其专业优势，减少或避免员工股票的管理和负担，也能避免证券监管上的不必要麻烦。值得一提的是，员工持股计划中设立了持有人大会及其管理委员会作为权力机构，对重要事项进行决策。此决策机制独立于集团主要股东及公司内部决策机制，有利于持续维护持股员工的利益。

（三）合理锁定，有效行程利益共同体

该次员工持股计划按照中国证监会对非公开发行股票的有关要求，采用“锁定—减持”的期限模式。存续期为48个月，前36个月为锁定期，后12个月为解锁期。在锁定期内，员工享受分红。较长的锁定期，在提高上市公司非公开发行透明度、稳定市场预期、保护原股东利益的同时，能有效促进作为战略投资者的员工群体与企业形成利益共同体，避免员工短期行为，促使员工积极推进企业发展。

二、实施成效

（一）市场反应良好，企业声誉度提高

2006年上港集团的整体上市获得了市场的广泛好评，本次实施员工持股计划又

得到了媒体、机构第一时间积极、正面的报道和评论，市场反应良好，股票当天涨停，持续走势良好。市场的广泛认同，再次提高了企业的剩余，更加坚定了投资者信心，为公司的长远发展进一步创造了有利条件。同时，上港集团本次实施员工持股加护，也是中国证监会《关于上市公司完成员工持股计划试点的指导意见》出台以来，国有控股上市公司实施员工持股计划的第一单，为上海市推进国资国企改革赢得了社会的积极评价。

（二）员工广泛支持，凝聚力提高

该次员工持股计划，所有员工均有资格，最终72%以上的员工选择认购，参与度高，表明员工持股计划获得了员工的广泛认同。企业充分听取员工意见，使员工获得尊重，参与决策，提高了员工的凝聚力。员工产生归宿感、增强主人翁意识，能更好地分享企业发展的红利，承受相应的风险，将引领上港集团进入人人都是管理人的新时代。

（三）管理层压力加大，责任感加强

持股使员工的利益与企业经营发展捆绑在一起。如果企业经营发展不及预期，业绩下滑，股价下跌，员工将承受损失，而且，还可能引发稳定风险问题。因此，员工持股计划的实施进一步加强了管理层的责任感、使命感，倒逼管理层更加勤勉尽责，积极谋划推进企业发展，努力兼顾相关多方利益。

三、主要启示

上港集团员工持股方案是一份成熟度较高的员工持股激励方案，对相关企业实施员工持股或深化国有企业混合所有制改革具有样板意义。

（一）改革需要条件，难以简单复制

上港集团实施员工持股计划后，取得了很好的市场评价，不少国内企业纷纷前来调研取经，争取仿效。但在交流中发现，上港集团的员工持股并不容易复制，主要原因是上港集团前些年清理了非主业资产，解决了历史遗留问题，并完成了整体上市，由市国资委直接控股，不存在非上市的集团母公司企业，和其他企业条件不一样。这为上港实施员工持股创造了条件。而宁波港等拟仿效实施员工持股计划的企业，由于未完成整体上市，有部分未上市的企业，实施员工持股将带来改革不同步、利益不

平衡的问题。另外,上港集团前期整体上市提高了员工的市场化意识,员工对持股的认同度较高,这也为实行员工持股计划创造了条件。由此可见,员工持股顺利实施得益于前期的改革推进,也可以预见,该次员工持股也将为未来的改革和发展打了基础。

(二)改革需要合理设计、规范操作

该次员工持股计划,设计合理。不同层次的员工认购不同比例的份额,体现贡献和回报的一致性,有利于形成正面的激励。第三方资产管理公司管理股权,公开透明、专业规范,消除了员工的后顾之忧。独立的持有人大会及其管理委员会,保障了员工的主动权,也为妥善处理后续可能出现的争议事项做出了机制安排。本次员工持股计划,操作规范。在实施过程中,企业积极与证监会、国资委、上交所等部门沟通,完善方案,履行报批程序,按规定进行信息披露,整个过程操作规范,使作为新生事物的员工持股计划得以顺利推进实施。

(三)改革需要着眼企业发展,兼顾各方利益

改革不是目的,只是手段,最终要落到促进企业发展。正如习近平总书记所言:"推进国有企业改革,要有利于国有资本保值增值,有利于提高国有经济竞争力,有利于放大国有资本功能。"上港集团实施的本次员工持股计划,引入了员工的个人资产,既放大了国有资本功能,也使员工与企业形成了利益共同体,增强了员工归属感,调动了员工积极性,为企业发展注入新的活力,从而将促进企业发展,最终实现各方利益。

第四节 国盛集团:以"小"带"大"整合资本

上海国盛(集团)有限公司是经上海市人民政府批准设立的国有独资的大型投资控股和资本运营公司,是上海市政府重大产业项目的投融资平台。2007 年 9 月成立,注册资本人民币 100 亿元。其经营范围主要包括以非金融投资为主、金融为辅的投资,资本运作与资产管理,产业研究,社会经济咨询等。国盛集团旗下有多家上市公司,在直接融资和间接融资方面渠道畅通。

国盛集团肩负着"国有资本运营平台"的战略定位,所以集团根据上海市委、市政府要求,围绕上海市经济社会发展和新一轮国资国企改革大局,以市场化、专业化、国际化为导向,着力成为国有股权的持股主体,价值管理的操作载体,资金配置的执行

通道，产融结合的桥梁纽带之一，为健全上海国资有进有退、合理流动机制，促进上海创新驱动、转型发展做出积极贡献。在国有资本运作方面，国盛集团积极发挥资本经营和股权运作的杠杆作用，以改革盘活存量，以创新培育增量，努力在促进国资进退流动中实现"资源—资产—资本—资金"的良性循环，为服务上海国资布局结构调整发挥积极作用。

一、以"小"带"大"整合资本

国盛集团打造国资流动平台很重要的一个特色就是以"小"带"大"；既用少量的资本来带动社会上同类的资本，把它们重组以后控制了更多的资本进行运作，从而使"小"的资本可以得到更"大"的收益。

作为一个投资公司来说，过去就是有了钱做了认证，然后投一个产业，投了以后就靠利润进行发展。实际上，要想再进一步发展投资公司就要从资本经营的角度来看待问题，首先投的资产如果要跨越式的发展，就必须要用资本经营的概念来做大企业，使资产证券化。脱离具体产业来讲，社会上有很多成量的资产，把成量的资产怎么整合、重组、盘活，就要运用一些资本的工具。国盛集团就是用重组、并购、股权买卖这样一种形式，用小资本运作更多的资本，保值、增值以取得更大的效益。

上海国盛集团和里昂证券以 50 对 50 比例成立一个中外合资的基金管理公司，这样的合作模式在国内是首次。股权投资基金是一个新生的事物，虽然在社会上已经有好几年了，但在国有企业当中探索股权基金并不多，国盛集团作为国资平台积极响应，为金融中心建设做出了应有的贡献。国盛之前和里昂证券有着很好的合作关系，并且拥有自己的团队，此次 50 对 50 比例的股权结构虽说在国内并无先例，却是双方的"优势互补"。里昂在信息掌握上、大市的分析上，或者在人才方面都有很多的优势，而国盛集团对本土的熟悉、对本地化的操作方面有着丰富的经验。

国盛集团专注发展的三个方向是新能源、新材料和蔬菜产业。这是根据国盛集团现有的存量资产来决定的。国盛下属的三家上市公司中，有两家(棱光实业和耀皮玻璃)从事新能源、新材料业务。棱光实业现有多晶硅、风力叶片业务，后来棱光实业通过增发收购了上海玻璃钢研究院 100%股权。后者生产 1.5 兆瓦、2 兆瓦等风力叶片，发展很有后劲。国盛旗下另一新能源公司是上海盛合新能源有限公司。此外，国盛看重的第三块业务是供应上海市场 80%蔬菜产品的蔬菜集团，它的发展不仅关系到民生，还有商业地产和物流的概念。

二、 合理的保障措施

"如同打仗一样，不仅要有好的武器，还要有子弹。"国盛集团董事长施德容表示，作为一个资本经营公司，必须要有强大的融资能力，在他看来，充分用好上海得天独厚的区位优势，借着上海加快建设国际金融中心的契机，利用好金融工具、包括金融衍生品等资源，"打仗就有子弹了"。具体来说：第一，国盛集团本身具有很强的实力，有近 200 亿元的净资产，现金也比较充裕，用国盛的品牌、信誉，在间接融资方面是相当畅通的，有关商业银行对国盛集团的贷款授信就超过 200 亿元；第二，国盛集团下面有三家上市公司，只要有好的项目，就可以从资本市场直接融资；第三，发企业债，国家发改委已经批准，现正在接洽市场；第四，建立股权投资基金，与法国里昂证券公司洽谈成立基金管理公司。下一步，时机成熟，国盛集团还将考虑设立风投基金。

国盛集团把建章立制作为即知即改、立行立改的重要内容，进一步加大了集团制度建设的力度，按照"适用的制度抓落实，修订的制度抓完善，缺失的制度抓编制，不适用的制度抓废止"的原则，建立和完善了相关制度规定。截至 2014 年 3 月末，新制定的制度共 12 项，有《集团规章制度管理规定》《集团本部会议组织工作操作指南》《集团本部行政文件流转操作指引》等。新修订的制度，共 33 项，已废除的制度，共 10 项。

三、 正确的"进退标准"

国盛的定位就是要围绕上海国资、国企改革，产业结构调整，搭建一个运作国资进退、推动国资流动的经营平台。进与退是流动的，在这几年的不断探索中，国盛集团对进退的原则形成了一致的看法，归纳出如下 3 条标准。

第一，如果国盛要进，要进行股权投资的话，要看这个产业是不是符合"十二五"规划的大方向，是不是上海调结构、促发展中需要进的产业，是不是一个朝阳产业。第二，如果要投资的话，要看是否具备发展基础，有没有相匹配的产业基础，或者相匹配的专业人才、管理能力。第三，如果去投资一个行业，要看这个行业适不适合国资持有，是不是适合国资阶段性持有，在投资前就要想到有没有退出的可能，有没有上市的可能，有没有盈利的目标。

在市场化的、专业化的论证之后，对于符合上述原则的产业和业务要集聚资源、加快做强做大。如果相反的话，国盛就要退，要有节奏地、水到渠成地退出来。

第五节　久事公司:以公司制改革完善法人治理结构

近年来,久事公司以公司制改造为契机,不断完善法人治理结构,深入推动公交体制机制改革,积极实施以城市交通、体育产业、地产置业和资本经营为主业,以投融资和信息化为支撑的四位一体和两翼支撑的发展战略,在继续致力于政府性项目的基础上,聚焦服务市民百姓的出行需求,不断强化运营管理,提高公共服务能力和水平,配合城市发展开展投资,推进体育等产业整合,形成业务增长量,努力把公司打造成为优质的服务型企业。

一、模式要点

(一)以公司制改造为契机,完善法人治理结构

久事公司按照上海市国资国企改革要求,从改革顶层设计着手,积极完善企业的法人治理结构,推进总部改革,推进机制调整:一是实行公司制改造。2015 年 3 月,启动现代企业制度改制,经过章程修订和资产评估等大量的工作,7 月初取得了市国资委同意改制的批复。公司制改造意味着将逐步去行政化,标志深化改革和全面发展迈入新的历史阶段。二是深化集团化管理改革。2015 年 4 月,实施总部机构重构,加强了五大专业委员会职能,将公司总部功能定位于集团的研究决策中心、协调配置中心和监督管理中心,调整优化了多个职能部门。三是优化直属企业法人治理结构。以“重心下移、权责一致”为原则,推进多数有条件的企业法人治理结构下移,法人代表由直属企业总经理担任,以保证权责一致和效率的提高。同时,优化考核分配的配套机制,激发直属企业的活力和经营者动力。

(二)推动公交深化改革,不断完善体制机制

2014 年底,公交深化改革方案获得市委市政府批准,基本确立了公交可持续发展的政府补贴机制,长期以来负亏经营的局面得到根本性改变。一是与市交通委建立了定期沟通机制,充分发挥巴士公交理事会的作用,共同推进深化改革方案的落实。二是不断完善公交企业体制机制,面向城市未来交通格局,着力推进“线、车、人”三位一体的企业发展计划,推进线网优化标准,推广新能源车使用和管理模式,加强信息化建设和应用,争取跨越式发展。三是加强出租车运营管理,积极研究新形势下出租车运营模式,围绕“便捷、实惠”,主动调整经营模式,优化管理,主动参与政府对出租车行业新规则的设计和实施。

（三）搭建资本经营平台，创新投融资功能

一是积极研究新政策下的投融资创新工作，发挥公司在基础设施及公共服务领域的优势地位，不断创新投融资方法，完善投融资机制，拓宽投融资渠道，发挥政府投融资主体在项目投资方向和方式上的引导带动作用，也发挥市场在资源配置中的决定性作用。二是启动投资公司的实体运营，把其打造为资本经营板块的核心企业。

（四）推进体育产业整合，形成业务增长亮点

一是研究体育产业的集团化管理构架改造，积极争取优质赛事和体育场馆经营资源，实现产业整合。二是深化产业发展研究，打造体育产业综合运作平台，横向形成赛事运用的系列品牌，纵向树立支柱业务坚实支撑，形成产业链。三是积极开展和久事其他业务的合作，如旅游、支付卡等，创新驱动，形成有鲜明特色的久事产业文化。四是积极同政府有关部门开展上海赛车场总体平衡操作性方案，打造出一个有影响力、有特色的新地标。

（五）发挥平台作用，做好下属公司转型

一是申铁公司在稳步推进已有市域铁路项目的基础上，从主动参与市域铁路规划入手，加强铁路投资、建设、运营及维护维保服务的核心能力，积极探索市域铁路平台的投融资创新，与铁路建设相关的土地开发、项目经营、投资咨询、工程咨询等兼营业务，实现铁路全生命周期的服务。二是公交场站建设方面，交投公司进一步提升建设服务能力，参与城市静态交通规划，做好场站集约开发，做好公交新能源和信息化的支持，提升公益性资产的附加值，成为久事交通板块的坚实保障和改革先锋。三是积极推动交通卡和旅游卡公司整合，扩宽交通卡的支付渠道。通过整合，交通卡公司将主动参与支付行业新秩序建设，创新支付解决方案，努力做成国内市民服务领域最具影响力和创新精神的支付企业。

二、 实施成效

（一）投融资和盈利能力持续增强

久事公司成立 20 多年来，以“政府性项目、市场化运作”的模式，致力于城市基础设施的建设和管理，为上海经济和社会发展做出了积极贡献。改制之后，公司经济运行总体平稳有序，呈现稳中有进、稳中提质、稳中趋好的特点。资金集中管理优势继

续放大，通过一系列资金统筹运作，有效降低系统经营风险。资产优化和管理优化效应逐步显现，可持续经营能力进一步提高。

（二）核心产业板块持续健康发展

城市交通板块。公交巴士方面，巴士集团公交运营总体规模占全市公交市场份额的57%，乘客满意度指数连续四年排名行业第一。出租汽车方面，强生控股现有出租车1.18万辆，乘客满意度指数连续四年排名行业第一。市域铁路方面，申铁公司累计完成铁路项目资本金出资170多亿元，上海境内新建铁路里程约220公里。公共交通支付方面，累计净发卡5 600多万张，设立服务网点2 000多个。

体育产业板块。为上海成功引进并举办了多项国际顶级赛事，促进了上海市体育事业的发展，扩大了上海的国际知名度和影响力，带动了区域服务经济及相关产业的发展。久事赛事公司连续多年成功举办了F1赛车大奖赛、ATP1000网球大师赛和环球马术冠军赛等重大赛事。

地产置业板块。通过市区两级联手，参与了大量旧改项目，承担了上赛场地的配套建设，为上海城市更新做出了重要贡献。久事旧区改造任务涉及虹口、普陀和徐汇等3个区域的10幅地块。

资本经营板块。坚持政府投资主体的定位，以政府性项目为主要投资方向，积极筹措国内外资金，参与和完成政府规划的重大项目投资，发挥国有资本的导向和带动作用。不断探索和完善“政府性项目、市场化运作”的投融资体制，积极发挥投融资平台的作用，创新利用多种投融资工具，在投融资领域创造了多项第一。积极投资建设轨道交通、市域铁路、枢纽场站、旧区改造等重大项目，为上海市城市基础设施的改善发挥了积极作用。

三、启示

（一）公共服务类企业要以提高质量和服务为核心

久事公司制定的“以服务上海经济社会发展为使命，以满足城市公共服务需求为目标”的总体战略，契合了其作为公共服务类企业的基本要求。近年来，公司围绕提升公共交通服务形象做了大量工作，比如积极推进“最后一公里”公交线网布设、完善优化配套线路、加强与轨道交通衔接、延长末班车时间等，大大提高了市民出行的便利性；不断提高公交硬件设施，加大新能源车和高等级车辆投入使用，改善公交站点候车环境，有力提升了巴士品牌形象和城市公交面貌。在公司的努力下，公交服务质量、水平、能力始终名列前茅，公交行业乘客满意度指数持续排名第一。

（二）公共服务类企业需要兼顾社会效益和市场机制

久事公司作为公共服务型企业，以保障民生、服务社会、提供公共服务为主要目标，同时，积极推动国资国企改革，引进市场机制，加大改革创新力度，公共服务能力和资本资源配置效率都得到明显提高。面对政府性债务管理新政策的出台，及时思考在城市发展中的新定位，在地方投融资中的新模式，不断完善法人治理、加强市场意识，紧紧把握企业立足的根本，做强做好主业，同时主动拥抱互联网，提升服务水平，开拓新的业务模式。

第六节 浦东科投：国资创投的混改实践

上海浦东科技投资有限公司（以下简称“浦东科投”）成立于 1999 年，是一家国有综合科技投资公司。

一、改革前基本情况

改革前，浦东科投的主要业务包括：VC/PE 投资、基金投资、债券投资、并购投资、资本市场投资。公司团队共有 72 人，其中 58 人拥有国际国内股权投资和资本运作经验。改革前公司注册资本 25.8 亿元，净资产 31.5 亿元，总资产 47 亿元。

公司发展历程大致可以分为如图 4.1 的 3 个阶段。

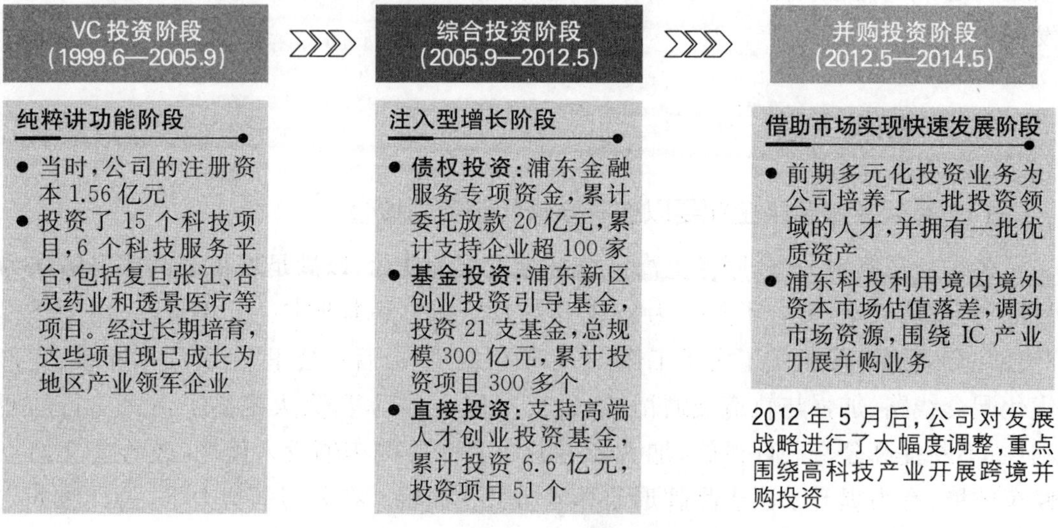

图 4.1 浦东科投的发展历程

2012 年 5 月，浦东科投进行了战略调整，确立了“三部曲”的发展战略，通过资本运作将一批海外优质资产注入上海，在较短时间内为上海培育一批具有全球影响力的优质高科技企业。“三部曲”指的是：①从境外并购优质项目，围绕集成电路、生物医药等领域并购一批海外优质高科技企业；②投资境内上市公司，掌握资产重组话语权，与相关上市公司开展合作并购，并达成一系列合作框架；③整合与再上市，并购资产对接资本市场，实现资产重组、再融资与再上市。

二、 改革的动因

在开展业务过程中，浦东科投深刻地认识到只有利用市场化手段，才能调动更多资源，做大做强功能。因此，浦东科投下决心在市场化改革方面迈出更大步子，进一步发挥好创投机构对上海高科技产业发展的促进作用。当时，国家和上海正在推动国资国企改革，并出台多项政策，浦东科投也希望在这方面能有所作为。

（一）政策需要

2013 年发布的《十八届三中全会关于全面深化改革若干重大问题的决定》指出，要积极发展混合所有制经济，允许更多国有经济和其他所有制经济发展成为混合所有制经济，允许混合所有制经济实行企业员工持股，形成资本所有者和劳动者利益共同体。

2013 年 12 月 7 日，上海发布了《关于进一步深化上海国资改革促进企业发展的意见》指出，积极发展混合所有制经济，加快企业股份制改革。

（二）浦东科投自身发展的需要

跨境并购业务的需要：浦东科投进行了业务模式调整，以跨境并购业务为主，当时，PE 已成为红海，而高科技领域跨境并购迎来了机遇期，境内外高科技领域存在的技术差和估值差具有一定的市场潜力。跨境并购需要更多的市场资源、更灵活的投融资机制，倒逼浦东科投尽快实施改革。

对接行业惯例的需要：并购业务需要更为宽松的制度环境，由于跨境并购业务涉及金额较大、流程复杂且专业性较高，在估值、审批等方面给国资带来更多监管压力。

高端人才引进的需要：打造一流的投资机构，需要引进一批市场化高端人才，为了进一步拓展业务，浦东科投急需网罗一批市场化高端人才，增强团队核心竞争力。而市场化人才的引进则需要相应的市场化运作机制作配套，提升团队的积极性。

（三）浦东科投具备了改革的条件

公司业绩良好。改革前，公司业绩实现了快速增长，在国资体系中成绩突出。2013 年，公司实现营业收入 4.23 亿元，净利润 3.36 亿元。

公司业务多元化。公司形成了以产业链并购投资为核心的多元化的投资模式，短、中、长期有机结合的资产配置，构建了推动企业发展的全面支持体系。

团队思想统一。浦东科投的团队对于改革在思想上达成了共识，从而为改革的平稳推进奠定了基础。

投资并购经验。浦东科投先后参与展讯、锐迪科等并购投资；积极推进澜起科技并购项目，在并购方面积累了丰富经验和广泛的市场口碑。储备了一批优质 IC 项目，为改革后业务拓展做准备。

三、“三步走”改革历程

浦东新区高度重视浦东科投改革，给予了大力支持。2014 年 5 月 28 日，浦东新区召开专题会研究浦东科投混改事宜，标志着浦东科投改革正式启动。2014 年 8 月 26 日，浦东新区第 46 次区政府常务会议通过浦东科投改革总体方案。根据方案，浦东科投将如图 4.2 分三步完成混合所有制改革。

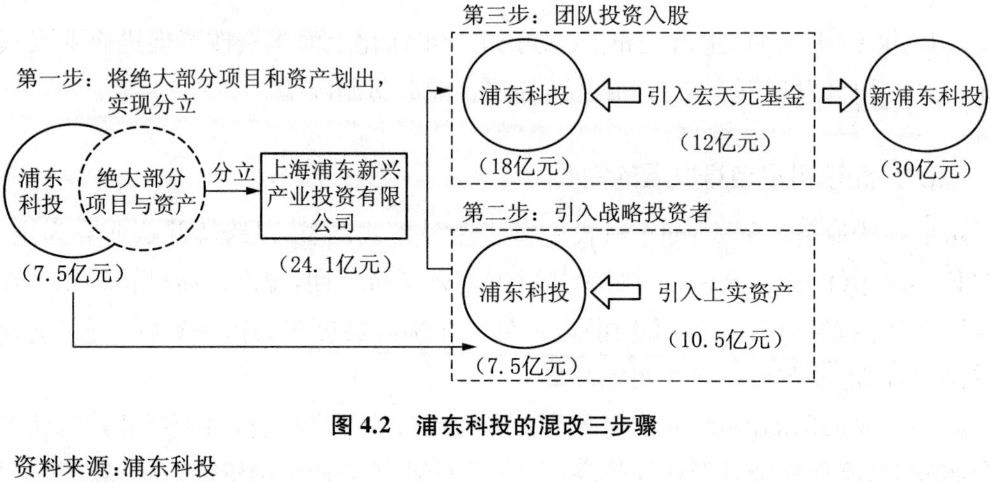

图 4.2 浦东科投的混改三步骤

资料来源：浦东科投

（一）第一步：浦东科投分立

浦东科投改革的第一步是将绝大部分业务和资产剥离出来，共计 24.1 亿元，成立浦东新兴产业投资有限公司，实现分立(图 4.3)。新浦东科投只保留 7.5 亿元。

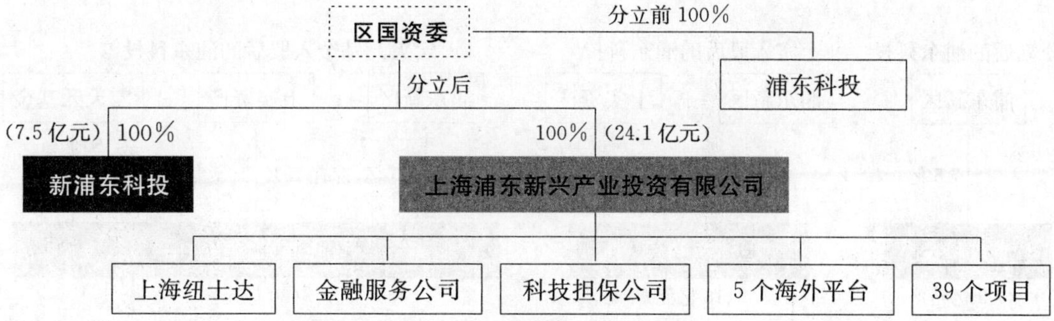

图 4.3　浦东科投分立前后

资料来源：浦东科投

(二) 第二步：引进战略投资人

浦东科投分立后，2014 年 11 月 14 日上海上实资产经营有限公司与上海浦东国资委签署关于上实资产向浦东科投增资的协议，并于 2014 年 11 月 20 日完成增资的工商变更工作。上实资产入股后，浦东科投注册资本 18 亿元，上实资产持有 58.33%，成为控股股东，浦东国资委持有 41.67%(图 4.4)。

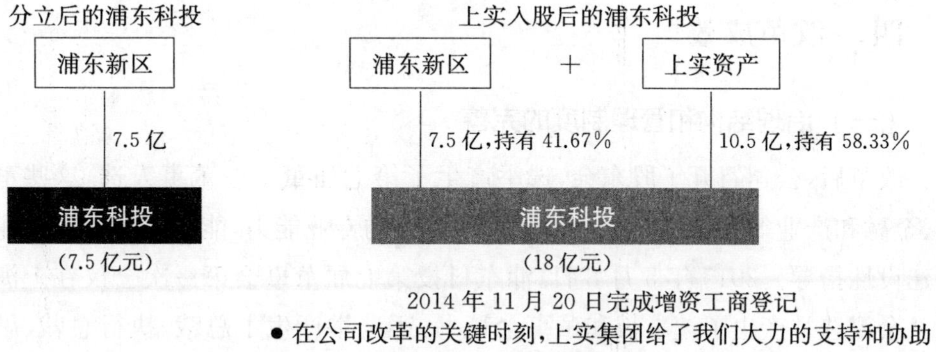

图 4.4　引入战略投资人后持股情况

资料来源：浦东科投

(三) 第三步：团队投资入股

按照混改计划，在上实资产入股后，浦东科投在上实集团的支持下，启动在联交所公开挂牌引进战略投资人(包括但不限于团队)，增加 12 亿元注册资本。浦东科投团队成立团队持股公司，通过团队持股公司发起设立宏天元基金。该基金由团队持股公司作为GP,一些机构或个人作为基金的LP。2014年12月31日,宏天元基金顺利摘牌,完成增资,持有浦东科投40%的股权,成为单一最大股东(图4.5)。

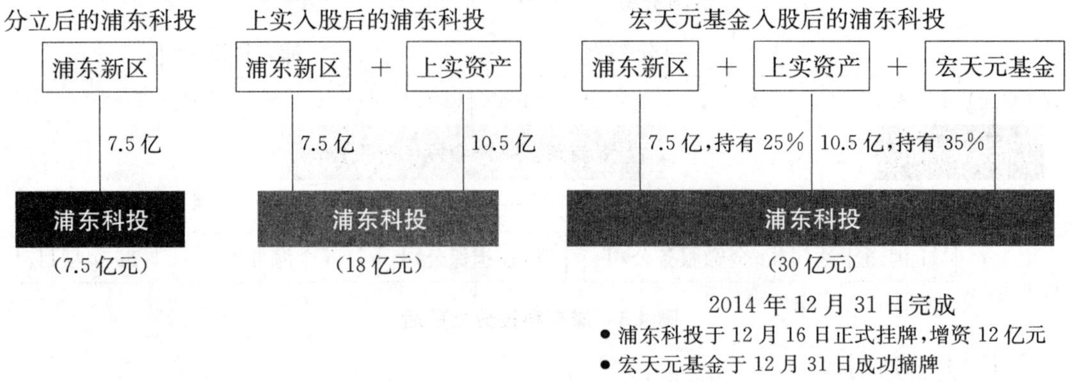

图4.5 团队投资入股后持股情况

资料来源:浦东科投

2014年底完成混合所有制改革后,浦东科投注册资本30亿元,宏天元基金占比40%,是单一大股东。改革后的主要业务包括:资产管理、并购投资和VC/PE投资。改革后,浦东科投继承了原团队的26人,后来通过市场化方式扩充到40多人。

四、 改革成效

(一) 治理结构和管理制度的完善

改革后,公司召开了股东会,选举产生了第七届董事会董事人选,这些董事在投资、金融和产业等领域具有突出的地位和杰出的专业能力,能为改革后的浦东科投提供建设性指导。2015年5月8日,浦东科投第七届董事会第一次会议在上海顺利举行。会议选举产生了董事长和董事会秘书,还选举产生了总裁、执行总裁、副总裁和管理合伙人等公司高管。第七届董事会第一次会议审议并原则通过了主要管理制度,确保公司管理运营步入正轨。

(二) 形成了新的业务体系

公司紧紧抓住境内外资本市场对高科技产业估值"外低内高"及境内资本市场不断创新发展的两大机遇,建立以"资产管理+并购投资+股权投资"为核心的商业模式,主要开展如图4.6业务。

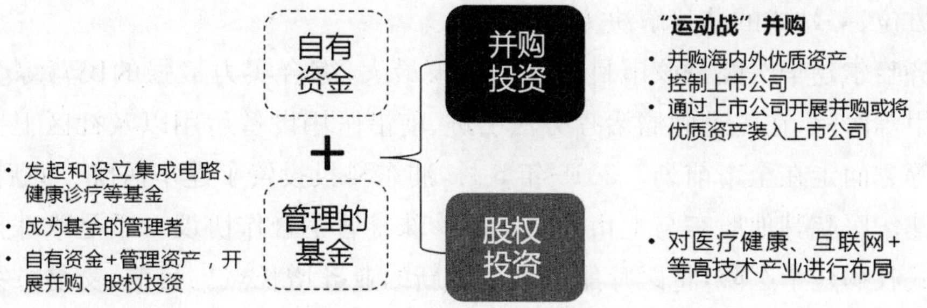

图 4.6　新的业务体系

资料来源：浦东科投

（三）资产管理业务取得了重要进展

浦东科投围绕集成电路、生物医药等领域发起设立了如下一批基金。

上海集成电路装备和材料产业投资基金。为增强公司在集成电路领域的投资能力，2015 年，公司在临港的支持下，发起设立总规模 100 亿元的上海市集成电路装备和材料产业投资基金，成为上海市 500 亿元集成电路产业基金的重要组成部分。

建德国际健康诊疗并购投资基金。2005 年下半年，公司作为发起人，联合相关方面，在北京设立规模 8 亿元的建德国际健康诊疗并购投资基金，并通过竞争性遴选，成为基金的管理公司。

上海浦东小微企业成长基金。为支持国家"双创"战略，积极布局一批具有发展潜力的中小微企业，公司正在发起设立首期规模 20 亿元的上海浦东小微企业成长基金（正在设立中）。

（四）投资并购了一批优质项目

浦东科投围绕集成电路、生物医药等领域投资并购了一批优质企业，预计将获得良好收益。

澜起科技。全球领先的模拟与混合信号芯片供应商，是目前国内唯一可以同时为卫星和有线机顶盒提供调谐器、解调器和 SoC 的芯片制造商，市场份额居全球前三位，也是全球首家可以量产 DDR4 寄存时钟驱动器（RCD）芯片的公司。

Alphean。浦东科投联合锐迪科微电子创始人戴保家先生、华登国际等共同发起设立了翱捷科技（上海）有限公司（英文简称 ASR）。ASR 定位于移动智能终端核心芯片设计、芯片供应以及相关软硬件服务。ASR 将通过收购韩国 Alphean 公司获得移动基带调制解调技术和核心知识产权，并通过整合其他技术资源，为移动智能终端提供全方位、一站式的芯片解决方案。

齐齐哈尔建华医院是该市目前发展规模最大、综合实力最强的民营综合性股份制二级甲等医院，在先进肿瘤治疗方法引进、前沿医用设备运用以及社区卫生服务中心运营等方面走在全市前列。2015 年 5 月，浦东科投投资了建华医院。此后，浦东科投以及建华医院其他股东与上市公司千足珍珠签署了合作协议。千足珍珠拟以发行股份方式收购建华医院，将医疗服务列为其新的业务增长点。目前，交易方案已获得证监会审批通过。

ICON。一家总部位于美国加州的轻型运动飞机设计、制造公司，其自主研发的 ICON A5 水陆两用飞机，以华丽的外形和超前的设计摘得了 2009 年美国 IDEA 运输设计金奖、2010 年红点设计大奖等多项国际奖项，被誉“飞机中的苹果”。2015 年 7 月，浦东科投向 ICON 公司进行了投资成为其第一大股东。除了经济效益外，浦东科投收购 ICON 公司极大地带动了地区产业发展。根据双方约定，ICON 公司决定将其中国总部设在上海浦东临港，并率先在临港建设亚洲第一展厅，且计划在临港完成销售、体验、制造和设计全产业链布局。

（五）获得了一家 A 股上市公司

获得一家上市公司是公司战略的重要组成部分。经过精心研究和多轮筛选，浦东科投锁定了 A 股上市公司上海万业企业股份有限公司(股票代码:600641)。

上海万业企业股份有限公司是一家颇具实力的房地产企业。原先的实际控制人是印尼首富林逢生旗下的三林集团。目前，公司在上海、苏州、无锡和长沙等一二线城市开发了多个优质房地产项目，总建筑面积 200 万平方米。公司整体经营较好，资产质地优良。近年来，公司也希望在高科技领域谋求新的转型和突破。经过双方前期多次沟通，浦东科投与万业企业就股权转让达成重要共识。收购万业企业是浦东科投继混改之后的又一里程碑事件，也是浦东科投围绕既定发展战略迈出的关键性一步。

第七节 上汽集团:培育提升“世界级”企业的软实力

国资国企改革的最终目的是提升国有企业竞争力。国资国企改革一方面是要通过体制机制的改革与创新，为国有企业提供更为自由宽松的制度环境，以便国有企业真正成为市场主体；另一方面随着体制机制的逐步改革，如何从企业内部培育竞争力，构筑竞争优势则成为未来国有企业改革的终极目标。随着多轮合并与重组，国有企业的规模越来越大，越来越多中国国有企业进入世界 500 强榜单，但与在市场经济中成长的

500强企业相比，中国国有企业明显存在竞争力不强的特点，尤其是企业的软实力。因此，未来国有企业在迈向世界级企业的进程中，培育提升软实力显得尤为迫切。

企业软实力是一个系统工程，上汽集团在建成世界500强企业的过程中，软实力的培育和提升需要从自主文化、自主创新、自主品牌和国际化等多个方面着手。下面分别从4个方面阐述上汽集团软实力培育和提升的具体路径和措施，以供参考。

一、 培育提升企业文化软实力

（一）新时代的新文化：凸显文化个性，增强文化凝聚力

根据时代的变迁，主文化需要不断注入新内涵，"后合资时代"上汽集团的主导发展模式的再定位，"自主创新""自主品牌""新能源汽车""国际化(全球化)"将成为上汽集团未来10到20年的"关键词"。企业文化需要凸显个性，凸显时代赋予企业的使命感和责任感，从而感召和能聚员工，并最终转化为强大的生产力。一位受访专家在接受研究小组的访谈时畅想了在当前的环境下上汽集团需要具备的基本文化特质："进取，独立，危机意识，使命感，主人翁精神。"

（二）循环的文化管理路径：自上而下渗透，自下而上延伸

从调研中得知上汽集团的文化渗透力不足，除了文化本身个性不足的原因外，文化管理路径也存在一些问题。凸显个性的优秀企业文化是在企业中凝练，并在放回企业推广的循环过程。企业文化是随着时代的发展而不断变化的，一些先进的理念、方法和经营可能只产生在各个员工中，作为企业文化管理者要善于发掘和捕捉这些文化闪光点，并将其不断提升和凝练，以最适合的企业文化方式向全体员工传播、推广和渗透。上汽集团可以根据制造的竞争优势和经验，摸索、总结、提炼和提升一个上汽制造方式，在集团上下推而广之，使上汽模式成为集团的文化，嵌入每个员工的工作，成为他们的思维方式和工作习惯。

（三）跨文化的管理模式：求同存异，融合创新

作为一个在国内外拥有近70家合资企业、6万名中外员工的大型企业集团，上汽集团的企业文化已经具有明显的跨地域特点。在遭遇罗孚动荡、双龙整合、南汽过渡等复杂环境后，上汽集团的跨文化管理面临极大的挑战，欧洲的研发中心和营销网络管理急需高效顺畅的文化整合。首先，充分了解和尊重属地文化，形成多元文化战略共识。在跨文化管理中只有在尊重双方文化差异的基础上学会容忍，甚至是容忍对

方的缺点，才有利于形成团队文化，并最终形成企业凝聚力。其次，促进主文化与原文化有机融合。在跨文化管理中，“求同”与“存异”一样重要，需要找到主文化与原文化的共同点，比如对“创新”的共识，对“效率”的共识等，都可以作为主文化与原文化的有机融合点，从有机融合点入手，逐步将两种文化深入融合。再次，在融合中凝练主文化。上汽文化也应该在继承中创新，在创新中融合，在融合中提升，不断凝练具有上汽特色的企业主文化。最后，以汽车品牌文化诠释和传播上汽文化，塑造自己的品牌特点与顾客的情感价值，以获得市场和社会的文化认同。

二、 培育提升自主创新软实力的路径和措施

（一）自主创新的路径：5 种创新方式循序渐进，实现全面开放式的自主创新

“全面开放式自主创新”路径的实现方式有 5 种：对合资品牌的本土化开发，并购重组方式推进自主品牌开发，共用平台策略实行自主开发，独立自主开发方式，以及与专业设计公司进行联合开发。总体上看，近年来上汽集团主要采取了并购重组的方式，预期实现突破创新战略，在轿车产品战略上选择从高端入手。这一战略的选择基础是购买了罗孚的核心技术和品牌，这对于资源和能力有一定制约的上汽集团，应该对已有的创新方式和模式进行总结和反思，否则容易进入创新冒险的陷阱。一个原因是世界主流汽车公司的发展轨迹不是首先高端切入和根本性创新发展模式，另一个原因是从能力理论上看，企业的核心能力不是购买来的，而是逐渐培养起来的（图 4.7）。上汽集团虽然购买了罗孚的技术资源，却不能购买能力。因此，现阶段上汽集团的主要任务是通过对罗孚技术的认真分解和复制，首先培养吸收能力和模仿能力，然后渐进实现创新能力。因此，“分解复制—模仿创新—创新模仿—自主创新”

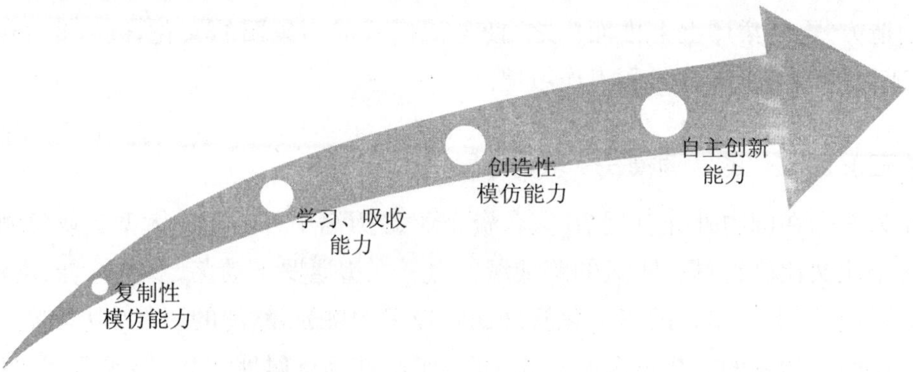

图 4.7 自主创新能力提升的过程

是一个渐进的过程，若要实现“跨越”，必须有坚实的基础和完备的条件。

（二）自主创新的投入：加大自主研发的投入，壮大自主研发机构

加大自主研发的投入，壮大自主研发机构，是取得开发自主权和自主知识产权的关键。上汽已经成立自己的自主品牌研发机构（上海汽车工程研究院），从而具有了在产品设计改进方面的自主确认权，大大激发了科技人员的积极性，通过不断的学习、实践，取得了较快的发展。但是，无论是在对自主研发机构的投入力度，科研人员的数量和层次上都是比较薄弱的。丰田的研发机构由四层构成，韩国的汽车公司也建有较强的研发机构，因此，上汽集团需要加大自主研发的投入力度，不断发展和壮大自主的研发机构，这是取得开发自主权和自主知识产权的关键。世界各大汽车公司均建立有强大的研究开发机构和实验基地，拥有一支高水平的研究、开发、设计、试验队伍，开发试验机构的员工达到数千人，甚至达到一两万人，用于研发的经费占销售额的比重占5%左右。例如，宝马公司的研发机构拥有 6 000 人，保时捷公司研发部门的人数为 12 600 人，占职工总数的 9%。

（三）自主创新体制和管理：市场化运作，系统化管理

改革研发管理体制，使研发投入发挥更大的效应。自主创新不单纯是技术发明本身，而是一个经济过程和一个市场的实现过程。在技术创新管理方面：首先，国际技术部门/第三方技术评审部门对企业所在集团在技术创新/技术攻克方面的考核（独立第三方对集团的考核）；其次，制定清晰的技术创新战略和目标（关键/核心技术攻克的时间表，前沿技术的开发）（集团对下属合资公司的考核）；再次，建立对技术管理人员的管理考核机制，databank 的设立和管理，设立考核指标（下属合资公司对员工的考核），根据考核结果设置丰厚的激励机制；最后，引入第三方智库，聘用国际知名企业研发人员，和著名大学以及研究所的合作等。在研发投入上，如有必要可以引入资本市场的介入。

三、 培育提升自主品牌软实力的路径和措施

（一）自主品牌结构：本土化品牌、并购整合品牌和自主开发品牌三足鼎立

目前，上汽集团的乘用车品牌呈现“3＋X”的结构，其中上海大众品牌、上海通用品牌和上汽通用五菱三大品牌。若以世界级汽车企业为目标，未来，上汽集团的品牌结构也是多元化的“3＋X”，其中本土化品牌（如朗逸、宝骏等）、并购整合的自主品牌

(荣威、MG等)和自主开发的自主品牌(如上海、凤凰等)是三大支柱自主品牌;"X"是上汽的合资品牌(如大众、通用等)。根据世界级汽车企业的品牌发展经验,没有一家汽车企业是靠出售合资品牌的汽车发展成为世界级汽车企业的。培养和发展自主品牌是世界级汽车企业的必要条件。

(二)自主品牌的知识产权:增强产权意识,建立健全知识产权工作体系

上汽和世界知名汽车企业集团的差距主要体现在知识经济来临条件下的知识管理方面,缺乏自主的产品开发经验积累和产品工程开发数据库。首先,增强自主发展意识、法律意识和知识产权保护意识;其次,继续加大对新产品研发的投入,使上汽知识产权创造能力不断得到提升;最后,建立健全上汽知识产权创造、应用、管理和保护的工作体系,落实知识产权管理职责,把知识产权管理融入产品开发、生产和经营活动中去,有效地提高知识产权管理的能力和水平。

(三)自主品牌的四种路径:自主开发、委托开发、合作开发和并购

"自主品牌"和"自主开发"这是目前中国汽车界最热门的两个词,尽管二者之间有紧密的联系,但这毕竟是两个不同的概念,实现的途径也有不同。自主品牌的路径可以细分为四种,见表4.1。尽管自主品牌在一开始发展的路径各不相同,但异途同归,最后都绕不过提升企业的自主开发能力这一关,从最初的"拿来主义"运用,到自主开发能力培养,再到品牌影响力的提升,实现了台阶式发展。

表4.1 我国自主品牌汽车发展路径

路径模式	主要内容	代表企业及品牌
产品模仿—自主研发—自主品牌	最早始于对产品的模仿,完全靠自主开发而形成具有自主知识产权、自主品牌的产品	一汽的"红旗"、上汽的"上海"、奇瑞的"风云"、吉利的"豪爵"等
委托开发—买断自主产权和自主品牌产品	寻求与国际专业设计公司合作,花钱买知识产权,进行研发外包,这种路径要求企业本身具有消化吸收、二次创新和集成创新的能力	华晨的"中华"、哈飞的"路宝"等
合作技术—本土化开发—本土化品牌或自主品牌	该路径是利用已有引进平台或依托于外方合作伙伴的技术,进行本土化开发,形成本土化品牌或派生出自主品牌的产品	上汽的帕萨特"领域"和别克LaCROSSE"君越",一汽的"奔腾"等
并购—转移技术—开发自主品牌	通过国际收购,迅速获得知识产权和产品资源,将其拿到中国来生产,以此为基础打造自主品牌	上汽收购罗孚推出的"荣威"和"名爵"

四、 培育提升国际化软实力的路径和措施

（一）合资借船出海：借力通用汽车进行初级国际化

“在上汽的国际化发展方面，我们也会向上汽提供一些我们在海外市场的成功经验，具体来讲，我们会给他们介绍一些我们在北美和西欧的经销商，但是对上汽本身来说，荣威和 MG 这些品牌要想在北美和西欧高端市场获得成功，还要上汽自己来打造其销售渠道和提高品牌影响力。”通用中国总裁兼总经理甘文维如是说。可见，上汽集团要想成功地打开国际化的大门，仅仅依靠通用汽车是远远不够的，必须在学习和吸收合资品牌国际化开拓经验的基础上，循序渐进地边干边学，依托自主技术和品牌将国际化进一步推进。

（二）自主开拓市场：依托自主品牌进行深度国际化

通过对世界级汽车企业的研究发现，企业的国际化过程也是企业在成长为一个世界级大企业的竞争力培育和提升过程，需要“干中学(learning by doing)”。“循序渐进式”的国际化成长路径也是众多世界 500 强企业国际化的路径。丰田汽车的国际化路径和过程是世界级汽车企业国际化的缩影，也是现代企业国际化的典型代表。丰田汽车的国际化路径可以为上汽集团的国际化提供思路和启迪。

国际化能力需要强劲的技术创新能力和强大的品牌影响力支撑。自主创新是自主品牌的源泉，自主品牌是自主创新的结晶。自主创新能力最终要由品牌来体现。而自主创新能力和自主品牌建设的不足正是包括上汽集团在内的中国大企业国际化的瓶颈因素。虽然产品和服务的质量是衡量企业的硬指标，却没有人会否认产品和服务对汽车软实力的重要性。自主品牌汽车在人们心目中有吸引力和形象，却更取决于其对社会的作用和贡献，或许先辈们能够给人以启迪，“达则兼济天下”，这不仅是一个成功企业所必备的特点，更对于我们今天在中国市场的发展深具指导意义(戴姆勒，东北亚投资有限公司高层领导)。关于国际化依托的自主品牌和自主创新前文已有说明，此处不再累述。

目前，上汽借力通用汽车进行初级国际化的战略已经开始启动，但自主开拓市场的深入国际化路径依然不够明朗。未来，上汽集团若要在国际化道路上持续前行，自主与合资“两手抓，两手都要硬”。

发展阶段	第一阶段:海外贸易 出口导向战略 (二战结束—1985)	第二阶段:跨国生产 海外生产/回避贸易摩擦 (1985—1990)	第三阶段:国际化 发展现地市场战略 (20 世纪 90 年代)	第四阶段:全球化 本土化经营 (2001—现在)
战略总结	● 最初的跨国经营主要是进出口贸易 ● 出口战略经历了通过专业进出口商出口、自营贸易出口以及直接在海外设立销售网点的发展过程	● 伴随着汽车出口量的不断扩大,汽车进口国开始对丰田进行贸易限制 ● 为回避贸易摩擦,丰田开始在海外投资生产 ● 丰田生产方式及一系列管理理念开始通过海外工厂大肆传播 ● 初期的海外工厂以 SKD 和 CKD 的方式进行组装生产	● 建立海外零部件供应体系,真正意义的国际化开始形成 ● 通过转移成熟的技术等手段和现地公司展开合作 ● 大力宣传国际分工,尽可能地利用现有的资源,以降低成本 ● 目的是在该区域最大限度地扩大市场份额	● 在重点区域引入研发、商品企划职能,加速对现地市场产品的开发 ● 开展政府公关,密切关注政策变化 ● 以提升社会形象为目的,极力推广 CSR 活动 ● 通过严格的雇佣和考评机制选择本土化人才

图 4.8 丰田汽车国际化路径

资料来源:野村综研(上海)咨询有限公司,丰田汽车公司国际化战略决策及重点海外市场研究. 2010 年 2 月。

五、 培育提升上汽集团软实力的路径和措施总结

虽然软实力的培育和提升涉及上汽集团的方方面面,但它们并非是相互孤立,它们之间有着紧密的联系,从不同的层面和内容相互交织,共同组成上汽集团软实力的体系。文化是企业软实力的基因和精髓,自主和个性文化是上汽集团的基因,支持和激励着上汽人进行自主创新;自主创新需要有自主文化的有力支撑和渗透,自主创新又支撑着上汽集团自主品牌的培育和开发;自主品牌的开发需要自主技术创新作为依托,自主品牌又为上汽集团巩固国内市场和开拓国际市场提供了必要条件;国际化是需要自主品牌做支撑的,这是世界级汽车企业成功的经验,国际化又为自主品牌提供了更加广阔的市场和发展空间。这就是上汽集团在建设成为世界 500 强企业过程中软实力培育和提升的路径:即以自主文化为基因,以新能源技术研发为突破,以自主创新和自主品牌为支撑,以全球化运作为目标的"上汽软实力体系"(图 4.9)。

上海集团在建设成为世界500强企业中软实力的培育和提升

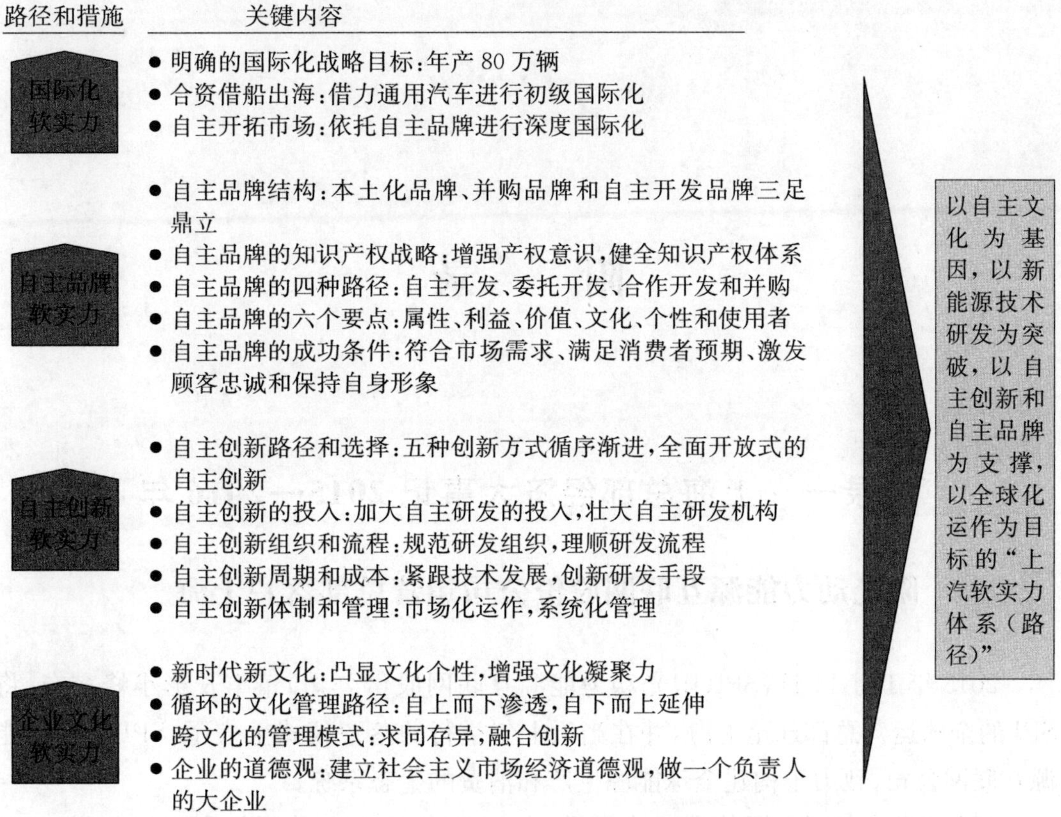

图 4.9　上汽集团软实力培养和提升的路径和措施

附　　录

附录一　上海总部经济大事记 2015—2016 年

一、阳光动力能源互联网股份公司运营总部落户上海

2015 年 1 月 14 日，SPI(阳光动力能源互联网股份公司)董事长彭小峰宣布，将 SPI 的全球运营总部迁至上海，并在当天上午举行的落户仪式上表示，SPI 是一家能源互联网公司，致力于构建全球能源生产和消费的生态系统。

SPI 前身为美国太阳能股份有限公司，2005 年成立于美国加利福尼亚州，2007 年在美国上市，是一家致力于光伏电站开发、投资、建设和运营管理的太阳能公司。2014 年下半年以来，SPI 先后引进了联合金融、新兴集团、恒大集团、巨人投资、城市地产、SPF 太阳能基金和中国动向等战略投资者，使公司股权结构不断优化，实力不断增强，成为一个股权多元化的国际化公司。

SPI 旗下设有 7 个业务板块，包括：阳光动力电子商务是全球能源互联网交易平台；美桔科技：利用互联网新技术，致力于打造科技走入大众的平台，专注于新能源、储能、生态农业等领域新产品的研发和应用；绿能宝：专注于绿色低碳生态的互联网金融；新维智能：专注于住宅和小型商业系统 020 技术及运维服务，打造智慧家居领域的生态环保发烧友的部落群体；美太投资：专注于打造清洁能源、物联网与互联网的投资平台；美橙电力：利用物联网和大数据等互联网技术，融合智慧太阳能电站持有、配电、运营、远程管理；新维电力：利用物联网及大数等互联网技术，专注于大型及商业电站及储能项目的开发、EPC、运维、BOT 和太阳能能效管理。

二、 金砖国家银行总部落户上海

2015年5月15日，财政部对外公布，金砖国家银行将总部设在上海。据了解，金砖银行的总部位于上海浦东世博园区，并将争取在2015年底或2016年初启动运营；多边秘书处则落户浦东陆家嘴，地址是东园路18号的中国金融信息中心8楼，紧邻东方明珠塔，交通十分便利。从地铁2号线陆家嘴站，步行五分钟即可到达新建的中国金融信息中心。

金砖银行行长在创始成员国中按印度、巴西、俄罗斯、南非、中国的顺序轮流产生，除产生行长以外的每个创始成员国至少应产生1名副行长，行长和副行长任期5年（首届副行长任期6年）。日前，印度已提名卡马特先生为金砖银行候任行长。中方对此表示欢迎，期待卡马特先生尽快进驻上海，带领金砖银行前期管理小组开展金砖银行筹建工作。中方已提名祝宪先生担任金砖银行中国籍副行长，相信他能和金砖银行行长及其他副行长一道，加快推进金砖银行筹建工作，使其尽早投入运行。

三、 浦东新区人民政府与福特汽车（中国）有限公司签订战略合作备忘录

2015年7月，浦东新区人民政府与福特汽车（中国）有限公司举行战略合作备忘录签约仪式。上海市政府副秘书长、区委副书记、区长孙继伟，福特汽车公司集团全球副总裁、亚太区总裁萧达伟出席并见证。区委常委、副区长周亚和福特汽车（中国）有限公司董事长兼首席执行官罗礼详分别代表双方签署战略合作备忘录。

根据双方的战略合作，福特汽车将长期扎根浦东，不断增强福特汽车（中国）有限公司的亚太区总部职能，提升能级和资源配置能力，积极拓展包括林肯品牌在内的进口车业务，并吸引更多的高层次高能级人才，坐镇浦东、统筹亚太，充分体现福特汽车打造"百年老店"的全球品牌价值。浦东新区将为福特汽车在上海浦东的投资及合作提供便捷、高效的政府服务，大力支持和推动福特汽车业务进一步发展，鼓励福特汽车积极参与上海"四个中心"核心功能区和中国（上海）自由贸易试验区建设，并为上海建设具有全球影响力的科技创新中心做出贡献。

四、 德国威能中国总部落户上海市黄浦区

2015 年 8 月 26 日，德国威能中国总部——威能(中国)供热制冷环境技术有限公司落户上海市黄浦区经纬国际大厦。当天，德国威能集团举行"百年威能·荣归上海滩"——威能中国新闻发布会暨 2015 威能中国盛典，庆祝威能中国总部扎根黄浦，为其开拓中国版图上的业务打下了奠基石。德国威能中国总部主要涵盖了中国地区的职能总部和各核心事业部。该公司作为威能在中国的全资子公司，承担其在中国市场的业务拓展任务。

随着威能中国落户上海，威能集团还将持续加大对中国市场的投入，旨在将威能中国打造成为亚太区的区域中心。此举充分说明了威能集团对快速增长的中国供暖市场的高度重视，也预示着南方正在成为威能中国在新一轮市场竞争的战略重点。

五、 五家跨国公司地区总部和两家总部型机构落户上海杨浦

截至 2015 年 9 月，大陆、欧尚、汉高等 5 家跨国公司地区总部以及西门子、欧艾斯两家总部型机构落户杨浦。不仅如此，耐克、IBM、李尔、易安信、安莉芳、肯德基等知名跨国公司的研发中心、销售中心等总部功能机构，也不约而同地来到杨浦。

不仅如此，丰富的知识密集型创业企业，也成为吸引跨国公司的重要因素。世界 500 强企业艾默生电气在杨浦设立了合资公司，投资总额达到 2.4 亿元。其合资的对象是一家本土创业企业。上海大学自动化专业的几名教师在 2003 年下海创业，在杨浦创办了上海儒竞电子科技公司，专攻暖通行业核心部件。短短几年时间里，这家科技小巨人企业获得各类专利近百项，击败了日韩多个大品牌。艾默生作为行业领导者，最终决定与儒竞设立合资公司，以双品牌形式占领全球市场。

创新创业氛围和才智高地，使得杨浦每年引进外资项目超 100 个，区域内已形成大连路总部集聚区和创智天地、新江湾城等外资总部集聚地。一流硬件设施将与创新创业软环境嫁接，进一步增强"杨浦魅力"，杨浦区区长谢坚钢对此充满信心："杨浦将在更高层次、更广领域参与国际合作，让更多跨国公司总部及总部型机构、研发中心以及创新联盟在杨浦扎根，吸引更多外资参与杨浦上海科技创新中心重要承载区建设。"

六、江森自控正在建设上海第二个全球总部

2015 年,中国新车总产量约为 2 350 万辆,成为全球最大的汽车市场。江森自控能源动力业务总裁乔·韦力奇(Joe Walicki)称,中国将在 2020 年前成为全球最大的汽车电池市场。这成为支撑江森自控不断加码在华电池业务的最大动力。因此,江森自控在上海成立第二个全球总部是“具有象征意义的举措”。这不仅向客户证明了公司对中国市场本地化的重视,也将在内部进行一系列业务调整。江森自控将在中国建立合资企业、并购等等,并在此基础上,理顺公司结构,尽可能贴近中国客户,即决策时要尽量本地化。目前公司约 70%的日常决策,是基于中国本地情况而作出,无需考虑其他海外市场情况。上海总部将帮助江森自控克服时差和空间阻隔,进一步缩短决策链条。显示出中国经济“新常态”,不仅未打击国外工业企业开拓中国市场的热情,而且蕴藏着新的商机。

七、中国核工业集团公司将其资金运营总部落户在上海自贸试验区

中核集团之所以选择在上海自贸试验区打造资金运营总部,更重要的是要作为中核集团服务“一带一路”的桥头堡,充分利用上海自贸试验区的政策走出去,推动中核集团的技术和产品走向世界。国际上现在有 70 多个国家已经或计划发展核电,其中“一带一路”沿线国家占 40 多个。预计到 2020 年,全球将新建约 130 台核电机组,到 2030 年前这一数字将达到约 300 台,“一带一路”沿线和周边国家的新建机组数将占到约 80%。

2015 年 6 月,上海市政府与中国核工业集团公司签署战略合作框架协议。其中就提出,上海市政府将积极支持中核集团建立集团第二总部,打造区域总部经济。未来 5 年,中核集团将把上海作为集团发展的重要战略布局,进一步加大投资合作力度。除此之外,根据框架协议,中核集团和上海市政府还将加强产业金融领域合作。中核集团将联合上海有关企业设立国内核能产业基金和海外核电投资基金,建立集团外汇资金结算平台,探索新兴业务;另外,双方还将开展先进核能技术研发和产业化。中核集团将依托上海核电装备制造和研发的技术优势,吸收各方力量共同建立先进核电装备技术产业联盟,并在部分先进技术科研领域加大合作力度。

附录二 2016 年上海财经大学中国 500 强竞争力指数系列名单

表 A1 2016 年上海财经大学上财竞争力 500 强企业名单

排名	企 业 名 称	竞争力指数
1	国家开发银行股份有限公司	206.79
2	中国建设银行股份有限公司	194.73
3	中国工商银行股份有限公司	194.50
4	中国平安保险(集团)股份有限公司	193.72
5	中国农业银行股份有限公司	192.89
6	中国银行股份有限公司	191.74
7	招商银行股份有限公司	182.75
8	兴业银行股份有限公司	181.98
9	中国建筑股份有限公司	181.97
10	上海浦东发展银行股份有限公司	181.39
11	华为技术有限公司	179.11
12	交通银行股份有限公司	176.17
13	上海汽车集团股份有限公司	173.40
14	中国民生银行股份有限公司	172.62
15	华润(集团)有限公司	171.74
16	大连万达集团股份有限公司	169.07
17	中国人民保险集团股份有限公司	167.21
18	中国光大集团股份有限公司	166.87
19	泰康人寿保险股份有限公司	165.76
20	万科企业股份有限公司	165.76
21	恒大地产集团有限公司	163.13
22	中国兵器装备集团公司	162.73
23	中国太平洋保险(集团)股份有限公司	162.36
24	中国移动通信集团公司	160.49
25	太平洋建设集团有限公司	159.75
26	中国邮政集团公司	159.04

续表

排名	企　业　名　称	竞争力指数
27	北京银行	158.68
28	华夏银行股份有限公司	157.18
29	中国交通建设集团有限公司	156.59
30	国家电网公司	155.98
31	新华人寿保险股份有限公司	154.41
32	美的集团股份有限公司	153.21
33	中国中信集团有限公司	152.52
34	中国铁路工程总公司	152.37
35	中国电力建设集团有限公司	152.15
36	海尔集团公司	151.93
37	中国远洋海运集团有限公司	150.35
38	广西投资集团有限公司	150.00
39	中国南方电网有限责任公司	149.99
40	阿里巴巴集团控股有限公司	149.22
41	阳光保险集团股份有限公司	148.53
42	中国铁道建筑总公司	148.49
43	中国人寿保险(集团)公司	147.89
44	中国华电集团公司	147.37
45	东风汽车公司	146.05
46	联想控股股份有限公司	145.24
47	上海烟草集团有限责任公司	144.88
48	广州汽车工业集团有限公司	144.35
49	中国航天科技集团公司	143.72
50	比亚迪股份有限公司	143.18
51	北京汽车集团有限公司	143.09
52	上海复星高科技(集团)有限公司	143.05
53	正威国际集团有限公司	142.61
54	长城汽车股份有限公司	142.49
55	重庆农村商业银行股份有限公司	142.34

续表

排名	企　业　名　称	竞争力指数
56	山东魏桥创业集团有限公司	142.16
57	中国能源建设集团有限公司	142.01
58	中国电信集团公司	141.15
59	中国华融资产管理股份有限公司	140.40
60	中国船舶重工集团公司	138.77
61	中国保利集团公司	138.57
62	中国长江三峡集团公司	138.42
63	山东大海集团有限公司	137.96
64	中国广核集团有限公司	137.05
65	中国航天科工集团公司	136.97
66	重庆龙湖企业拓展有限公司	136.76
67	绿地控股集团股份有限公司	136.58
68	浙江省能源集团有限公司	135.93
69	中国电子科技集团公司	135.83
70	雅戈尔集团股份有限公司	134.95
71	内蒙古伊利实业集团股份有限公司	134.71
72	百度网络技术有限公司	134.70
73	华侨城集团公司	134.44
74	恒力集团有限公司	133.61
75	腾讯控股有限公司	133.32
76	中国医药集团总公司	133.27
77	海航集团有限公司	133.26
78	TCL 集团股份有限公司	133.22
79	三胞集团有限公司	131.11
80	中国航空工业集团公司	131.01
81	海通证券股份有限公司	130.81
82	郑州宇通集团有限公司	130.66
83	中国第一汽车集团公司	130.59
84	中国东方航空集团公司	130.50

续表

排名	企　业　名　称	竞争力指数
85	海澜集团有限公司	130.49
86	浙江吉利控股集团有限公司	130.33
87	中国贵州茅台酒厂集团有限责任公司	130.28
88	中国联合网络通信集团有限公司	130.22
89	中国华能集团公司	130.18
90	中国海洋石油总公司	130.09
91	中国中车集团公司	129.91
92	珠海格力电器股份有限公司	129.29
93	中国兵器工业集团公司	128.85
94	中国南方航空集团公司	128.72
95	天津物产集团有限公司	128.39
96	新疆特变电工集团有限公司	128.28
97	中国航空集团公司	128.21
98	红豆集团有限公司	127.72
99	广东省交通集团有限公司	127.54
100	新兴际华集团有限公司	127.40
101	京东方科技集团股份有限公司	127.40
102	新华联集团有限公司	126.55
103	中国石油天然气集团公司	126.37
104	上海医药集团股份有限公司	125.96
105	中国国电集团公司	125.47
106	广发证券股份有限公司	125.41
107	北京城建集团有限责任公司	124.92
108	国家开发投资公司	124.89
109	红塔烟草(集团)有限责任公司	124.77
110	中国通用技术(集团)控股有限责任公司	124.71
111	北大方正集团有限公司	124.31
112	中国机械工业集团有限公司	123.85
113	中粮集团有限公司	123.70

续表

排名	企　业　名　称	竞争力指数
114	上海建工集团股份有限公司	123.44
115	山东京博控股股份有限公司	123.10
116	万达控股集团有限公司	122.67
117	杭州华东医药集团有限公司	122.64
118	海信集团有限公司	122.53
119	湖北中烟工业有限责任公司	122.27
120	中国华信能源有限公司	122.02
121	天津百利机械装备集团有限公司	121.92
122	青山控股集团有限公司	121.76
123	国家电力投资集团公司	121.50
124	远大物产集团有限公司	121.46
125	红云红河烟草(集团)有限责任公司	121.28
126	国美电器有限公司	121.16
127	山东胜通集团股份有限公司	120.50
128	南山集团有限公司	120.48
129	中国石油化工集团公司	120.46
130	山西焦煤集团有限责任公司	120.05
131	山东大王集团有限公司	120.03
132	广厦控股集团有限公司	119.02
133	上海国际港务集团股份有限公司	118.42
134	四川省宜宾五粮液集团有限公司	117.97
135	亨通集团有限公司	117.41
136	利华益集团股份有限公司	117.16
137	北京控股集团有限公司	116.94
138	科创控股集团有限公司	116.72
139	广西建工集团有限责任公司	116.54
140	中南控股集团有限公司	116.42
141	天津渤海化工集团有限责任公司	115.68
142	安徽海螺集团有限责任公司	115.54

续表

排名	企　业　名　称	竞争力指数
143	云南建工集团有限公司	115.52
144	厦门国贸控股有限公司	115.38
145	世纪金源投资集团有限公司	115.35
146	山东晨鸣纸业集团股份有限公司	114.90
147	中天发展控股集团有限公司	114.54
148	浙江龙盛控股有限公司	114.11
149	万洲国际有限公司	114.05
150	银亿集团有限公司	113.71
151	江苏南通二建集团有限公司	113.19
152	通威集团有限公司	112.92
153	中国化学工程股份有限公司	112.91
154	厦门建发集团有限公司	112.05
155	渤海银行股份有限公司	111.99
156	中国船舶工业集团公司	111.54
157	河北新华联合冶金控股集团有限公司	111.29
158	江苏省苏中建设集团股份有限公司	111.09
159	上海永达控股集团有限公司	110.88
160	华泰集团有限公司	110.78
161	申能集团有限公司	110.78
162	山东科达集团有限公司	110.04
163	广州医药集团有限公司	109.86
164	中国银河证券股份有限公司	109.80
165	正泰集团股份有限公司	109.76
166	无锡产业发展集团有限公司	109.60
167	太极集团有限公司	109.54
168	山东高速集团有限公司	109.15
169	浙江中烟工业有限责任公司	108.83
170	中国国际海运集装箱(集团)股份有限公司	108.70
171	九州通医药集团股份有限公司	108.47

续表

排名	企业名称	竞争力指数
172	弘阳集团有限公司	107.65
173	上海电气(集团)总公司	107.62
174	四川公路桥梁建设集团有限公司	107.24
175	浙江省交通投资集团有限公司	106.65
176	浪潮集团有限公司	106.35
177	神华集团有限责任公司	105.83
178	紫金矿业集团股份有限公司	105.48
179	太平人寿保险有限公司	105.34
180	辽宁日林实业集团有限公司	105.19
181	老凤祥股份有限公司	104.85
182	中国电子信息产业集团有限公司	104.62
183	北京建龙重工集团有限公司	104.57
184	广州农村商业银行股份有限公司	104.17
185	天津银行股份有限公司	104.04
186	江铃汽车集团公司	103.80
187	中兴通讯股份有限公司	103.33
188	盛虹控股集团有限公司	103.25
189	山东金岭集团有限公司	103.19
190	奥克斯集团有限公司	103.02
191	苏宁控股集团有限公司	102.93
192	重庆力帆控股有限公司	102.73
193	德力西集团有限公司	102.68
194	江苏新长江实业集团有限公司	102.28
195	天津友发钢管集团股份有限公司	102.25
196	中国太平保险集团有限责任公司	101.65
197	海亮集团有限公司	101.18
198	新希望集团有限公司	101.04
199	新疆广汇实业投资(集团)有限责任公司	100.95
200	河北建设集团有限公司	100.22

续表

排名	企　业　名　称	竞争力指数
201	浙江省建设投资集团有限公司	99.99
202	天狮集团有限公司	98.76
203	江苏阳光集团有限公司	98.51
204	苏州创元投资发展集团有限公司	98.45
205	广东省粤电集团有限公司	98.12
206	贵州中烟工业有限责任公司	97.88
207	河北新金钢铁有限公司	97.84
208	万向集团公司	97.81
209	维维集团股份有限公司	97.73
210	光明食品(集团)有限公司	97.67
211	湖南省建筑工程集团总公司	97.35
212	上海城建(集团)公司	97.18
213	北京金隅集团有限责任公司	97.08
214	物产中大集团股份有限公司	97.07
215	四川华西集团有限公司	96.74
216	波司登股份有限公司	96.49
217	大同煤矿集团有限责任公司	96.37
218	大商集团有限公司	96.15
219	重庆市金科投资控股集团有限责任公司	96.03
220	人民电器集团有限公司	95.45
221	唐山瑞丰钢铁(集团)有限公司	95.33
222	东营方圆有色金属有限公司	94.79
223	长春欧亚集团股份有限公司	94.59
224	广东温氏食品集团股份有限公司	94.50
225	精功集团有限公司	94.16
226	山西建筑工程集团总公司	93.95
227	厦门象屿集团有限公司	93.81
228	中国航空油料集团公司	93.67
229	永辉超市股份有限公司	93.52

续表

排名	企业名称	竞争力指数
230	河北省物流产业集团有限公司	93.38
231	天津中环电子信息集团有限公司	93.21
232	山东金诚石化集团有限公司	92.99
233	浙江中成控股集团有限公司	92.74
234	协鑫(集团)控股有限公司	92.68
235	四川宏达集团有限公司	92.41
236	山东玉皇化工有限公司	92.33
237	超威电源有限公司	92.05
238	隆鑫控股有限公司	91.95
239	东营鲁方金属材料有限公司	91.86
240	盾安控股集团有限公司	91.65
241	三河汇福粮油集团有限公司	91.58
242	华晨汽车集团控股有限公司	91.50
243	山东时风集团有限责任公司	91.41
244	天瑞集团股份有限公司	90.91
245	青岛啤酒股份有限公司	90.67
246	北京住总集团有限责任公司	90.47
247	华勤橡胶工业集团有限公司	90.37
248	中国中材集团有限公司	90.19
249	中国化工集团公司	90.10
250	江苏华西集团公司	89.89
251	杭州娃哈哈集团有限公司	89.71
252	北京建工集团有限责任公司	89.67
253	甘肃省建设投资控股集团总公司	89.66
254	上海纺织(集团)有限公司	89.56
255	北京外企服务集团有限责任公司	89.52
256	宁波富邦控股集团有限公司	89.50
257	安徽建工集团有限公司	89.39
258	杉杉控股有限公司	88.82

续表

排名	企　业　名　称	竞争力指数
259	嘉晨集团有限公司	88.80
260	中国冶金科工集团有限公司	88.50
261	北京能源集团有限责任公司	87.81
262	澳洋集团有限公司	87.57
263	广州万宝集团有限公司	87.52
264	宝钢集团有限公司	87.31
265	江苏扬子江船业集团公司	87.23
266	湖北宜化集团有限责任公司	87.23
267	浙江荣盛控股集团有限公司	87.08
268	陕西东岭工贸集团股份有限公司	87.06
269	四川科伦实业集团有限公司	86.10
270	安徽江淮汽车集团控股有限公司	84.79
271	中基宁波集团股份有限公司	84.47
272	石家庄北国人百集团有限责任公司	83.88
273	泸州老窖集团有限责任公司	83.74
274	天津市医药集团有限公司	83.50
275	武安市明芳钢铁有限公司	83.48
276	江苏汇鸿国际集团股份有限公司	83.23
277	法尔胜泓昇集团有限公司	83.10
278	河北敬业企业集团有限责任公司	82.91
279	浙江昆仑控股集团有限公司	82.56
280	三一集团有限公司	82.29
281	广州市建筑集团有限公司	82.22
282	中国国际技术智力合作公司	82.17
283	中国平煤神马能源化工集团有限责任公司	82.13
284	中天钢铁集团有限公司	82.00
285	陕西煤业化工集团有限责任公司	81.48
286	武汉商联(集团)股份有限公司	81.30
287	武安市裕华钢铁有限公司	80.82

续表

排名	企业名称	竞争力指数
288	广东省广新控股集团有限公司	80.46
289	内蒙古电力(集团)有限责任公司	80.10
290	江阴澄星实业集团有限公司	80.10
291	金东纸业江苏股份有限公司	79.89
292	江苏沙钢集团有限公司	79.85
293	河北普阳钢铁有限公司	79.49
294	山东省商业集团有限公司	79.33
295	清华控股有限公司	79.27
296	晶科能源有限公司	78.92
297	重庆建工投资控股有限责任公司	78.77
298	中国诚通控股集团有限公司	78.28
299	上海东浩兰生国际服务贸易(集团)有限公司	78.17
300	中国大唐集团公司	78.11
301	浙江宝业建设集团有限公司	77.91
302	四川德胜集团钒钛有限公司	77.63
303	兖矿集团有限公司	77.60
304	广州轻工工贸集团有限公司	77.59
305	浙江桐昆控股集团有限公司	77.59
306	南通四建集团有限公司	77.56
307	中华联合保险控股股份有限公司	77.01
308	广州越秀集团有限公司	76.78
309	重庆商社集团有限公司	76.37
310	新疆金风科技股份有限公司	76.33
311	广东省建筑工程集团有限公司	76.07
312	济宁如意投资有限公司	75.96
313	福佳集团有限公司	75.21
314	广东省丝绸纺织集团有限公司	75.16
315	天津渤海轻工投资集团有限公司	73.78
316	西王集团有限公司	73.41

续表

排名	企 业 名 称	竞争力指数
317	天津一商集团有限公司	73.02
318	上海华谊(集团)公司	72.63
319	黑龙江北大荒农垦集团总公司	72.43
320	新奥能源控股有限公司	72.19
321	四川蓝润实业集团有限公司	72.14
322	广东圣丰集团有限公司	71.98
323	威高集团有限公司	71.52
324	广东省广晟资产经营有限公司	70.41
325	福建省能源集团有限责任公司	70.38
326	龙信建设集团有限公司	70.37
327	研祥高科技控股集团有限公司	69.44
328	中国港中旅集团公司	69.37
329	远东控股集团有限公司	69.30
330	合肥百货大楼集团股份有限公司	69.30
331	河钢集团有限公司	69.17
332	浙江省国际贸易集团有限公司	68.69
333	山东黄金集团有限公司	68.47
334	安徽国贸集团控股有限公司	68.29
335	陕西有色金属控股集团有限责任公司	68.24
336	江苏金辉铜业集团有限公司	68.17
337	重庆机电控股集团公司	68.09
338	中国黄金集团公司	67.71
339	安徽省交通控股集团有限公司	67.65
340	卓尔控股有限公司	67.64
341	南通三建控股有限公司	67.06
342	山东天信集团有限公司	66.67
343	江苏国泰国际集团有限公司	65.82
344	亚邦投资控股集团有限公司	65.78
345	洪业化工集团股份有限公司	65.57

续表

排名	企　业　名　称	竞争力指数
346	中国重型汽车集团有限公司	65.55
347	山东晨曦集团有限公司	65.14
348	白银有色集团股份有限公司	65.05
349	山东海科化工集团有限公司	64.82
350	双胞胎集团股份有限公司	64.54
351	江西铜业集团公司	64.34
352	山东泰山钢铁集团有限公司	63.46
353	云南省能源投资集团有限公司	63.26
354	中国恒天集团有限公司	62.98
355	山西晋城无烟煤矿业集团有限责任公司	62.54
356	创维集团有限公司	62.35
357	湖南博长控股集团有限公司	61.91
358	阳泉煤业(集团)有限责任公司	61.79
359	中国中化集团公司	61.66
360	杭州锦江集团有限公司	61.59
361	云天化集团有限责任公司	61.59
362	天津泰达投资控股有限公司	61.52
363	沂州集团有限公司	61.24
364	福建中烟工业有限责任公司	59.76
365	晶龙实业集团有限公司	59.70
366	卧龙控股集团有限公司	59.31
367	山东能源集团有限公司	59.12
368	重庆轻纺控股集团公司	58.86
369	富海集团有限公司	58.78
370	中国建筑材料集团有限公司	58.66
371	浙江恒逸集团有限公司	58.50
372	山东招金集团有限公司	58.37
373	冀中能源集团有限责任公司	57.99
374	日照钢铁控股集团有限公司	57.89

续表

排名	企业名称	竞争力指数
375	中国盐业总公司	57.67
376	华芳集团有限公司	57.56
377	天津纺织集团控股有限公司	57.45
378	陕西建工集团有限公司	57.26
379	山河建设集团有限公司	57.18
380	天能电池集团有限公司	57.16
381	天津宝迪农业科技股份有限公司	56.21
382	山西省国新能源发展集团有限公司	56.20
383	铜陵有色金属集团控股有限公司	56.16
384	广州国资发展控股有限公司	55.04
385	天津港集团有限公司	53.60
386	河北建工集团有限责任公司	53.49
387	江西省建工集团有限责任公司	52.83
388	潍柴控股集团有限公司	52.83
389	腾邦集团有限公司	52.45
390	杭州汽轮动力集团有限公司	52.44
391	陕西延长石油(集团)有限责任公司	52.37
392	宝塔石化集团有限公司	51.66
393	江苏悦达集团有限公司	51.30
394	厦门金龙汽车集团股份有限公司	51.13
395	深圳市怡亚通供应链股份有限公司	51.01
396	淄博矿业集团有限责任公司	50.92
397	河北津西钢铁集团股份有限公司	50.83
398	安徽新华发行集团控股有限公司	50.59
399	天音通信有限公司	49.65
400	大汉控股集团有限公司	49.51
401	广西玉柴机器集团有限公司	49.32
402	浙江省兴合集团有限责任公司	48.82
403	五得利面粉集团有限公司	48.79

续表

排名	企　业　名　称	竞争力指数
404	广东海大集团股份有限公司	48.55
405	天元建设集团有限公司	48.24
406	珠海华发集团有限公司	48.02
407	北京市政路桥集团有限公司	48.00
408	新疆生产建设兵团建设工程集团有限责任公司	47.43
409	四川长虹电子控股集团有限公司	47.14
410	北京首都创业集团有限公司	47.14
411	深圳市大生农业集团有限公司	46.96
412	双良集团有限公司	46.70
413	广东省广物控股集团有限公司	46.64
414	徐州工程机械集团有限公司	46.63
415	庞大汽贸集团股份有限公司	46.32
416	山西潞安矿业(集团)有限责任公司	46.18
417	宁波金田投资控股有限公司	46.16
418	重庆市能源投资集团有限公司	45.37
419	成都建筑工程集团总公司	45.18
420	吉林亚泰集团股份有限公司	44.87
421	云南锡业集团控股有限责任公司	44.69
422	百联集团有限公司	44.58
423	哈尔滨电气集团公司	44.41
424	深圳市飞马国际供应链股份有限公司	44.28
425	中国铝业公司	43.81
426	冀南钢铁集团有限公司	43.48
427	奇瑞汽车股份有限公司	42.45
428	大冶有色金属集团控股有限公司	42.24
429	正邦集团有限公司	42.24
430	重庆化医控股集团公司	41.90
431	稻花香集团	41.11
432	天津房地产集团有限公司	41.05

续表

排名	企　业　名　称	竞争力指数
433	山东太阳控股集团有限公司	40.82
434	武安市文安钢铁有限公司	40.37
435	中联重科股份有限公司	39.45
436	山东汇丰石化集团有限公司	38.54
437	内蒙古伊泰集团有限公司	38.26
438	西安迈科金属国际集团有限公司	37.78
439	山西煤炭进出口集团有限公司	37.41
440	安徽省皖北煤电集团有限责任公司	37.14
441	金浦投资控股集团有限公司	37.00
442	北京首都旅游集团有限责任公司	36.80
443	江苏三房巷集团有限公司	36.50
444	河南豫光金铅集团有限责任公司	35.92
445	晋能集团有限公司	35.89
446	湖南华菱钢铁集团有限责任公司	35.89
447	广西北部湾国际港务集团有限公司	35.41
448	淮北矿业集团有限责任公司	35.33
449	北京二商集团有限责任公司	34.62
450	中国有色矿业集团有限公司	34.46
451	上海均和集团有限公司	34.12
452	步步高投资集团股份有限公司	34.09
453	西部矿业集团有限公司	33.95
454	徐州矿务集团有限公司	33.79
455	青岛钢铁控股集团有限责任公司	33.65
456	山东钢铁集团有限公司	33.12
457	玖隆钢铁物流有限公司	32.70
458	深圳市爱施德股份有限公司	32.69
459	天津荣程祥泰投资控股集团有限公司	32.68
460	陕西汽车控股集团有限公司	32.37
461	浙江前程投资股份有限公司	31.97

续表

排名	企 业 名 称	竞争力指数
462	安阳钢铁集团有限责任公司	31.96
463	首钢总公司	31.02
464	深圳市信利康供应链管理有限公司	30.83
465	中科电力装备集团有限公司	30.34
466	登封电厂集团有限公司	28.97
467	河南能源化工集团有限责任公司	28.86
468	万基控股集团有限公司	28.38
469	旭阳控股有限公司	27.77
470	北京粮食集团有限责任公司	26.64
471	山东渤海实业股份有限公司	24.85
472	宜昌兴发集团有限责任公司	24.26
473	宁夏天元锰业有限公司	23.46
474	广西盛隆冶金有限公司	22.81
475	中国中煤能源集团有限公司	22.39
476	唐山港陆钢铁有限公司	20.59
477	广东格兰仕集团有限公司	17.82
478	开滦(集团)有限责任公司	16.32
479	鞍钢集团公司	16.12
480	南京钢铁集团有限公司	15.89
481	金川集团股份有限公司	15.57
482	四川省川威集团有限公司	12.52
483	马钢集团控股有限公司	11.22
484	中国五矿集团公司	7.59
485	淮南矿业集团有限责任公司	7.06
486	山东九羊集团有限公司	6.79
487	包头钢铁集团有限责任公司	6.32
488	凌源钢铁集团有限责任公司	5.89
489	新余钢铁集团有限公司	1.84
490	浙江省商业集团有限公司	0.77

续表

排名	企　业　名　称	竞争力指数
491	北京京东世纪贸易有限公司	0.73
492	太原钢铁(集团)有限公司	−1.74
493	杭州钢铁集团公司	−2.18
494	昆明钢铁控股有限公司	−13.30
495	武汉钢铁(集团)公司	−15.77
496	本钢集团有限公司	−17.47
497	广西柳州钢铁集团有限公司	−21.14
498	福建省三钢集团有限责任公司	−23.11
499	酒泉钢铁(集团)有限责任公司	−26.61
500	珠海振戎公司	−27.04

表 A2　2016 年上海财经大学规模指数 100 强企业名单

排名	公　司　名　称	规模指数
1	北京粮食集团有限责任公司	29.49
2	福建省三钢集团有限责任公司	42.55
3	山东汇丰石化集团有限公司	20.56
4	万基控股集团有限公司	39.52
5	富海集团有限公司	25.71
6	安徽新华发行集团控股有限公司	30.20
7	广州国资发展控股有限公司	47.49
8	研祥高科技控股集团有限公司	30.63
9	旭阳控股有限公司	34.35
10	成都建筑工程集团总公司	68.51
11	登封电厂集团有限公司	39.71
12	中科电力装备集团有限公司	21.73
13	广东海大集团股份有限公司	31.16

续表

排名	公　司　名　称	规模指数
14	五得利面粉集团有限公司	22.86
15	广西盛隆冶金有限公司	29.26
16	广东格兰仕集团有限公司	47.14
17	珠海华发集团有限公司	61.65
18	天津友发钢管集团股份有限公司	26.61
19	北京二商集团有限责任公司	37.21
20	中国银河证券股份有限公司	66.92
21	福佳集团有限公司	39.68
22	山东泰山钢铁集团有限公司	30.76
23	重庆轻纺控股集团公司	49.99
24	新余钢铁集团有限公司	51.77
25	凌源钢铁集团有限责任公司	83.01
26	厦门金龙汽车集团股份有限公司	54.38
27	安徽省皖北煤电集团有限责任公司	63.91
28	淄博矿业集团有限责任公司	56.62
29	山东九羊集团有限公司	32.71
30	安徽省交通控股集团有限公司	76.03
31	浙江省商业集团有限公司	55.21
32	精功集团有限公司	47.06
33	新疆生产建设兵团建设工程集团有限责任公司	46.40
34	浙江龙盛控股有限公司	37.63
35	苏州创元投资发展集团有限公司	45.69
36	澳洋集团有限公司	33.75
37	天津房地产集团有限公司	55.55
38	卧龙控股集团有限公司	43.51
39	河北建工集团有限责任公司	28.29
40	青岛啤酒股份有限公司	55.84
41	天元建设集团有限公司	35.07
42	泸州老窖集团有限责任公司	72.16

续表

排名	公　司　名　称	规模指数
43	江苏扬子江船业集团公司	63.82
44	龙信建设集团有限公司	43.80
45	河南豫光金铅集团有限责任公司	29.40
46	重庆机电控股集团公司	56.78
47	天津银行股份有限公司	71.24
48	哈尔滨电气集团公司	65.56
49	唐山港陆钢铁有限公司	32.76
50	武安市明芳钢铁有限公司	27.42
51	奇瑞汽车股份有限公司	56.31
52	武安市文安钢铁有限公司	25.43
53	广州万宝集团有限公司	40.48
54	杭州华东医药集团有限公司	35.81
55	宜昌兴发集团有限责任公司	39.47
56	威高集团有限公司	49.41
57	洪业化工集团股份有限公司	36.66
58	华芳集团有限公司	36.23
59	福建中烟工业有限责任公司	38.56
60	广州农村商业银行股份有限公司	73.72
61	晶龙实业集团有限公司	54.45
62	青岛钢铁控股集团有限责任公司	33.51
63	辽宁日林实业集团有限公司	65.23
64	法尔胜泓昇集团有限公司	34.10
65	波司登股份有限公司	50.86
66	安徽国贸集团控股有限公司	39.53
67	金东纸业江苏股份有限公司	52.03
68	山西省国新能源发展集团有限公司	47.55
69	上海国际港务集团股份有限公司	68.20
70	远东控股集团有限公司	38.59
71	武安市裕华钢铁有限公司	36.82

续表

排名	公　司　名　称	规模指数
72	广东省建筑工程集团有限公司	50.08
73	东营鲁方金属材料有限公司	24.81
74	河北新金钢铁有限公司	28.21
75	河北普阳钢铁有限公司	31.19
76	浙江宝业建设集团有限公司	24.66
77	双良集团有限公司	35.33
78	东营方圆有色金属有限公司	26.78
79	陕西汽车控股集团有限公司	57.15
80	北京住总集团有限责任公司	49.79
81	新疆金风科技股份有限公司	45.50
82	北京市政路桥集团有限公司	51.73
83	宁波富邦控股集团有限公司	44.16
84	维维集团股份有限公司	47.74
85	山东渤海实业股份有限公司	28.28
86	金浦投资控股集团有限公司	36.51
87	深圳市信利康供应链管理有限公司	26.25
88	山河建设集团有限公司	52.67
89	湖南博长控股集团有限公司	30.49
90	晶科能源有限公司	45.47
91	四川公路桥梁建设集团有限公司	51.08
92	弘阳集团有限公司	37.46
93	北京首都创业集团有限公司	78.36
94	步步高投资集团股份有限公司	41.26
95	浙江昆仑控股集团有限公司	50.17
96	沂州集团有限公司	29.04
97	西王集团有限公司	51.41
98	福建省能源集团有限责任公司	64.23
99	卓尔控股有限公司	41.41
100	日照钢铁控股集团有限公司	61.43

表 A3　2016 年上海财经大学盈利指数 100 强企业名单

排名	公　司　名　称	盈利指数
1	阿里巴巴集团控股有限公司	233.06
2	百度网络技术有限公司	216.42
3	腾讯控股有限公司	214.53
4	上海烟草集团有限责任公司	198.02
5	中国建设银行股份有限公司	194.23
6	中国工商银行股份有限公司	193.86
7	中国长江三峡集团公司	192.39
8	天津友发钢管集团股份有限公司	192.30
9	国家开发银行股份有限公司	190.03
10	中国银行股份有限公司	187.80
11	中国贵州茅台酒厂集团有限责任公司	186.63
12	海通证券股份有限公司	186.44
13	广发证券股份有限公司	186.23
14	江苏新长江实业集团有限公司	185.28
15	中国农业银行股份有限公司	183.55
16	四川德胜集团钒钛有限公司	182.50
17	龙信建设集团有限公司	181.64
18	上海浦东发展银行股份有限公司	180.04
19	中国银河证券股份有限公司	179.92
20	招商银行股份有限公司	179.49
21	华为技术有限公司	179.36
22	交通银行股份有限公司	178.73
23	兴业银行股份有限公司	175.97
24	中国华融资产管理股份有限公司	175.90
25	上海汽车集团股份有限公司	175.40
26	中国民生银行股份有限公司	173.81
27	重庆龙湖企业拓展有限公司	173.78
28	上海国际港务集团股份有限公司	173.72
29	中国移动通信集团公司	173.35

续表

排名	公　司　名　称	盈利指数
30	湖北中烟工业有限责任公司	172.91
31	广东温氏食品集团股份有限公司	172.07
32	山东胜通集团股份有限公司	171.54
33	红豆集团有限公司	171.12
34	杭州娃哈哈集团有限公司	170.79
35	天狮集团有限公司	168.34
36	红云红河烟草(集团)有限责任公司	166.49
37	珠海格力电器股份有限公司	166.36
38	北京银行	166.21
39	天津市医药集团有限公司	163.98
40	长城汽车股份有限公司	161.49
41	美的集团股份有限公司	160.70
42	四川省宜宾五粮液集团有限公司	160.34
43	浙江省能源集团有限公司	160.15
44	万科企业股份有限公司	159.56
45	研祥高科技控股集团有限公司	158.83
46	海尔集团公司	158.55
47	晶科能源有限公司	158.22
48	山东大海集团有限公司	158.16
49	华夏银行股份有限公司	157.84
50	上海复星高科技(集团)有限公司	157.29
51	中国海洋石油总公司	156.39
52	中国平安保险(集团)股份有限公司	155.70
53	中国第一汽车集团公司	155.64
54	四川蓝润实业集团有限公司	154.74
55	红塔烟草(集团)有限责任公司	154.12
56	恒大地产集团有限公司	151.93
57	重庆农村商业银行股份有限公司	151.47
58	贵州中烟工业有限责任公司	150.48

续表

排名	公　司　名　称	盈利指数
59	浙江龙盛控股有限公司	149.74
60	太平洋建设集团有限公司	148.88
61	山东金岭集团有限公司	148.67
62	卓尔控股有限公司	148.62
63	天津百利机械装备集团有限公司	148.53
64	山东天信集团有限公司	148.40
65	威高集团有限公司	148.17
66	南通四建集团有限公司	147.75
67	内蒙古伊利实业集团股份有限公司	147.64
68	天津银行股份有限公司	147.07
69	新疆金风科技股份有限公司	147.03
70	国家电网公司	146.33
71	中国太平洋保险(集团)股份有限公司	146.06
72	广州农村商业银行股份有限公司	144.53
73	郑州宇通集团有限公司	144.33
74	南山集团有限公司	143.45
75	浙江中烟工业有限责任公司	143.36
76	正威国际集团有限公司	143.32
77	泰康人寿保险股份有限公司	143.11
78	杭州华东医药集团有限公司	142.97
79	渤海银行股份有限公司	142.40
80	中国电子科技集团公司	142.35
81	广东圣丰集团有限公司	142.23
82	华侨城集团公司	139.29
83	中国航天科技集团公司	139.08
84	科创控股集团有限公司	138.66
85	中国航天科工集团公司	138.28
86	中国建筑股份有限公司	137.78
87	雅戈尔集团股份有限公司	137.49

续表

排名	公　司　名　称	盈利指数
88	世纪金源投资集团有限公司	137.24
89	洪业化工集团股份有限公司	136.92
90	江苏扬子江船业集团公司	136.54
91	大连万达集团股份有限公司	136.24
92	广东省粤电集团有限公司	135.42
93	江苏阳光集团有限公司	135.22
94	弘阳集团有限公司	135.19
95	波司登股份有限公司	134.53
96	福建中烟工业有限责任公司	134.50
97	中国人寿保险(集团)公司	134.16
98	海澜集团有限公司	133.12
99	新华人寿保险股份有限公司	133.06
100	富海集团有限公司	132.97

表 A4　2016 年上海财经大学成长指数 100 强企业名单

排名	公　司　名　称	成长指数
1	国家开发银行股份有限公司	239.07
2	厦门国贸控股有限公司	226.99
3	广西投资集团有限公司	226.47
4	阳光保险集团股份有限公司	222.61
5	泰康人寿保险股份有限公司	214.40
6	中国光大集团股份有限公司	213.25
7	中国建筑股份有限公司	210.90
8	山西建筑工程集团总公司	210.23
9	中国平安保险(集团)股份有限公司	209.80
10	云南锡业集团控股有限责任公司	209.25
11	比亚迪股份有限公司	206.88
12	大连万达集团股份有限公司	206.27
13	太极集团有限公司	203.60

续表

排名	公司名称	成长指数
14	华润(集团)有限公司	202.97
15	远大物产集团有限公司	202.12
16	北京城建集团有限责任公司	199.69
17	海航集团有限公司	198.33
18	甘肃省建设投资控股集团总公司	198.11
19	广西建工集团有限责任公司	197.68
20	广州汽车工业集团有限公司	197.30
21	山西焦煤集团有限责任公司	196.54
22	山东京博控股股份有限公司	196.40
23	中国兵器装备集团公司	195.64
24	河北省物流产业集团有限公司	195.27
25	天津物产集团有限公司	194.79
26	亨通集团有限公司	192.97
27	万科企业股份有限公司	192.12
28	兴业银行股份有限公司	190.55
29	中国能源建设集团有限公司	190.38
30	恒大地产集团有限公司	190.03
31	北京控股集团有限公司	189.71
32	北大方正集团有限公司	189.67
33	京东方科技集团股份有限公司	189.25
34	广东省交通集团有限公司	189.19
35	万达控股集团有限公司	188.77
36	上海浦东发展银行股份有限公司	188.41
37	新华人寿保险股份有限公司	186.66
38	山东大海集团有限公司	186.17
39	大同煤矿集团有限责任公司	184.62
40	三胞集团有限公司	184.51
41	广州医药集团有限公司	184.19
42	中国人民保险集团股份有限公司	184.16

续表

排名	公　司　名　称	成长指数
43	江苏省苏中建设集团股份有限公司	183.81
44	杭州华东医药集团有限公司	183.75
45	浙江吉利控股集团有限公司	183.50
46	招商银行股份有限公司	183.49
47	北京银行	183.45
48	华为技术有限公司	183.36
49	北京住总集团有限责任公司	183.35
50	重庆农村商业银行股份有限公司	183.22
51	长春欧亚集团股份有限公司	182.98
52	青山控股集团有限公司	182.61
53	天音通信有限公司	181.98
54	中国铁路工程总公司	181.59
55	中国太平洋保险(集团)股份有限公司	181.43
56	中国平煤神马能源化工集团有限责任公司	180.70
57	郑州宇通集团有限公司	178.76
58	中国电力建设集团有限公司	178.64
59	天津渤海化工集团有限责任公司	178.46
60	中国交通建设集团有限公司	177.78
61	联想控股股份有限公司	177.77
62	安徽建工集团有限公司	177.60
63	上海永达控股集团有限公司	177.03
64	TCL 集团股份有限公司	176.59
65	北京外企服务集团有限责任公司	176.19
66	重庆力帆控股有限公司	175.27
67	河北建设集团有限公司	175.22
68	九州通医药集团股份有限公司	174.35
69	广州万宝集团有限公司	173.96
70	中基宁波集团股份有限公司	173.79
71	云南建工集团有限公司	173.24

续表

排名	公 司 名 称	成长指数
72	中国华电集团公司	172.51
73	新疆特变电工集团有限公司	172.26
74	利华益集团股份有限公司	172.08
75	山东晨鸣纸业集团股份有限公司	172.06
76	中国医药集团总公司	172.00
77	华夏银行股份有限公司	171.67
78	中国远洋海运集团有限公司	171.20
79	新华联集团有限公司	170.51
80	浙江省交通投资集团有限公司	169.73
81	湖南省建筑工程集团总公司	167.50
82	中国民生银行股份有限公司	166.83
83	四川公路桥梁建设集团有限公司	166.02
84	中国广核集团有限公司	165.62
85	华泰集团有限公司	165.46
86	陕西东岭工贸集团股份有限公司	164.40
87	中国南方航空集团公司	164.28
88	正泰集团股份有限公司	163.96
89	雅戈尔集团股份有限公司	163.53
90	中国东方航空集团公司	163.35
91	中国铁道建筑总公司	163.25
92	中国保利集团公司	162.79
93	美的集团股份有限公司	162.64
94	浙江省建设投资集团有限公司	162.60
95	银亿集团有限公司	161.81
96	河北新金钢铁有限公司	161.76
97	广州市建筑集团有限公司	161.40
98	内蒙古伊利实业集团股份有限公司	160.58
99	上海复星高科技(集团)有限公司	160.04
100	盛虹控股集团有限公司	159.83

附录三 上海入围中国 500 强企业的经济运行情况及产业演进

一、中国企业在世界 500 强中的表现

(一)中国上榜企业数量增加,"中"字企业表现抢眼

2016 年 7 月 20 日《财富》世界 500 强排名公布,中国上榜企业数量依然保持着强劲的增长势头,总数达到 110 家(大陆 99 家,台湾 5 家,香港 6 家),比上年度增加 4 家,增速放缓,上榜企业数量稳居世界第二,其中有 58 家企业总部位于北京,相比于 2015 年增加了 6 家,增速国内领先。美国上榜企业数量 134 家,数量比上年度增加 6 家,可以看出美国的经济确实出现了复苏的迹象。中国企业中,大石油公司的营业收入因油价暴跌而大幅下滑,令国家电网排名跃升至第 2 位,尽管其营业收入也下跌了 2.9%。中石油和中石化紧随其后,分列第 3 和第 4,"中(CHINA)"字头企业数量高达 55 个,占据了世界 500 强中中国企业数量的半壁江山,它们的快速发展为我国的综合实力和竞争力的提升提供了坚实的保障。其中,上海有 8 家企业入围,与上年持平。中国企业平均收入和资产的数量已经与世界 500 强接近,但企业利润和人均利润则与世界 500 强公司有明显的差距。

1. 入围门槛有所下降,中国企业摘榜眼探花

世界 500 强企业入围门槛在 2016 年出现小幅度下滑。2016 年世界 500 强入围门槛为 209.23 亿美元,比 2015 年的 237.2 亿美元下降了 27.97 亿美元,下降了约 11.7%。总收入为 27.6 万亿美元,比上一年下降了 11.4%,可见国际经济的整体形势并不容乐观,全球经济的下行压力依然很大。

按照营业收入排行,2015 年前三名公司依次为沃尔玛、国家电网和中石油。引人注目的是国家电网超越了去年排名第二的中石油,跻身榜眼的席位。值得一提的是,今年也是历史上第一次,中国在前三甲中占据了 2 个席位,再次刷新了中国公司在世界 500 强排行榜上的最好表现。排名上升最快的企业是中粮集团,由去年的 272 位上升到 121 位(2015 年中粮集团也是排名上升最快的企业,从 401 位上升到 272 位),成为 2015—2016 年度世界 500 强中上升最快的中国企业;其次是中国华信能源有限公司,排名由 342 位上升到 229 位。

在这上榜的 110 家企业中,11 家内地公司首次进入世界 500 强排行榜,分别是中国南方工业集团公司(102 位)、中国中车股份有限公司(266 位)、中国船舶工业集团公司(349 位)、万科企业股份有限公司(356 位)、京东(366 位)、中国航天科工集团公

司(381位)、大连万达集团(385位)、中国电子科技集团公司(408位)、新华人寿保险股份有限公司(427位)、美的集团股份有限公司(481位)、恒大集团(496位);香港也有2家新上榜企业,分别是长江和记实业有限公司(473位)和万洲国际有限公(495位)。中国上榜企业持续增多、排名普遍提升是2016年世界500强榜单中表现非常突出的特点。

2. 盈利能力有所减弱,经济效益基本保持稳定

2016年世界500强企业总利润为1.48万亿美元,比上年减少了11.29%。按利润排行榜,中国企业的营业利润表现得非常好,最赚钱的前5家公司中国占了4家。其中,苹果公司总利润为533.94亿美元,较上年增长了35.1%,排名第二的中国工商银行营业利润为440.98亿美元,较上年轻微下降约1.57%,利润总体规模与上年持平。中国建设银行、中国农业银行和中国银行的利润分别为36.3亿美元、28.7亿美元和27.2亿美元。

3. 中国入围企业数量持续增长,欧洲企业保持稳定

中国入围世界500强企业的数量始终保持着上升趋势,一批大企业在生产规模、市场竞争力、国际化等方面跃居世界前列。中国与美国的世界500强上榜公司数量差距正在逐步缩小,2011年至2016年中美企业数量相差分别为64、53、37、28、22和24,从数据上可以看出,中国企业在日益激烈的竞争中保持着非常强有力的发展状态。2016年110家中国的500强企业中,仅有54家公司在2010年进入世界500强排行榜,2000年时只有区区11家。而美国的发展态势则正好相反,在2000年时美国有179家企业被列为世界500强企业,而在2010年时下降到139家,2016年则为134家(2016年相比于2015年增加了6家)。入围的日本企业52家(比2015年的54家减少2家),以法国、德国和英国为代表的欧洲入围企业表现比较稳定,在数量上变化不大。

4. 金融企业在数量上独占鳌头,行业盈利能力差别较大

从世界500强企业的行业分布来看,银行业上榜公司55家,与上年持平,保险及其他金融行业62家,数量较上年有大幅度增长(上年为49家),矿产能源类企业(炼油、采矿及原油生产、能源)的数量也有小幅度的下降,从去年的78家下降到今年的68家。金融业与矿产能源的差别不仅表现在企业数量上,更表现在盈亏能力上,据统计,在利润最高的50家企业中,13家来自金融行业,8家来自矿产能源行业。而在亏损的50家企业中,只有两家金融类企业,矿产能源类企业21家。从中国上榜的企业来看,50家最赚钱的企业中,12家来自金融行业,且7家是中国的银行。而50家亏损严重的企业,有14家是重化工的企业。

表 A5　2016 年世界 500 强中国企业名单

序号	2016 年排名	2015 年排名	公司名称	营业收入/100 万美元	利润/100 万美元	总部
1	2	7	国家电网公司	329 601.30	10 201.40	北京
2	3	4	中国石油天然气集团公司	299 270.60	7 090.60	北京
3	4	2	中国石油化工集团公司	294 344.40	3 594.80	北京
4	15	18	中国工商银行	167 227.20	44 098.20	北京
5	22	29	中国建设银行	147 910.20	36 303.30	北京
6	25	31	鸿海精密工业股份有限公司	141 213.10	4 627.10	台北
7	27	37	中国建筑股份有限公司	140 158.80	2 251.30	北京
8	29	36	中国农业银行	133 419.20	28 734.90	北京
9	35	45	中国银行	122 336.60	27 185.50	北京
10	41	96	中国平安保险(集团)股份有限公司	110 307.90	8 625	深圳
11	45	55	中国移动通信集团公司	106 760.60	10 144.20	北京
12	46	60	上海汽车集团股份有限公司	106 684.40	4 740.90	上海
13	54	94	中国人寿保险(集团)公司	101 273.60	4 170.30	北京
14	57	71	中国铁路工程总公司	99 434.70	983.1	北京
15	62	79	中国铁道建筑总公司	95 651.60	1 105.80	北京
16	81	109	东风汽车集团	82 816.70	1 479.80	武汉
17	91	115	中国华润总公司	76 573.70	2 489.20	香港
18	95	113	中国南方电网有限责任公司	74 696.90	2 222.50	广州
19	99	156	太平洋建设集团	73 046.90	3 205.20	南京
20	102	—	中国南方工业集团公司	70 080.90	1 487.90	北京
21	105	143	中国邮政集团公司	69 636.70	4 194.30	北京
22	109	72	中国海洋石油总公司	67 799.40	4 608.10	北京
23	110	165	中国交通建设集团有限公司	67 764	1 708.80	北京
24	116	77	来宝集团	66 712.40	−1 672	香港
25	119	174	中国人民保险集团股份有限公司	64 606.10	3 109.60	北京
26	121	272	中粮集团有限公司	64 515.50	265.5	北京
27	122	146	天津物产集团有限公司	64 232.30	160.2	天津

续表

序号	2016年排名	2015年排名	公司名称	营业收入/100万美元	利润/100万美元	总部
28	129	228	华为投资控股有限公司	62 855.40	5 872.90	深圳
29	130	107	中国第一汽车集团公司	62 852.40	3 252.60	长春
30	132	160	中国电信集团公司	61 795.80	1 715.70	北京
31	134	144	中国兵器工业集团公司	61 621.20	803.1	北京
32	139	105	中国中化集团公司	60 655.80	－55.1	北京
33	143	159	中国航空工业集团公司	60 252.10	882.7	北京
34	153	190	交通银行	57 068.20	10 586.20	上海
35	156	186	中国中信集团有限公司	55 938.10	3 763.50	北京
36	160	207	北京汽车集团	54 932.90	1 097.50	北京
37	163	234	山东魏桥创业集团有限公司	53 026.10	1 120.90	滨州
38	189	235	招商银行	48 459.30	9 180.80	深圳
39	190	247	正威国际集团	47 795.10	1 140.50	深圳
40	195	271	兴业银行	46 446.40	7 989.10	福州
41	200	253	中国电力建设集团有限公司	45 606.80	1 170.40	北京
42	201	239	河钢集团有限公司	45 265.70	－203.6	石家庄
43	202	231	联想集团	44 912.10	－128.1	北京
44	205	276	中国医药集团	44 324.90	443.4	北京
45	207	227	中国联合网络通信股份有限公司	44 085.10	552.4	上海
46	217	224	中国华能集团公司	43 223.90	774.5	北京
47	221	281	中国民生银行	42 449	7 337.40	北京
48	227	296	上海浦东发展银行股份有限公司	42 030	8 052.30	上海
49	229	342	中国华信能源有限公司	41 845	603.2	上海
50	234	265	中国化工集团公司	41 412.40	－131.8	北京
51	251	328	中国太平洋保险(集团)股份有限公司	39 335.80	2 820.90	上海
52	259	355	和硕	38 238.90	750.2	台湾
53	262	240	中国铝业公司	37 995.50	－850.7	北京

续表

序号	2016 年排名	2015 年排名	公司名称	营业收入/100 万美元	利润/100 万美元	总部
54	266	—	中国中车股份有限公司	37 837.20	1 880.60	北京
55	267	315	冀中能源集团	37 816.60	−228	邢台
56	270	196	神华集团	37 611.50	1 390.50	北京
57	273	282	怡和集团	37 007	1 797	香港
58	275	218	宝钢集团有限公司	36 607.90	398.5	上海
59	281	371	中国船舶重工集团公司	36 012.20	1 307.70	北京
60	290	326	中国冶金科工集团有限公司	35 314.30	383.8	北京
61	293	288	中国机械工业集团有限公司	35 134.10	766.7	北京
62	303	362	广州汽车工业集团	34 440.30	497.9	广州
63	309	391	中国能源建设集团有限公司	33 223.30	539.9	北京
64	311	258	绿地控股集团有限公司	33 023.60	1 095.80	上海
65	313	420	中国光大集团	32 901.40	2 114.30	北京
66	314	274	江苏沙钢集团	32 751.40	141.7	张家港
67	318	344	新兴际华集团	32 567.30	455.7	北京
68	322	341	大同煤矿集团有限责任公司	31 958.20	−165.6	大同
69	323	198	中国五矿集团公司	31 883.20	−1 679.80	北京
70	325	380	陕西延长石油(集团)有限责任公司	31 754.90	−367.3	西安
71	326	389	广达电脑	31 734.30	561.7	龟山
72	327	270	中国建筑材料集团有限公司	31 705.50	−142.1	北京
73	328	354	江西铜业集团公司	31 554.90	−57.1	贵溪
74	329	366	中国电子信息产业集团有限公司	31 537	176.3	北京
75	331	345	中国华电集团公司	31 436.80	1 212.60	北京
76	337	264	山西焦煤集团有限责任公司	31 038.50	76	太原
77	342	403	国家电力投资集团公司	30 616.10	289.4	北京
78	344	437	中国航天科技集团公司	30 554.40	1 854.20	北京
79	345	343	中国国电集团公司	30 515.20	819.3	北京
80	347	416	陕西煤业化工集团	30 331.30	−247	西安

续表

序号	2016年排名	2015年排名	公司名称	营业收入/100万美元	利润/100万美元	总部
81	349	—	中国船舶工业集团公司	30 190.90	437.9	北京
82	353	464	海航集团	29 562.10	234.9	海口
83	356	—	万科企业股份有限公司	29 329.30	2 883.20	深圳
84	359	339	物产中大集团	29 051.80	220.3	杭州
85	366	—	京东	28 847.10	−1 492.30	北京
86	370	358	潞安集团	28 642.40	−277.2	长治
87	374	409	山西阳泉煤业(集团)有限责任公司	28 309.50	−29.5	阳泉
88	381	—	中国航天科工集团公司	27 867.30	1 470.80	北京
89	383	426	中国通用技术(集团)控股有限责任公司	27 667.40	522.5	北京
90	384	379	山西晋城无烟煤矿业集团有限责任公司	27 571.90	−153.9	晋城
91	385	—	大连万达集团	27 376.90	2 431.20	大连
92	386	390	中国有色矿业集团有限公司	27 188.90	−462.9	北京
93	400	423	仁宝电脑	26 694.90	273.6	台北
94	401	457	中国保利集团	26 675.30	839.6	北京
95	403	472	台积电	26 575	9 541.50	新竹
96	406	392	中国大唐集团公司	26 440.10	183.5	北京
97	408	—	中国电子科技集团公司	26 410.40	1 636.90	北京
98	410	477	浙江吉利控股集团	26 303.80	286.6	杭州
99	426	373	山东能源集团有限公司	25 136.40	−27.7	济南
100	427	—	新华人寿保险股份有限公司	25 128.50	1 368.60	北京
101	443	316	台湾中油股份有限公司	24 361.80	−44.6	台北
102	456	467	友邦保险	23 274	2 691	香港
103	465	432	中国远洋海运集团有限公司	22 965.40	1 144.50	北京
104	468	471	国泰人寿保险股份有限公司	22 881.20	1 204.90	台北
105	473	—	长江和记实业有限公司	22 714.80	15 294.60	香港
106	481	—	美的集团股份有限公司	22 173.50	2 021.90	佛山

续表

序号	2016年排名	2015年排名	公司名称	营业收入/100万美元	利润/100万美元	总部
107	484	321	中国航空油料集团公司	22 101.20	334.3	北京
108	489	402	首钢集团	21 513.70	−320.4	北京
109	495	—	万洲国际有限公司	21 209	786	香港
110	496	—	恒大集团	21 184.20	2 474.10	广州

（二）中国入围世界500强的企业对比分析

尽管中国入围企业数量取得了长足的进步，但与世界500强企业相比还有一定结构性的差距。世界500强企业是全球大企业发展的标杆，中国入围企业与之差距不仅仅体现在产业分布上，在企业性质、行业分布和品牌知名度等方面均有落后之处，严格意义上讲，中国入围企业整体还不具备成为一流世界级跨国公司的实力。

1. 从企业性质上看

“企业性质”包含两个方面：一是企业是否属于国家垄断；二是企业性质是私营企业还是国有企业(国有企业特指包括国有资本控股企业和国有独资企业两类)。中国入围的500强企业大多数是国有企业和垄断行业，而那些非国有和非垄断行业的企业与其他国家的企业在规模、实力和竞争力方面还有很大的差距。在美、日、德、法、英这5个国家中，非垄断和非国有的企业数量是占绝大多数的，非垄断性私营企业主要分布在制造业、物流运输业、服务业、制药业、旅游业；国有企业分布在石油、天然气、矿业、邮政和电力。而中国的垄断企业和国有企业则集中在工商银行、国家电网、中铁公司、船舶重工、中国移动等。

2. 设计的行业结构的数量对比

中国的企业与美、日、德、法、英这5个国家的企业相比，主要存在两个突出的问题：一是大型企业分布的结构较为集中，覆盖面和宽度不够，在制药、零售、食品、饮料制造、餐饮、旅游等行业，其他国家都有企业进入500强，而中国却没有企业进入；二是由于大型企业较大的集中在某一个行业，使得行业的整体竞争强度提升，进而导致企业的收入相比之前有一定的下滑，像银行业、发电行业等。

3. 品牌国际化和品牌知名度有待提升

中国进入500强企业的一个明显的特点是，知名的企业品牌很多，而知名的产品品牌却寥寥无几，真正属于中国自主研发，具有独立自主知识产权的品牌仅有“东风汽车”“联想”和“华为”等极少数的品牌，因此，中国企业距离真正的具有品牌影响力的世界 500 强企业，还存在不小的差距。

（三）对中国发展世界 500 强企业的建议

1. 顺应全球经济发展大趋势，提升企业整体竞争力

从世界 500 强的发展趋势中可以看出，世界经济从工业发展转向为服务业发展占据主要地位，这既是经济发展的现实规律，也是企业发展的大趋势。

以美欧日为代表的发达国家正向后工业化社会转型，在经历了工业化社会充分发展之后，正在致力于发展高附加值知识密集型的服务业，同时淘汰低附加值的落后产业。处于经济全球化的关键时期，世界经济转向服务型社会要求企业必须加强企业技术创新体系的建设，建立和健全现代企业制度，致力于提高企业技术创新能力，并在发展过程中形成自有知识产权的核心技术。与此同时，提高企业管理水平，积极加快推进企业信息化进程，提高企业的资源整合能力，提高企业的生产效率的生产水平。

2. 消除体制性壁垒，增加中国上榜企业的多元性

中国入选世界 500 强企业有 90％都是国有企业，而民营企业的数量非常少。上榜企业中，大型的跨国企业较少，大部分企业都是以国内为主要的运行市场。另外，非国有企业和非垄断企业的数量无论从规模、盈利能力和竞争力上来看，都难以与现在的国有大型 500 强企业相抗衡。因此，政府应从上榜企业行业覆盖面的角度入手，在保证上榜企业数量不变的情况下，多给民营企业松松绑，让它们在国内市场有更大的拓展空间；多给现在上榜的 500 强企业松松绑，让它们多去寻求收益安全，回报稳定的国际市场，在那里展现自己的实力；多给非体制内的企业松松绑，它们是国内企业家精神培育的摇篮。

3. 同步优化企业与产品品牌，提升中国整体品牌价值

中国企业并不缺少品牌，百年品牌、老字号品牌比比皆是，中国有 170 多万个品牌，但中国品牌的商业化能力过低是一个不争的事实，严重影响了企业发展壮大，让企业“走出去”的发展之路蒙上了一层阴影。中国企业的发展应重新回到塑造中国的世界品牌，提升中国的品牌价值（知名度、认知度、美誉度、占有度、满意度、忠诚度等），由产品营销转换为品牌营销，品牌国际化、公司全球化将成为中国企业发展的主流方向。

4. 始终以技术创新为企业发展的核心竞争力

中国 500 强企业无论从规模还是收入还是盈利能力上看，都丝毫不逊于欧美国

家的500强企业，但是从其盈利的方式上来看，还都是高污染，高耗能、低附加值的粗放型的方式，其能源的消耗和污染的外部性非常大，环境和能源成本非常高，而国外企业的盈利更多的依赖于对核心技术的把握(包括产品解决方案、外包服务、咨询服务等)。因此，政府还应该继续以“自出创新”为国家的发展战略，以技术创新为企业发展的立脚点，通过建立、健全研发机构和体系，加大中央与地方政府的研发经费的投入，开发产学研合作平台，消除目前技术的开发利用瓶颈，从而拉近中国产品与世界产品间的距离，把“中国制造”转变为真正的“中国智造”。

二、 中国500强与世界500强企业的对比分析

世界500强企业榜单记录了世界经济格局的历史变迁，是判断世界各国经济实力的一个很重的数量指标。从近15年的发展历程看，随着我国经济长期高速增长，我国企业上榜数量已经逐步稳定在世界500强第二的位置上(见图A1)。

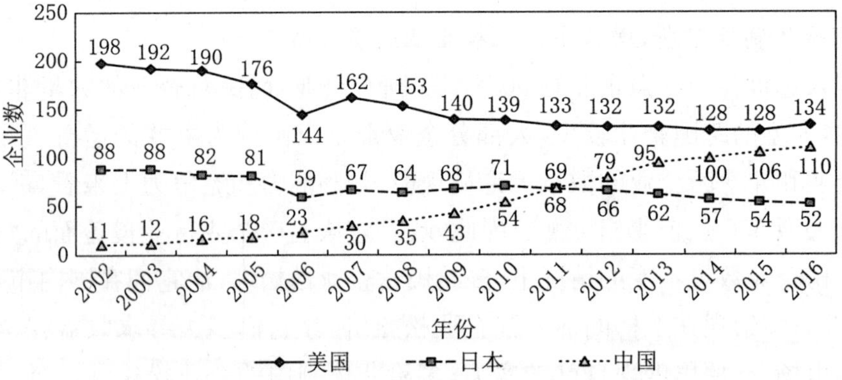

图A1 世界500强企业在中美日国家间的数量分布趋势图

(一) 美中日世界500强企业的比较

世界500强企业数量可以用来判断国家的经济规模，而数量上的优势并不能说明企业自身竞争力的强弱，因此，我们需要从其他方面来评价企业的竞争力的大小。

首先，从营业收入上看(图A2)，在2011至2016这5年时间里，世界500强企业中中国企业的营业收入出现大幅度提高，总的营业收入增加了30 214亿美元，较2011年增加了95.15%，年均增长率高达14.3%，而美日两国的年均增长率仅为2.01%和-4.75%。这一方面是由于国际金融危机和欧债危机使得欧美日等西方国家的经济还未从衰退的背景中走出来，另一方面则是因为中国政府的财政刺激使得

国内企业的生存环境得到很大改观，企业有更多的空间进行市场拓展与产品研发。

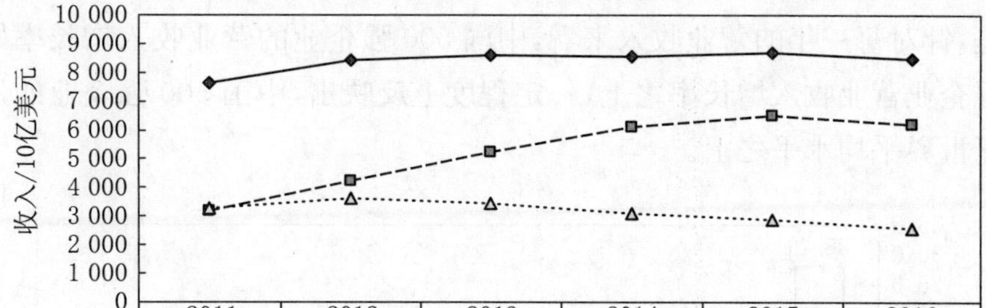

	2011	2012	2013	2014	2015	2016
美国	7 663.055	8 406.937	8 597.69	8 558.906	8 692.007	8 467.053
中国	3 175.309	4 245.899	5 243.683	6 103.026	6 515.426	6 196.717
日本	3 287.204	3 630.865	3 449.438	3 085.733	2 868.556	2 577.658

图 A2　2011—2016 年美中日世界 500 强企业的营业收入总额

反映企业竞争力的指标既包含营业收入，同时也包含利润率，即收入与营业收入的比值，该指标能反映出企业每单位的营业收入能带来多少利润，图 A3 显示，世界 500 强中中国企业的利润率在近 5 年间没有大幅度的变化，而美国和日本企业的利润率却在不断上升（尽管日本的利润率一直低于中国企业），2014 年有一段波动期。这一定程度上能够提醒中国企业，中国的世界 500 强企业与美国的世界 500 强在收益能力上还存在一定的差异，这就需要企业从自身入手，提升自己的竞争力。

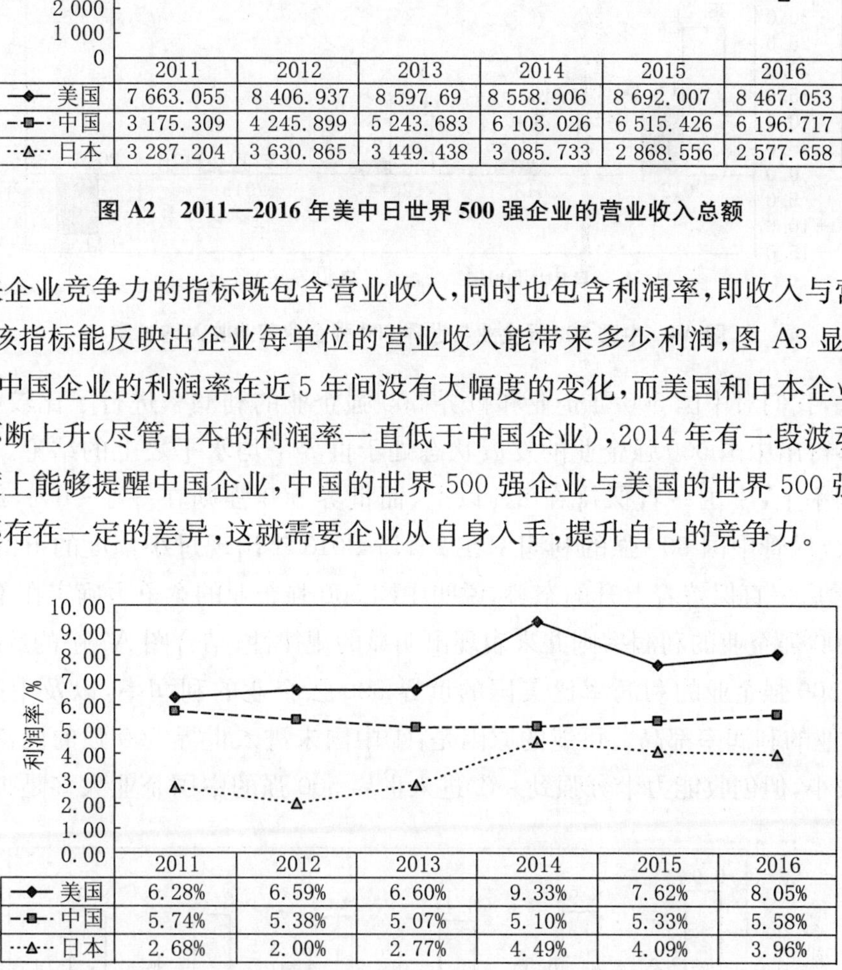

	2011	2012	2013	2014	2015	2016
美国	6.28%	6.59%	6.60%	9.33%	7.62%	8.05%
中国	5.74%	5.38%	5.07%	5.10%	5.33%	5.58%
日本	2.68%	2.00%	2.77%	4.49%	4.09%	3.96%

图 A3　2011—2016 年美中日的世界 500 强企业利润率

（二）中国 500 强企业与世界 500 强企业

考虑到类似营业收入，利润总额等绝对值，在中国 500 强与世界 500 强之间没有一定的可比性。因此，本小节采用的是总的营业收入的增长率来表现两类企业之间的差别。从图 A4 可以看出，从 2012 到 2016 年这 5 年时间里，无论是中国 500 强还是世界 500 强，企业营业收入的规模的增长率是在逐年递减的，与国际经济大趋势一致。但是，针对每一年的营业收入来看，中国 500 强企业的营业收入增长率始终在世界 500 强企业营业收入增长率之上，一定程度上反映出，中国 500 强企业的发展增速一直处于世界平均水平之上。

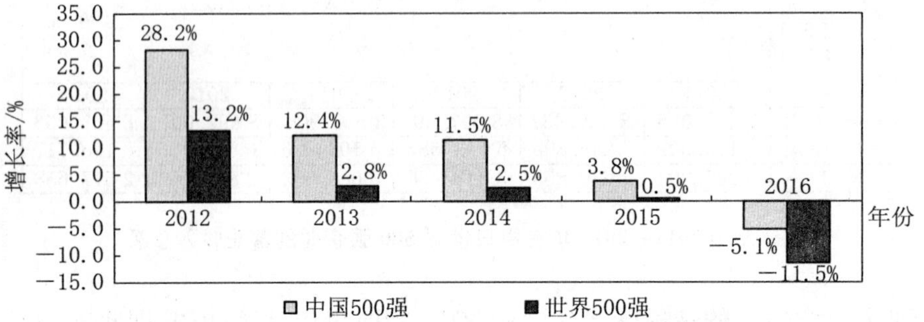

图 A4　中国 500 强企业与世界 500 强企业营业收入增长率

其次，我们对中国 500 强企业和世界 500 强企业的利润率进行了比较（图 A5），依然能够得出中国 500 强企业的发展状态处于世界平均水平之上的结论。首先，整体的利润率上，中国一直保持在 8%以上，而世界 500 强则在 5%～6%，最高为 6.3%；其次，尽管中国 500 强的利润率在 2011—2013 年出现过小幅度的下滑，但是在 2013 年之后一直保持着上升的态势，说明中国 500 强企业的竞争力确实在不断提高，而世界 500 强企业的利润率则并未表现出明显的规律性；结合图 A3 中的数据可以发现，中国 500 强企业的利润率比美国的世界 500 强企业的利润率，以及中国的世界 500 强企业的利润率都高。可能的原因是：①中国未进入世界 500 强的民营企业，尽管规模较小，但创收能力十分强劲。②进入世界 500 强的中国企业大多是央企国企，

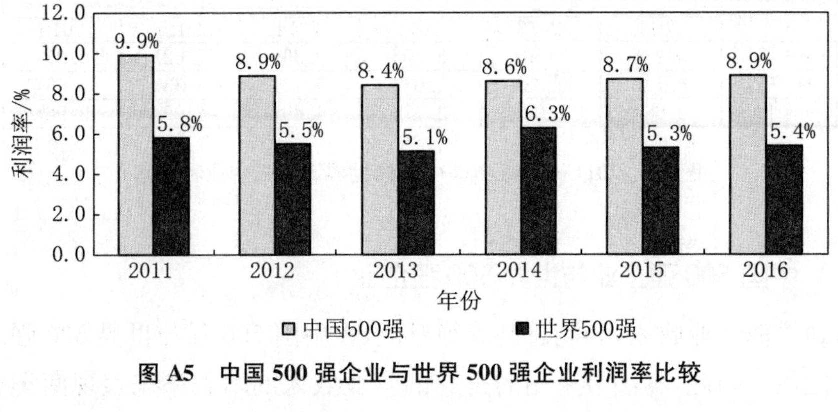

图 A5　中国 500 强企业与世界 500 强企业利润率比较

垄断带来导致企业创新动力不强，经营效率始终无法提升，从侧面反映出中国民营企业的竞争实力还是处于世界前列。

三、　上海企业在中国500强中的表现

（一）上榜中国500强的企业数量明显增多，质量较高

2015年上海企业上榜中国500强的数量出现明显的回升，从上年的37家上升到47家，上海的500强企业规模的上升说明上海的大企业在全国的影响力不断提升，其企业总部在上海表现出的资源配置的能力也越来越突出，不仅如此，企业的竞争力也在这一年当中出现了较大的回升，企业利润率从2015年的6.01%上升到2016年的9.00%，仅排在浙江省之后，一定程度上说明上海大型企业的盈利能力出现了提升，这既受到了中国上海自贸试验区和“一带一路”带来的利好影响，同时也和上海历年来不断进行的国资国有企业改革尝试是分不开的（表A6）。

表A6　2015与2016年主要省市500强企业数及平均利润率

地区	2015年		2016年	
	企业数	利润率/%	企业数	利润率/%
上海	36	6.01	47	9.00
北京	98	5.76	106	8.68
广东	41	5.63	57	8.77
浙江	48	2.85	27	12.12
山东	51	2.33	20	4.24
江苏	44	1.97	24	8.76
河北	26	1.18	11	−0.019

（二）上海企业再次进入前十，上海汽车集团表现抢眼

2016年中国500强排行榜（表A7）显示，上海汽车集团一直保持着良好的发展态势，从去年的排名第六上跻身前五，继续保持着强劲的上升势头。上海其他大型企业也不断的刷新自己在中国500强中的排位，上升最快的招商证券股份有限公司从2015年的404位上升到220位（上升184位），紧随其后的双钱集团从327位上升到145位（上升182位）。如果将新进入的企业上年的排位为500位，那么上海市的中国

500 强企业平均上升 46.3 位，上升势头十分迅猛。

表 A7 2015 上海入围中国 500 强名单

2016 排名	2015 排名	公 司 名 称	营业收入 /万元	利 润 /万元	行 业
5	6	上海汽车集团股份有限公司	670 448.22	29 793.79	汽车及零配件
19	18	中国联合网络通信股份有限公司	277 048.53	3 471.59	通讯和通讯设备
20	22	中国太平洋保险(集团)股份有限公司	247 202	17 728	保险业
22	24	国药控股股份有限公司	227 069.43	3 760.65	专业连锁销售
28	27	交通银行股份有限公司	193 828	66 528	商业银行
34	26	宝山钢铁股份有限公司	164 117.14	1 012.87	金属
38	41	上海浦东发展银行股份有限公司	146 550	50 604	商业银行
47	46	上海建工集团股份有限公司	125 430.71	1 870.54	基建、建筑
55	61	上海医药集团股份有限公司	105 516.59	2 876.99	医药、生物制品、医疗保健
63	63	中国东方航空股份有限公司	93 844	4 541	交通运输、物流、仓储业
75	73	上海电气集团股份有限公司	78 009.45	2 128.57	机械设备、器材制造
109	87	上海物资贸易股份有限公司	57 025.95	−1 584.40	批发零售
125	121	上海百联集团股份有限公司	49 218.16	1 275.46	批发零售
137	143	中化国际(控股)股份有限公司	43 745.69	480.5	贸易
145	327	双钱集团股份有限公司	40 702.57	704.07	化工
155	284	海通证券股份有限公司	38 086.27	15 838.85	证券业
156	—	国泰君安证券股份有限公司	37 596.63	15 700.29	证券业
161	166	老凤祥股份有限公司	35 712.37	1 117.35	其他制造业
174	152	中海集装箱运输股份有限公司	31 861.47	−2 949.11	交通运输、物流、仓储业
189	189	上海国际港务(集团)股份有限公司	29 510.83	6 562.45	港口
197	212	申能股份有限公司	28 648.93	2 131.48	电力
200	191	中国船舶工业股份有限公司	27 763.85	61.85	船舶
202	184	联华超市股份有限公司	27 222.70	−496.99	批发零售
204	211	上海隧道工程股份有限公司	26 803.17	1 480.64	基建、建筑
220	404	招商证券股份有限公司	25 291.79	10 908.75	证券业
229	175	宝信汽车集团有限公司	23 776.46	220.09	专业连锁销售
246	343	阳光城集团股份有限公司	22 379.97	1 418.20	房地产

续表

2016排名	2015排名	公司名称	营业收入/万元	利润/万元	行业
253	—	上海钢联电子商务股份有限公司	21 357.14	−250.39	互联网服务
254	312	环旭电子股份有限公司	21 323.08	690.52	电子和电子元器件
259	—	保利置业集团有限公司	20 888.68	−2 360.15	房地产
279	253	光明乳业股份有限公司	19 373.19	418.33	食品饮料
286	224	中国金茂控股集团有限公司	18 523.57	3 174.55	房地产
295	—	国投安信股份有限公司	17 846.82	4 522.59	证券业
303	265	上海豫园旅游商城股份有限公司	17 551.48	807.2	批发零售
310	303	上海电力股份有限公司	17 006.34	1 332.44	电力
318	—	仁恒置地集团有限公司	16 581.36	1 468.54	房地产
319	—	光大证券股份有限公司	16 571.09	7 646.52	证券业
332	300	龙元建设集团股份有限公司	16 028.77	205.01	基建、建筑
353	364	上海世茂股份有限公司	15 032.80	2 045.63	房地产
361	—	中芯国际集成电路制造有限公司	14 522.38	1 645.55	电子和电子元器件
365	329	东方国际创业股份有限公司	14 174.39	147.35	贸易
385	—	亨得利控股有限公司	13 302.72	144.87	专业连锁销售
393	374	中海发展股份有限公司	12 776.53	389.69	交通运输、物流、仓储业
409	413	上海梅林正广和股份有限公司	12 233.45	163.5	食品饮料
412	464	上海锦江国际酒店股份有限公司	12 160.43	865.52	旅游、酒店
430	—	携程国际有限公司	11 496.95	2 507.66	互联网服务
450	—	上海龙宇燃油股份有限公司	10 870.28	−160.42	贸易

（三）服务业比重攀升，第三产业大企业发展中坚力量

47 家中国 500 强企业中（见表 A8），有 35 家服务类企业，12 家工业企业。可以说，上海大企业的产业分布已经表现出服务业占主导的趋势，这与上海正准备实施全球城市的发展规划不谋而合，全球城市（主要指纽约、伦敦和东京）的服务业占总产出的比重接近 90%，上海的产业结构正在朝着这个方向前进。

上海服务业不仅在规模上占据优势，其行业竞争力依然保持着上升的态势，从盈利能力来看，服务业的总利润为 2 195.3 亿元，平均利润率为 10.7%，比 2015 年提高了 0.46 个百分点，而工业的总利润仅为 430.6 亿元，较上年下降了约 30%，规模下降

得较为明显，但平均利润率有小幅度上升，从上年的3.8%上升到3.9%。因此，规模调整带来的结构上的变动并没有对企业的盈利能力产生负面的冲击，说明上海的现代服务业转型升级与部分工业企业的去产能的发展方向是一致的，是符合上海市发展“一带一路”战略纽带，建设“全球城市”的大方向的。

表A8　2016年上海入围中国500强企业的行业对比

行　业	企业个数	总利润/100万元	平均利润率/%
服务业	35	219 532.66	10.7
房地产	5	5 746.77	6.93
证券业	5	54 617.00	39.6
批发零售	4	1.27	0.5
工　业	12	43 057.33	3.9
基建与建筑	3	3 556.19	1.65
电　力	2	3 463.92	3.05

再从行业细分来看，房地产和证券行业是服务业发展的主要推动力。证券行业平均利润率井喷式发展说明其金融领域在国内的主导地位，总的利润规模是房地产行业的近10倍。房地产行业在中国房价大幅上涨的大背景下，也表现出了很高的平均回报率，而且房地产企业在中国500强中所占的比例也逐渐提升，可见房地产行业在产业结构中的地位逐渐凸显。相比于服务业的蓬勃发展，工业企业无论从规模还是回报率上看，都相比于服务业逊色许多，这当然也是与上海市的产业政策相联系的。

四、上海企业产业结构演化特征及趋势分析

（一）上海服务业、制造业与建筑业企业发展特征分析

为了更进一步地观察上海产业分布及其变化特征，我们分别搜集了上海百强企业榜单、上海制造业企业100强和上海服务业企业100强的数据，并从营业收入、净利润等方面入手，分析上海产业发展趋势(图A6)。

2016上海百强企业中的服务业企业2015年经营状况继续保持较快增长，营业收入增长6.67%，净利润增长17.67%，资产总额增长16.53%，净资产增长17.54%，纳税总额增长9.53%。服务业企业平均净利润和资产总额、净资产等指标也都明显高于制造业平均水平，成为拉动百强企业增长的主要动力。

从制造业来看，营业收入增长3.16%，净利润增长1.30%，资产总额增长12.74%，净资产增长12.15%，纳税总额增长5.66%。制造业主要经营数据增长率低于上海百强的平均水平，由于上汽集团经营业绩较好，在制造业所占比重较高，拉动了制造业经济数据整体向上的趋势。建筑业营业收入增长5.09%，净利润增长20.99%，资产总额增长12.76%，净资产增长15.55%，纳税总额增长4.23%。其中，上海建工集团经营数据较好，对建筑业的增长发挥了支撑作用。

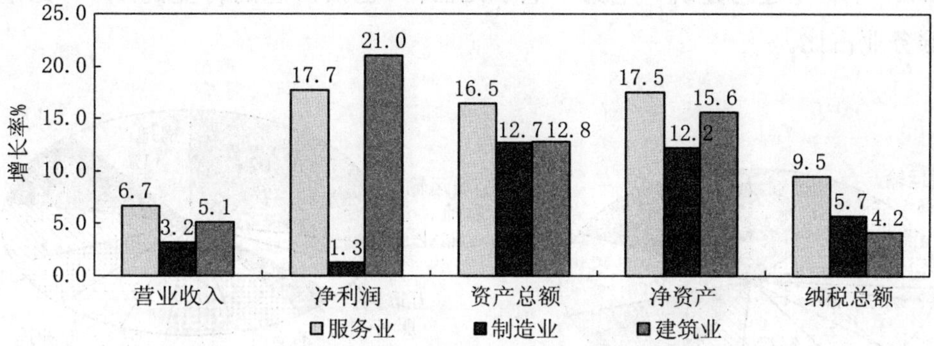

图A6　上海2016年主要产业中企业指标比较

除了上述5个指标外，百强企业劳动效率呈现出明显提高的趋势。2015年人均营业收入达到306万元，增长3.72%；人均利润达到19.48万元，增长11.02%；人均纳税额23.79万元，增长6.90%。同时，人均占有总资产和净资产分别上升14.58%、14.36%。提高企业的劳动生产率既是企业转型发展的重要途径，也是企业发展质量提升的重要标志。

纵观近几年上海百强企业的经营业绩数据，主要依靠提高劳动效率提升企业净利润的现象已连续第三年出现，反映了上海百强企业正逐步摆脱依靠资产规模高速增长推动企业净利润增长的传统模式，更加重视依靠提高劳动生产率推动经营业绩增长。这种从人力资源中发掘经济发展潜力的方式，实际反映了企业员工素质的提高和经营管理、技术、装备的进步，对提高上海百强企业经营质量和推动企业可持续发展至关重要。劳动生产效率的提升也离不开科技的支撑。从研发经费投入看，上海百强中有统计的65家企业总共366亿元，其中研发费用最高的上汽集团为80.22亿元。

（二）上海产业结构演化及趋势

为了看出上海产业结构在5年时间中的演化趋势，我们将2016年上海入围的中国 500 强的企业所对应的产业结构同 2011 年上海入围中国 500 强所对应的产业结构进行比较，从比较中可以发现，上海入围中国 500 强企业的覆盖的产业范围越来越广（图 A7、A8），细分产业的集中度越来越低。2011 年汽车制造产业占比最高达到了 18%，而 2016 年的产业占比最高的房地产和证券行业也仅为 11%①，集中程度明显下降。不仅如此，企业在第三产业的比重占据绝对优势，在 2011 年，“汽车＋钢铁＋建筑业＋装备制造”的比重高达 43%，基本可以与第三产业的主要行业“平分天下”，而在 2016 年，“基建与建筑＋电力＋电子元器件”也仅占总的行业的 15%，比重远远小于服务业占比。

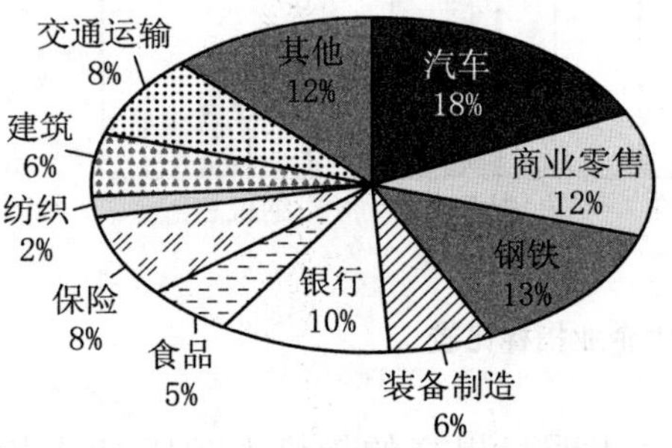

图 A7　2011 年上海入围企业产业细分

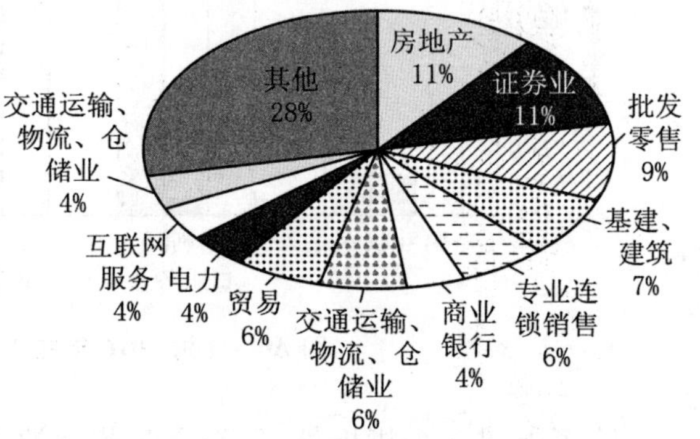

图 A8　2016 年上海入围企业产业细分

上海入围中国 500 强的企业不仅在整体的产业结构中变化突出，在产业内部变动也十分巨大，可见其产业升级与产业更替的速度之快。在 2011 年的服务业中（图 A9、A10），银行业、商务服务业、综合零售业和保险业的总比重为 67%，4 个产业就已经占据了整个服务业的半壁江山，而再看 2016 年上海入围中国 500 强的企业的行业分布，排名前四的房地产，证券业，批发零售和交通、运输与物流业的总比重也仅为 48%，勉强达到一半，可见服务业领域的细分程度不断加剧。另外，随着产业政策的不断调整，以及国内和国际经济形势的变化，金融行业在国民经济中的调控功能越来越明显，5 年前行业比重较大的银行、保险以及商务零售逐渐被房地产、证券和批发零售所取代，说明服务业产业内部的变化也是十分明显的。

不仅在服务业，工业产业中的产业种类（图 A11、A12）也发生了很大的变化，传统的汽车制造和钢铁产业（2011 年两者的比重加起来接近 60%）上海工业企业的重

① 虽然其他的比重高达 28%，但是其他所覆盖的细分产业中企业的数量都小于 2，即所占的比例小于 4%，受图标的篇幅的限制，此处使用其他代替。

心。但随着国际国内经济形势的不断变化(国际需求低迷,欧债危机和美国经济复苏缓慢等),基础设施建设、化工等企业在扩大内需拉动增长的短期政策下开始崭露头角,再加上上海在“一带一路”也担负着十分重要的角色,基础设施的投资空间预期还会非常大,因此,其比重还可能继续上升。

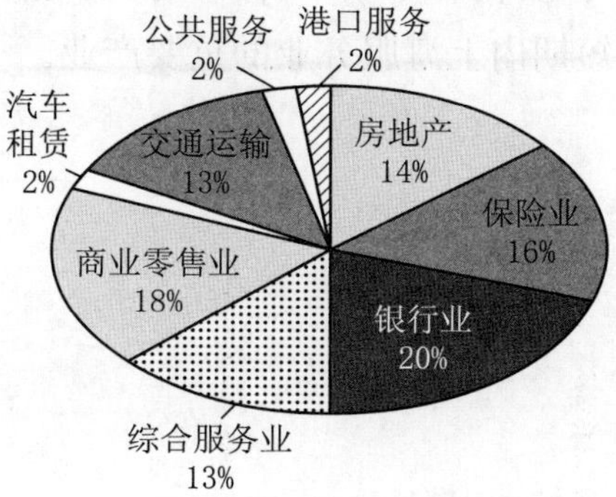

图 A9　2011 年上海入围服务业企业产业细分

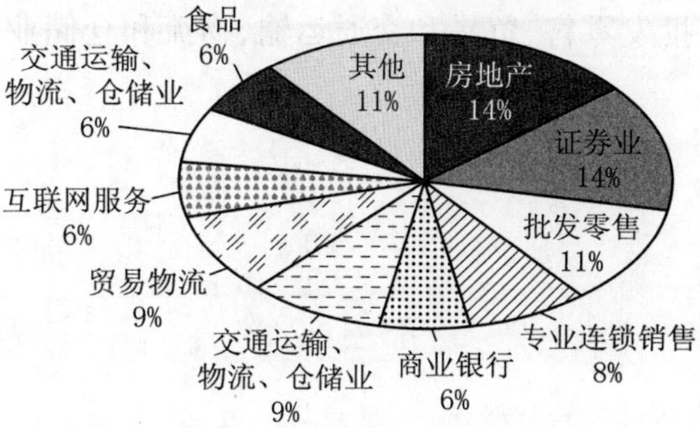

图 A10　2016 年上海入围服务业企业产业细分

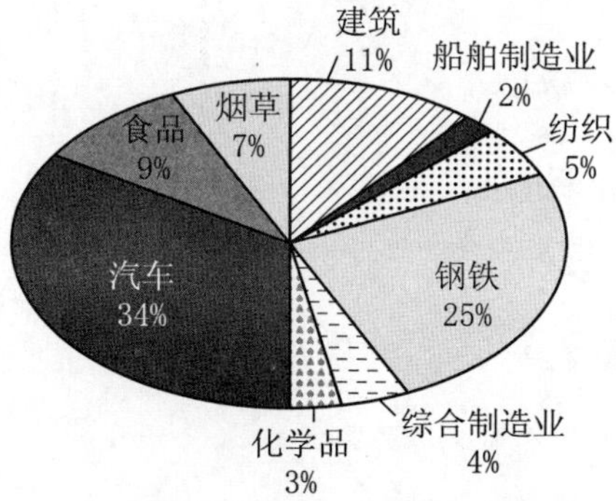

图 A11　2011 年上海入围制造业企业产业细分

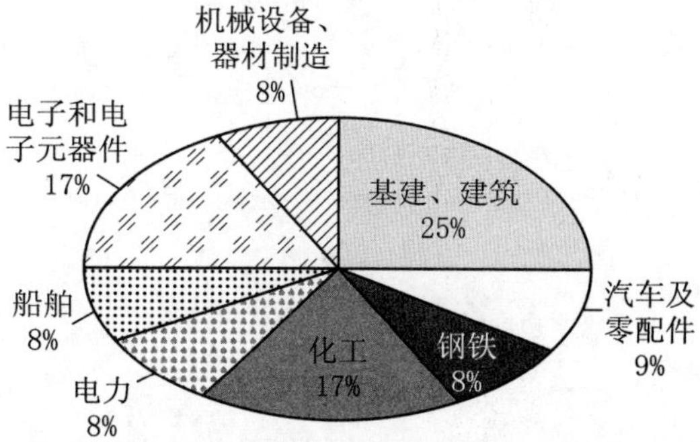

图 A12　2016 年上海入围制造业企业产业细分

五、 主要观点

(1) 上海入围世界 500 强的企业数目长期保持稳定,数量上一直保持国内第二,且行业竞争力在国内领先。

(2) 世界 500 强中民营企业居多,而我国的 500 强中国有企业占绝大多数,“中(CHINA)”字头企业占到总数的 50%。

(3) 与其他地区相比,上海入围的中国 500 强企业规模在上升,竞争力和经营效率也处于领先水平。

（4）上海入围中国 500 强企业的产业分布逐渐向服务业倾斜，服务业与制造业“并驾齐驱”的时代已经过去。

（5）上海的工业内部结构发生变化，基建、建筑和电力将成为其主要的支柱产业。

（6）上海服务业分布仍然保持着发散性，集中程度仍在不断下降，证券，房地产，批发零售、贸易和交通运输、物流和仓储业将成为短期内上海服务业的重要产业。

参考文献

[1] 陈钊,陆铭.首位城市该多大?——国家规模、全球化和城市化的影响[J].学术月刊,2014(5):5—16.

[2] 程思利.上海发展总部经济的竞争劣势和优势研究[D].上海师范大学,2010.

[3] 崔小花.准确把握五大发展理念,推动国资国企改革发展——中央企业、地方国资委负责人会议在京召开[J].上海国资,2006(2):5—6.

[4] 范王龑.总部经济区位选址影响因素研究[D].复旦大学,2012.

[5] 高玉婷.中央企业国际竞争力的多维度评价——与世界500强企业进行对比分析[J].中国流通经济,2016, 30(9):116—126.

[6] 何勇,田志友.我国一线城市发展总部经济政策的比较与研究[J].科学发展,2014(7):28—32.

[7] 胡志萍.生产性服务业与制造业发展关系研究[D].天津财经大学,2014.

[8] 黄亚生,王丹,张世伟.创新的创新:社会创新模式如何引领众创时代[M].杭州:浙江人民出版社,2016年1月.

[9] 吉婉欣.城市综合交通发展的战略导向与品质提升——以上海交通现状及未来规划为例[J].上海城市管理,2016, 25(1):62—65.

[10] 吉婉欣.城市综合交通发展的战略导向与品质提升——以上海交通现状及未来规划为例[J].上海城市管理,2016, 25(1):62—65.

[11] 江若尘,余典范,翟青,等.中国(上海)自由贸易试验区对上海总部经济发展的影响研究[J].外国经济与管理,2014, 36(4):65—71.

[12] 金祺奇.上海发展总部经济中的政府作用及策略研究[D].复旦大学,2011.

[13] 李克强."放管服"改革要相忍为国、让利于民[EB/OL].http://finance.sina.com.cn/roll/2016-05-10/doc-ifxryahs0607748.shtml，2016-05-10.

[14] 梁海明.一带一路需要什么样的国企改革[EB/OL].http://finance.sina.com.cn/zl/china/20150923/091923325268.shtml，2015-09-23.

[15] 彭羽，沈玉良.上海、香港、新加坡吸引跨国公司地区总部的综合环境比较——兼论上海营造总部经济环境的对策[J].国际商务研究，2012，33(4)：5—12.

[16] 上海市人民政府发展研究中心开放形势分析课题组，肖林，周国平，等.2015/2016年上海对外开放形势分析报告[J].科学发展，2016(1)：23—31.

[17] 史忠良，沈红兵.中国总部经济的形成及其发展研究[J].中国工业经济，2005(5)：58—65.

[18] 王承云，毛睿奕，张婷婷.上海跨国公司总部的空间集聚及影响因素[J].经济地理，2010，30(6)：893—898.

[19] 王丹，王玉.中国汽车企业的软实力测评和提升——来自上汽集团的案例[J].中国工业经济，2012(6)：133—146.

[20] 王江雨.TPP正在形成之中，国企改革也须考虑国际环境[EB/OL].http://www.chinanews.com/fortune/2015/06-29/7371289.shtml，2015-06-29.

[21] 王绛.清理"僵尸企业"五大难题待解[N].中国企业报，2015-12-07.

[22] 王如忠，朱拓.上海总部经济发展的影响因素及其对策：基于SWOT分析框架的研究[J].上海经济研究，2009(10)：77—85.

[23] 王铮.上海国资"十三五"：谋划新格局[J].上海国资，2016(3)：54—56.

[24] 谢卫群.上海全方位推进国资国企分类改革(深化国有企业改革)[N]，人民日报，2016-08-02.

[25] 徐逸波.蹄疾步稳　深入推进国资国企改革实现关键突破，管党治党　全面落实党建党风廉政建设主体责任[J].上海国资，2016(2)：22—24.

[26] 余典范.总部经济区位选择及影响因素：基于上海的实证研究[J].经济管理，2011(6)：43—48.

[27] 恽力达.国企混合所有制改革背景下法人治理结构的完善——以《上海国企改革二十条》为视角[J].现代国企研究，2015(6)：18—19.

[28] 赵弘.中国总部经济发展报告(2014～2015)[M].社会科学文献出版社，2015.

[29] 朱蓓倩，高向东.上海科技人力资源配置与耦合协调度研究[J].科技进步与对策，2016，33(5)：139—143.